日本酒ドラマチック

進化と熱狂の時代

山同敦子

はじめに

日本酒が、史上空前の盛り上がりを見せている。

全国各地で毎週のように開催される日本酒イベントには、20〜30代の若い女性も多く押し寄せ、会場は熱気に包まれている。街には、日本酒を売りにする洒落た飲食店が次々とオープン。様々な形態の店で日本酒が提供されるようになり、美味しいものに目がない人々やワイン党も惹きつけている。外国人にも日本酒熱が高まり、酒蔵には外国からシェフやソムリエなど飲食のプロ、自国で酒蔵の設立をめざす若者が視察のためにやってくるという。オヤジの酒、古い酒というイメージを持たれていた日本酒だが、いま、新しい感覚の、お洒落でかっこいい酒として世代や性別、国を超えて、熱烈に支持されているのである。この熱狂を誰が想像できただろう。

そんな新しい日本酒を世に出し、ファンをヒートアップさせているのが、主に1970年代半ば以降に生まれた酒蔵の跡継ぎたちである。私は、彼らのデビュー間もないころから、10年以上にわたって追いかけてきた。本書は、この世代の蔵元たちが様々な困難の中で、理想とする味を表現しようと奮闘するドラマを描いたルポルタージュである。

彼らの多くは、大都市や海外で大学生活を送り、同世代の若者たちと同じように、イタリア料理を楽しんだり、ワインを味わったりしながら都市生活を送ってきた。彼らが故郷で家業に就き、醸造責任者として造る酒が、酒造りのオフシーズンは農業や漁業に従事する従来の杜氏とは異なるテイストを持っているのは、当然であろう。若い感性と独自の発想で造り上げた日本酒は、過去の日本酒にはない現代的な感覚と瑞々しい魅力を持ち、それまで日本酒に縁のなかった同世代の青年たちや女性たち、国内外の飲食のプロたちも虜にしているのだ。

　持ち味は新しさだけではない。多くの人の心を捉えるのは、革命的ともいえるほど進化を遂げた味わいにある。かつて美味い酒は発掘するものだった。匠《たくみ》の技を求めて、私は全国各地の酒蔵を回ってきたのだ。しかし、いま、美味しいのは当たり前。身近に、個性の輝きに満ちた魅力的な酒が目白押しだ。私は約30年にわたって酒蔵を取材し、日進月歩していく様をつぶさに見てきたが、特にこの10年、醸造技術はもとより、設備や貯蔵の方法、原料の米の品質、種麹や酵母の開発など、酒造りに関わるあらゆることが、おそるべきスピードで進化している。

　11年前の2005年に上梓した拙著『愛と情熱の日本酒〜魂をゆさぶる造り酒屋たち』において、十四代、醸し人九平次《かもびとくへいじ》、王祿《おうろく》、飛露喜《ひろき》、喜久醉《きくよい》など、1960年代生まれを中心とする〝蔵《くら》元杜氏《もととうじ》の第一世代〟の奮闘記を描いた。家業が売り上げ不振となり、杜氏を雇用できなくなった跡継ぎが、上質な酒をめざして自ら酒を生み出していく姿に、魂を揺さぶられたのだ。当時、オーナーである蔵元が現場で酒造りをするのは異例で、模範とする先輩もなく、仲間もいなかった。パイオニアたちは各々に、孤独な闘いを続けてきたのだ。それに対して、一世代下にあたる新時代の造り手たちは、成功した蔵元杜氏の手本がある。

　私は新時代の造り手たちの酒蔵を何度も訪ね、現地や東京で飲食を共にして来た。蔵元のグループが他県の酒蔵を視察する旅にも何度も同行し、夜通し語り合ったこともある。そこで感じたのは、彼らが先輩を尊敬し、目標としていることだ（「東洋美人」の澄川宜史《たかふみ》さんは、「十四代」

の髙木顕統《あきつな》さんを〝神〟、「貴」の永山貴博さんは「喜久酔」の青島孝さんを〝師匠〟と呼ぶ)。

また、彼らは同世代の蔵元とSNSを通じて、あるいはイベント共催者として、繋がる手段や場を持っている。彼らは自分が持つ情報に関して驚くほどオープンだ。酒蔵を見学しているとき、あるいはワインバーで飲みながら、自分が使っている洗米機や温度計などの機器を教え合ったり、皆でネット検索したり、といった場に何度も立ち会った。この10年、酒の質が加速度的に底上げされたのは、蔵元同士が仲間として、ライバルとして刺激し合いながら、最新の技術や情報を共有したことも大きいのではないか。これまで〝点〟だった優れた技術が、〝線〟へそして〝面〟へと広がっていたのだ。本書は、基本的に各章に一人、という形式だが、そこには他のページで描いた蔵元や杜氏たちも登場する。先輩や同輩、後輩同士が影響し合いながら、日本酒が進化していく臨場感を味わっていただければ嬉しい。

進化は酒の造り手だけの努力がもたらしたのではない。米農家や種麹《たねこうじ》メーカー、木桶職人、研究者、酒販店など、酒造りと関連する産業に携わる人々との交流によって、大きく飛躍した面もある。彼らのインタビューを通じて、日本酒の味わいが洗練されたり、物語性を増したりすることで、さらに魅力に磨きがかかっていることも、感じていただけるのではないだろうか。

日本酒のクオリティは史上最高のレベルになった。私たちは、美味しくて、新しい、個性豊かな日本酒を味わえる幸せな時代に生きている。本書が、あなたと日本酒とのドラマチックな出会いのきっかけになれば幸いだ。

山同敦子

目次

酒の「**進化**」を追う

※本書は書き下ろし作品です。「木桶をめぐる、日本酒温故知新」は、『あまから手帖』クリエテ関西2015年7月号で収録した記事に、大幅に加筆、修正してまとめたものです。

カバー、本文写真撮影／山同敦子

造り手の「熱狂」

而今

木屋正酒造（三重県名張市）**大西唯克**

スター杜氏の苦悩と成長

うっとりするほど綺麗な甘み、ほどよい旨み、爽やかな酸味、果物を思わせる心地よい香り……。甘さを軸に、すべての要素が精妙に調和する甘美な酒、「而今《じこん》」。この酒に蘊蓄《うんちく》は不要だ。

「お客さんのリアクションが、ほかの酒と全然違う。飲んだ瞬間に目が輝くんです」と言うのは、東京・久我山の和食店「器楽亭《きらくてい》」店主の浅倉鼓太郎さんだ。

「美味しいお酒は多くなっていますが、米の産地や製法を説明したり、お燗にしないと、良さをわかってもらいにくいお酒もあります。でも、而今には説明はいりません。問答無用のザ・旨い酒。苦みや渋みなどの雑味をそぎ落として、甘さや旨さだけを残した、いわば〝いいとこどり〟だから、素直に美味しいと感じるんじゃないかな。日本酒に馴染みのない若い人や外国人、辛口の酒を飲みつけているご年配のお客さんにも、とっても評判がいいんです」

ただし、満足感があるだけに、ほかの酒がかすんでしまわないように、タイミングを考えて提供しているのだと朝倉さんは言う。

「11年前に飲んで衝撃を受けた」とは、吉祥寺「ひまり屋」など、複数の居酒屋を経営する加藤洋平さんだ。「僕はそのとき21歳で、ほとんど日本酒を飲んだ経験はありませんでしたが、而今で日本酒に目覚めてしまったんです。それから好きになったお酒はたくさんあるけど、やはり而今は旨い。いつ飲んでも笑顔になる。心が満たされるんです」

甘みと旨みは人間が生まれたときから本能的に好む味だと言われている。「而今」の洗練された甘さや旨みは、人を幸福感に誘う味なのだろう。人気店の主人たちが絶賛するように、この味に魅了されるファンは数知れない。だが、造る数量は限られ、扱う酒販店も全国にわずか30軒しかない。ようやく入手できた酒処では、誇らしげに「而今あります」と張り出す。現代の日本酒ファンにとって、垂涎の美酒なのである。

「若手スター杜氏」の素顔

「而今」が世に出たのは、2005年の春。三重県名張《なばり》市にある木屋正《きやしょう》酒造6代目の大西唯克《ただよし》さんが29歳のとき、杜氏《とうじ》に就任して初めて造った酒に名付けた新しい銘柄だ。このデビュー作が評判となり、その後も注目を浴び続ける大西さんは、蔵元杜氏のトップスターとして、ファンのみならず後輩蔵元からも憧れの眼差しを向けられる存在だ。

私が初めて飲んだのは、デビュー2年目の純米吟醸酒であった。甘さを軸にして緻密な酒質設計を基に造られていることを感じた。酒造りの経験が浅いうちから、これほどの完成度の高い酒を造れる大西さんは、ひらめき型の天才だろうと想像した。本人と初めて会ったのは、2007年。私と交流がある「貴《たか》」蔵元の永山貴博さんの誘いで、東京で飲食を共にする機会を得たのだ。少年っぽさを残す顔立ちで、永山さんと同じ、昭和50（1975）年生まれの32歳だと聞いて正直驚いた。ごっつい風貌からゴリさんと呼ばれる永山さんは、実年齢より上に見えることもあるが、つるりとした美肌の大西さんはずっと年下に見える。私と出身大学が同じということも手伝って初対面から打ち解けた。どんな質問にも、構えることなく、飾ることもなく誠実に答える。営業トークは苦手な、実直な青年だと感じた。ただ、どうやって、あの味ができたのかと尋ねても、「特にイメージがあったということではないんです。基本に忠実に造っただけなんです……」と言うばかり。秘法を隠しているようには見えない。やはり天才肌なんだと思った。

その後、これまで酒蔵に7回訪問し、広島の全国新酒鑑評会や山口の温泉で、東北の試飲会で……と数えきれないほど会って話を聞くうちに、ひらめき型だという私の見立ては間違っていることに気付いた。大西さんは人一倍頑固で、自分の考えを曲げない。誰にでも笑顔を向けられるタイプではなく、人づきあいに関しては、むしろ不器用なほうだということもわかってきた。酒蔵を訪れるたびに、スタッフの顔ぶれが違っていて、指示の出し方もどこか、ぎこちなかった。酒造りも、順調だったときはほとんどないといっていい。笑顔の爽やかな若手スター杜氏は、人知れずもがき、苦しみ、悶え、悔し涙を流しながら、闘い続けてきたのだ。

左から、1974年生まれの「七本鎗」冨田泰伸さん、75年生まれの大西さんと「貴」永山貴博さん。良きライバルであり、最高の仲間だ。

典型的な理系男子

「而今」酒造元の木屋正酒造の所在地である三重県名張市は、大阪の中心から電車で1時間の距離にありながら、周囲を山に囲まれ、赤目四十八滝などの景勝地も近い。自然に恵まれた趣ある小都市である。創業は、文政元（１８１８）年。奈良から伊勢神宮を繋ぐ、お伊勢参りの道「初瀬《はせ》街道」沿いに酒蔵を構えている。社名は、材木商を営んでいた初代が命名したもので、代々「高砂《たかさご》」銘柄で、主に安価な普通酒を地元向けに造ってきた。大西唯克さんは横浜で生まれ、小学2年生のときに、母の実家にあたる木屋正酒造のある名張へ家族で引っ越してきた。それまで会社勤めをしていた父が5代目を継ぎ、名字も大西に変わった。

「このころから漠然と家業を継ぐのかなと思っていました。長男ですし、ご近所の人々からは、木屋正の息子とか、酒屋の若とか呼ばれて育ちましたから」

地域の人々にとって、代々続く旧家として、特別な存在なのだろう。だが祖父の代をピークに、売り上げは落ちていた。

「うちの経営がうまくいっていないのは、なんとなく子供心にもわかっていました。伊賀地方にはいくつか酒蔵があるんですが、高砂が旨いという話を聞いたこともありませんでしたし……」

勉強は数学と理科が得意で、図画や工作が大好き。国語、社会は大の苦手だという典型的な理系男子だった。大学生活は東京で送りたいと思い、数学と物理、英語だけで受験できる上智大学機械工学科を受験して合格する。就職のときは、いずれ酒造業を継ぐことを意識して、ビール会社と食品会社を受け、採用されたのが雪印乳業（現・雪印メグミルク）だった。

生産部に配属になり、工場で牛乳のパック詰めを1年、殺菌工程を1年、プリンの充填《じゅうてん》を1年半担当した。主に工場のラインを見守ったり、機械のメンテナンスを行う仕事であった。手作業が多い酒蔵と仕事の内容はかなり違っているが、もの造りの意識について多くを学んだという。

「何度も注意されたのは、観察する、ということです。ぼんやり立っていてはいけない、音や匂い、動きなど、常に五感を働かせて、いち早く異変を感じろと言われました。温度管理についても厳しかったですね。設定した温度にぴったり合わせるということはもちろんですが、なぜその温度にするのか、理由を考えろと言われました」

飲んでマイナス要素を見つける官能表現という訓練も受けた。試飲する製品の中に、焦げ臭《しゅう》がする牛乳など、わざと異味異臭がしたり、変質したりしたものが紛れ込ませてあることもある。そのときに、多数の中から劣化したものを探し出し、良くない点を指摘できるように、嗅覚や味覚、表現の能力を養うというもので、自分が造った製品をセルフチェックするという意識は、自然に身に付いていったに違いない。ただ、雪印で働いていたときは、ルーティーンとして日々の仕事をこなすのに精いっぱいで、それらを酒造りに役立たせようという意識はなかったという。

このころ飲んでいた酒は、主にビールであった。アルコール飲料は、酔うために、騒ぐために、あるいはつきあいで飲むもの。日本酒を飲む人は周りにいなかったこともあって、味わう機会はなかったという。20代前半の若者なら、珍しいことではないだろう。

雪印を退社したのち、酒蔵の子息の研修機関である広島の独立行政法人酒類総合研究所（旧・国税庁醸造試験所）で、酒造りの基本的な理論を学び、実家に戻る。

だが、家業に就いてみて、想像していた以上の厳しい現実に、愕然とする。

4代目の祖父の時代に、700石（一升瓶で7万本）ほどあった売り上げが、200石を割っていた。しかも年々売り上げを落としていたのだ。

「十四代」との出会い

そのころ、「高砂」は、近隣の旅館や居酒屋で、「熱燗くれ！」「酒1本！」と頼めば出てくる安い地酒で、銘柄で選ばれていたわけではなかった。消費者は、日本酒以外の酒を飲むようになり、日本酒の市場も縮小している。そのなかで、売り上げの減少を食い止める打開策を考えなければならないが、酒販店へ営業に行っても、「高砂」では相手にされなかった。5代目の父は、名張出身の作家、江戸川乱歩ゆかりの観光蔵として売り出そうと考えた。作品名にちなんで「幻影城」という新しい銘柄をつくり、蔵のなかに試飲スペースを設け、観光バスを誘致してお土産を買ってもらう工夫もした。大西さんも、できる限り丁寧に説明をしたつもりだったが、日本酒に興味のない観光客の反応は鈍く、期待したほどの売り上げもなかった。何をやってもうまくいかない。廃業へのカウントダウンが始まってしまった……と、焦る気持ちが募るばかりだった。

万策尽きたと思われたころ、大阪の近鉄百貨店を会場とする催事に出展しないかと声をかけられ、1週間、販売員として毎日、売り場に立ち続けた。しかし評判は良くなかった。そのとき試飲客として来ていた日本酒マニアに、大阪の居酒屋へ連れていかれ、「お前もこんな酒を造れ」と言われて飲んだのが、山形県の酒「十四代」だ。若い蔵元が杜氏を兼任して、自ら造った酒として、東京や大阪で話題を集めていることは知っていたものの、飲んだのは初めてだった。「うわあ、なんて旨いんだ！　甘いのに、綺麗な味で、フレッシュだ！　こんな日本酒があるんだ！と興奮しました。心から美味しいと思った日本酒は初めてだったので、素直に感激したんです」

だが飲み手としての高揚した気分は瞬時に消え、蔵元としての現実に引き戻され、暗澹《あんたん》とした思いに包まれた。これまで、自分の蔵の酒質が良くないことは、漠然とは感じていたが、評判の酒十四代とこれほどに差があったのか。生き生きした味の十四代に比べると、高砂は老《ひ》ねていた。酸化して、鮮度が失われていたのだ。やがて嘆きは闘志に変わっていく。

「酒を売るために何をすればいいのか、ずっともがき苦しんできましたが、その考え方自体が間違っていたんです。まずい酒を、お客様がお金を出して買ってくれるはずがない。酒蔵の本業は酒造りであるはずだ。まず、きちんとしたもの造りをしよう。質のいい酒を造れば絶対にわかってくれる人がいる。なんとしても自分が納得できる酒を造って、味で勝負できる場所で戦おう。まずは地酒の激戦区である東京の銘酒居酒屋で、リストに載ることを目標に定めたんです」

杜氏との対立

それまで杜氏や蔵人《くらびと》に任せてきた酒造りに、自分も関わることを決め、但馬《たじま》（兵庫県）から来ていた杜氏のもとで働き始める。

働き始めると、酒蔵の汚さが気になった。江戸後期に創業し、改築しながら使ってきた木造蔵で、建物が古びているのは仕方がないが、清掃が行き届かず、気になる匂いもある。製造工程における温度管理も、できた酒の管理もずさんだった。雪印では常識だったことが、まったく意識されていなかったのだ。そこで、衛生管理を徹底することと、できた酒を酸化させないことから変えていこうと杜氏に訴えた。だが、杜氏はまったく聞く耳を持たなかった。

「なぜその方法にしたほうが良いのか、丁寧に説明したうえで、改善策を提案したつもりですが、説明すればするほど無視する。意固地になっているみたいでした」

杜氏にしてみれば、長年の経験で培ってきたやり方に誇りがある。若造に否定されて、いい気持ちがしなかっただろう。だが最も癪に障ったのは、理屈を述べ立てる大西さんの態度だったのではないか。杜氏が生きてきたのは、理屈という文字は介在しない世界だ。先輩杜氏のやり方を、ただひたすら真似しながら、単純作業を繰り返すことで技を身体に覚え込ませる。その間、「なぜ?」という言葉は禁句だ。言えば、口ごたえになる。そうして技能を身に付け、長年かけてようやく蔵人のトップの地位である杜氏にまで上り詰めたのだ。

大西さんも、杜氏のやり方をすべて否定したわけではない。麹《こうじ》を育てるときの箱の使い方や、保温するための布のかぶせ方、箱に木片をかませて通風する方法など、杜氏から学んで、2016年現在も踏襲している手法もある。経験と勘で培った技も大切にしたいと思っている。だが、経験と勘だけに頼るルーズな仕事には納得できなかったのだ。

「たとえば、米を水に漬ける時間は、『何分ぐらい』という程度の大ざっぱなものでした。しかも気温も水温も測らないいんです。もろみの温度を下げなければならないタイミングで、『今年は暖冬だから、これ以上は下がらん』と言って諦める。『いつもこの方法でやってきたから』と言ってできることをしない。僕にとっては、それは手抜き仕事にほかならない。我慢ならなかったんです」

「今の一瞬を生きよ」

大西さんが造りに入って3年目には杜氏との契約を更新せず、2004年の秋に自ら杜氏の職に就き、酒造りを始める。広島の酒類総合研究所で学んだ酒造理論を基に、前の杜氏が行ってきた手法を組み合わせる、という方法で、ひとつひとつ工程を積み重ねていった。経験の足りなさを補うために、醸造の教科書に記してあるデータを参考にし、予期せぬ事態が起きたときは、その場で酒類総合研究所の指導官に電話してアドバイスを受けた。徹底的に清潔管理すること、目の前で起こっていることを五感を駆使してよく観察することなど、雪印で学んだもの造りに対する姿勢も改めて肝に銘じた。こうして、どんなに手間がかかっても、睡眠時間を削っても、すべての工程において、自分が理想と思われる方法を貫いた。一切の妥協をしなかったのだ。

全身全霊を傾け、身を削るようにして醸したタンク4本、一升瓶にして3000本ほどの酒が完成したとき、母はその酒に「而今」という名前を贈った。「而今」とは、過去にも未来にも囚われることなく、今の一瞬を生きよ、という禅の言葉だという。それは、大西さんの酒造りの姿勢をそのまま表している。

左から、千本錦、雄町、山田錦、愛山を使った純米吟醸と純米大吟醸（右端）。米の個性を生かしつつ、どれも甘さと酸のバランスが絶妙だ。720ml 1500円〜5000円（税別）。

「ゴールが見えていたわけではありませんが、できた酒は、満足のいくものでした。口の中でふわっと甘さが広がって、そのあとに甘酸っぱい旨みが、頬の下のあたりの頬袋にじゅわっと溜まる。最後には、すうーっと綺麗に消えていく。そんな酒でした。そうだ、これが『而今』だ。この味をさらに進化させていくんだと決意したんです」

　初対面のとき、私がどうやって造ったのかと問うと「基本に忠実に造った」と答えたのは偽りではない。しかし、そこには「妥協なく」という言葉を足さなくてはならないだろう。技術者の頭脳で、労を惜しまず愚直な職人仕事をやりぬいた結果だったのだ。

一気に全国区の知名度に

　自分では会心の出来だったが、地元ではまったく反応がなかった。味で勝負しようとする地酒専門店は地元にはなく、店主は飲んでみようともしなかったのだから、反応がなくても当然だろう。腕試しの意味で、平成16酒造年度の全国新酒鑑評会には「高砂」として大吟醸を出品。みごと金賞を受賞した。金賞の知らせは、２００５年5月末にもたらされたものだが、受賞結果がわかる前から、さまざまな利き酒会に出展する活動を始めていた。まず初めに、２００５年5月11日、東京都立産業貿易センター（浜松町）で開かれた「地方名醸蔵利き酒会」（フルネット主催）に出展する。

「この会は、同じフルネットが主催し、著名蔵が出展する『純米酒フェスティバル』には出られないような無名の地方蔵に声がかかる、いわば予選クラスの集まりみたいなものなんです。一緒に出展していた研究所で同期の玄葉《げんば》祐次郎さん（福島『あぶくま』蔵元）と、いつかは『飛露《ひろ》喜《き》』みたいに有名になりたいね、なんて話しながら、お客さんに酒を注いでいました」

この会には熱心な居酒屋の店主や、日本酒マニアが来場しているのだが、お酒を注ぎながら、大西さんはかつてない手ごたえを感じていた。その２週間後には、金賞受賞の知らせが舞い込み、自信につながる。さらに、同年7月に五反田ゆうぽうとで開かれた「日本酒フェスティバル」、翌２００６年7月に目黒雅叙園で開かれた同会でも、多くの飲食店から絶賛される。会場で握手を求められ、その1週間後に蔵を訪ねてきた飲食店もあったという。このころには、東京の飲食店や酒に詳しいファンの間で、「而今」は度々噂に上るようになる。注目されたのは、特別の原料を使ったり、目新しい手法を駆使したりしたからではない。コンセプト先行の新奇な酒だったからでも、有名人や飲食業界の実力者の肝いりだったわけでもない。飲んだ人が美味しいと感じたからだ。

その後は、大阪の日本酒ファンが主催する会に出展してほしいと声がかかったり、東京・多摩にある有力な地酒専門酒販店「小山商店」の顧客が主催する利き酒会「多摩独酌会」で、一番人気に輝いたりしたことで、「而今」は一気に全国区の知名度となった。

初年度は、3000本をどう売るか、悩んだのも束の間。有力地酒専門店から、5ケース(1ケース6本)、10ケースと大口の注文が入るようになって、造る量も増えていった。傍目には、すべてが順調に進んでいるように見えた。だが、現場は体制が整わず、綱渡りの状態だった。

蔵元杜氏の難しさ

酒は一人で造れるものではない。質の高い酒を安定的に造り続けるには、杜氏の仕事を理解しながら、手足となって働く優秀なスタッフが不可欠である。

かつては秋になると、杜氏の里から、杜氏が蔵人を引き連れて酒蔵にやってきたが、いまその就労形態は崩壊しつつある。酒蔵は、就職情報誌で募集したり、ハローワークに登録したりして働き手を探さなければならないご時世なのだが、必要とする人材を集めるのには苦労するという。人が集まらないわけではない。特に人気の酒蔵では、働きたいといって、日本酒マニアがやってくるが、すぐに辞めてしまうそうなのだ。酒造りの現場は、毎日、単純作業の繰り返しだ。しかも、重いものを運んだり、高い場所へ猛スピードで駆けのぼったり、身を切るような冷たい水を扱ったり、汗がしたたり落ちるほど蒸し暑い室《むろ》にこもったり。3K仕事(キツイ、危険、汚い)の代表だ。日本酒が好きだというだけでは、続かない厳しい仕事なのだ。

それだけに、雇い主には、採用した従業員がモチベーションを保てるような配慮は不可欠だろう。まして蔵元杜氏の大西さんは、雇い主であるだけではなく、現場のリーダーの杜氏でもある。杜氏は、酒を造る技能はもちろんだが、共に働く人を動かす技量も必要とされる。自分自身が優れた酒造り職人であるだけではなく、チームリーダーとしての素養も要求されるのだ。

確かに大西さんは、杜氏として初年度からハイレベルな酒を造った。だが、「而今」の味は、自分の頭脳をフル回転し、身体を酷使し、精神的にも極限状態でようやく為しえたものだった。それだけで精いっぱいで、スタッフへ配慮するゆとりはなかった。

たった一人の社員も……

2008年に結婚した妻の香美《こうみ》さんは、そのころの大西さんは、酒造りが始まるといつも不機嫌だったという。

「ピリピリ、カリカリして、たった一人しかいない若い社員を怒鳴りつけたりしていました。あいつ、こんな失敗をしたんだ！　もう信用できない、なんて言って、仕事を全部一人で抱え込んでしまったり。でも、それではうまくいくはずもなくて、さらに彼にきつくあたったり。仲間がいないので、社員も辛かったでしょうね。私が、慰めたりしてフォローしてあげればよかったのかもしれないのですが、唯克さんもいっぱいいっぱいなのがわかるだけに、社員だけに味方することもできなくて……2人とも辛そうだなと思っていながら、何もしてあげられなかったんです」

蒸し米に種麴をふる〝種切り〟。大西さんの眼差しは鋭く、空中に舞うミクロの菌を見極めるかのようだ。このあと菌が舞い降りるまで1分20秒間、瞑目し、微動だにせずに待つ。

私が初めて酒蔵を訪問したのは、2010年の冬だが、そのときは大西さんと若い社員、季節雇用の年配男性と3人で造りを行っていた。うまくいっていないことには気付かなかったが、麴室《こうじむろ》の作業を見せてもらったとき、大西さんが指示する言葉が丁寧すぎて、どこか他人行儀な雰囲気が漂っていたことは覚えている。

そして、2011年8月の末、その社員は4年勤めた末に、とうとう辞めてしまったのだ。

「やっぱり辞めてしまったんだ。そのときは仕方がないと思いました。でも、それから数日経ったある夜、私も堪えきれなくなってしまって……」

その日のことを思い出したのか、香美さんの大きな瞳が、みるみるうちに潤んでいく。

夜8時過ぎ。2歳の長男を寝かしつけ、夕食の後片付けを終えて、酒蔵の裏手にある新居でほっと一息ついた香美さんに、夫から、ラベル貼りを手伝ってくれないかと声がかかった。急な発注があり、今夜中にラベルを貼らないと間に合わないのだと言う。

「こんな時間から始めるのか」と、一瞬躊躇したが、すぐに酒蔵へ向かった。たった一人の社員は辞職し、季節雇用の蔵人も夏にはいない。母屋で休んでいる夫の父や母に頼めるはずもない。

作業できる人員は、夫と自分しかいないのだ。身体を動かすことは苦ではないし、夫を全力でサポートしたい。しかし……。がらんとした酒蔵のなかで、深夜まで夫と二人、向き合いながら、手作業でラベルを貼り続けていく。長男の様子を見るために家と蔵を往復しながら、ラベルに一枚一枚、手作業で糊を塗っているうちに、涙がこぼれてきた。

「同じ酒蔵でもこんなに違うんだ……」

香美さんの生家は、新潟県妙高市で「千代の光」を造る酒蔵である。父の手腕で酒質を向上させたことから評判となり、安定した人気を誇る酒造元だ。販路は主に新潟県内だが、約2000石を製造し、20人ほどの従業員が働いている。香美さんは、幼いころから酒造りに興味があり、「お父さんと一緒に、おコメ、混ぜ、混ぜするぅー」と言って、父に麴室に入れてもらったこともあるという。娘時代は、多岐にわたる酒蔵の仕事を、従業員たちがチームを組みながら、テキパキと働いている姿を見て育った。パートのおばさんたちが、おしゃべりしながら、楽しそうにラベルを貼っている光景も頭に残っている。嫁に来た木屋正酒造が、小規模なのは知っていたが、従業員が誰もいなくなり、こんなわびしい状況になるとは想像もしていなかった。

香美さんは、夫の良い相談相手になりたいと、努力してきたつもりだった。而今という酒に惚れ、大切にしている気持ちは、夫にも負けないという思いがある。香美さんは、大西さん本人より、「而今」の味に先に惚れた。而今の大ファンなのだ。

出会いは、而今がデビューした翌年の2006年に目黒雅叙園で開かれた「日本酒フェスティ

「肉体労働で筋肉が付きました」と、イタリア製の瓶詰め機で作業する香美さん。蒸し米を運びや放冷作業も手伝っている。料理も上手で、多方面から唯克さんを支える良き女房だ。

バル」だった。試飲した而今の味に、一口で恋に落ちたという。

「それまで知っていた淡麗な新潟の酒とはまったく違う世界だったので、衝撃的でした。甘くて、爽やかで、こんな素敵なお酒があるんだ！　と、惚れちゃったんです。でも蔵元は、すごく感じ悪かったんですよ（笑）。お酒を注ぎながら目も合わさないし、ツンケンしてて。売れてる蔵は違うよな、嫌な感じって思いました」

大西さんは「わんさかと押し寄せる客に、酒を注ぐのに精いっぱいで、笑いかける余裕なんてなかった」というが、ファンに愛想笑いもできないところが、大西さんらしい。のちに一目惚れするキュートな〝コーミー〟（香美）でさえ、目に入らないのだから。従って、正確に記すならばこのときは、香美さんが一方的に「見た」というだけで、本当の出会いは、翌年4月に開かれた若手蔵元が主催して、東京・新宿のレゲエクラブで開かれたカジュアル試飲会「スマイル日本酒」だった。話してすぐに意気投合。5ヵ月後には香美さんの実家の新潟へ結婚の許可を取りに挨拶へ行ったというスピード婚だが、冬の酒造期になったら、大西さんは動きがとれなくなる。その前に、結婚を決めたいという思いだったのだ。

社員が誰もいなくなった2011年の夏に話を戻そう。香美さんの涙を見た大西さんは、7歳年下の若妻のことを気の毒に思った。

「コーミーは、とんでもないところに嫁に来たと思っているんだろうな。実家の蔵とは、あまりにも違っているんだから」

その反面、自分はやるべきことを、精いっぱいやっている。お客様のために必死なのに、なぜみんなわかってくれないんだ。これ以上、僕はどうしようもないじゃないかと、開き直る気持ちだった。悪いのが誰であれ、あと2ヵ月ほどで酒造りが始まってしまう。なんとか働き手を探さなければならない。このころ、東京で大西さんと会ったとき「従業員が辞めてしまって困っている。どうやって探したらいいのか」と、蔵元の仲間に、相談している姿を覚えている。

新しいチーム

2011年10月に、ハローワークで応募してきた隣の奈良県出身の23歳の若者を季節雇用したことから、事態は好転し始める。北脇照久さん（1988年生まれ）は、理容師や家電の配送、工事現場の仕事など、職を転々としてきた経歴の持ち主で、面接のときにライオンのような金髪頭でふらりとやってきた。浮ついた人間にも見えたが、受け答えはしっかりしていた。酒造りは目の前に迫っている。とりあえず短期で勤めてもらうことにしたのだ。

北脇さんは、日本酒はパック酒しか飲んだことがなく、酒造りそのものには特に興味があった

「俺の自慢は段取り力」というチーフの北脇照久さん。現場を動かす要の役割を担っている。

わけではないが、もの造りの仕事がしたくて応募したのだという。

「造り始めてから而今を飲んでびっくりした。日本酒ってこんなオイシかったんやー、これはスゴイぞ、とハマってしもうて。こんなオイシイもん造らせてもらえて給料をもらえて、なんて楽しい仕事なんや。よーし、ここで頑張るぞと気合が入ったんです」

北脇さんは、工事現場で足場を組む仕事を経験してきただけに、作業を順調に進める手腕に長け、骨惜しみせずよく動いた。

「俺の自慢は、段取り力なんです。最初のころ、社長はモノスゴイしんどそうやったんや。あんな旨い酒造れる人に、ついていける人はおらんから、一人で抱え込んで、イライラしてたんやと思う。社長を助けるために、俺ら下のもんのできることは、ちょっとでも社長の負担を減らすことしかない。社長が楽になるためには、いま何をすればいいんか。次に何をするのか、考えて段取りすれば、現場が動く。そうなれば下の人間も気持ちよく仕事ができるはずやと思ったんです」

北脇さんは当時を、こう振り返っている。酒造りが終わった翌年5月に任期を終えるが、大西さんは、10月から、今度は社員として正式に雇用した。

その2ヵ月前には、やはりハローワークで応募してきた東大阪市出身の土井淳さん（1984年生まれ）を社員として採用。土井さんは、システムエンジニアをしていたが、一生の仕事として好きな日本酒に関わりたいと思い、30歳を目前に転職しようと考えたのだと言う。

「酒造で検索してたら三重の酒蔵が出てきて。而今だったらいいなと思ったんです。きっちりと仕事をしてる、いい酒だと思ってたんです。それなのに、面接のときに、好きな酒を聞かれて、つい秋鹿、神《しん》亀《かめ》、辨天《べんてん》娘《むすめ》など、而今とは真逆の燗して旨い酒を挙げてしまって（笑）。社長に『うちとは違うタイプの酒が好きなんだね』と言われたもんで、ああ、失敗した、きっと採用されないと思ってました」と土井さん。

若い力が躍動する〝チーム而今〟。左から、社員の岩尾さん、舞野さん、北脇さん、社長の大西さん、土井さん、今期のみの季節雇用の山本さん。

大西さんは「面接で話して、まじめな子だなと思いました。この子ならキツイ仕事でも続けてくれるような気がしたんです。うちの酒と違うタイプが好きだと答えたこと？　そうでしたっけ。内容より、質問に正直に答えていることに好感を持ったんです」

さらに、北脇さんの正社員採用と同時に、鹿児島県出身で、宇宙技術開発関係の会社で衛星を監視する仕事をしていた岩尾清貴さん（１９８６年生まれ）を採用し、パートタイマーの寺本絢子さんを正社員にし、２年後の２０１４年には、三重県津市出身で、自動車部品会社に勤めていた、機械に強い舞野拓也さん（１９８２年生まれ）を採用。こうして製造の正社員４人、ラベル貼りなどを担当する女性社員１人という体制が整った（岩尾さんは家の都合で、その後退職。自動車部品製造をしていた河原畑昌邦さんが入社）。

２０１５年現在、製造担当の社員の平均年齢は30歳。北脇さんのほかは、大西さんを含め、奇しくも理系男子が揃った。

北脇さんは言う。

「俺以外はみんな数字が得意やし、アタマいい。俺はホンマにアホ（笑）。そやけど、いろんな工事現場を踏んできた。チームをまとめて動かすのんが、俺の役割やと思ってる」

自分をアホと称する、このあっけらかんとした明るさで場を盛り上げ、自ら率先して動いて人をまとめる統率力は、単純作業が続く酒造りの現場では大きな力になる。最年少ながら、大西さんが北脇さんを主任に任命したのは、納得できる。

２０１５年の３月、仕事が一段落した夕刻に、名張駅前の居酒屋でスタッフも交えて飲む機会があったので、「仕事大変でしょう」とふってみた。すると、我も我もと答えてくれた。

「大変なこともあるけど、仕事、楽しいっす。モノスゴイ、やりがいを感じてます」

「任せてくれるところが多いから、自分たちで解決しようというモチベーションになるんです」

「うちの社長はスゴイ！　いまでも十分美味しいのに、常に改善、改善という姿勢で、常に１２

０％を求めるところが尊敬できる」

「そんでも俺らがついていけるのは、こうせえと、頭ごなしに命令するのではないからやな」

「前の仕事やったら、ちょっとしたミスでも、何してんのやー！　と金槌を投げられて、オシマイやった（笑）」

「そうやな。まずは何がアカンのか問題点を提示して、さて、どうしたらいいと思うか、俺らに改善策を聞いてくれるんです」

「そうやから、もっと頑張ろうという気持ちになれる」

「うちの酒、注目されてるし、それもやりがいになってます」

「うちの酒の中でも、酒未来《さけみらい》が特に好きやな。ええわあ、あれ」

「僕は、やっぱり山田（山田錦）の生」

「去年は雄町《おまち》、今年は山田が一番かな……」

「貴の山田錦もよかったよね」

「貴」を造る永山貴博さんと大西さんは、毎年、山田錦の純米吟醸を瓶詰めしたら、相手に送って、意見を交換していると聞いていたが、スタッフも一緒に試飲していたのか。大西さんとスタッフが、わいわいと試飲する様子が目に浮かぶ。この日も日本酒談義が続いていく。

「而今以外やったら、（醸し人《かもびと》）九平次《くへいじ》が好きやな」

「最近飲んだ酒では、福島の山の井も良かったわ」

「それ、どこで飲んだん？　あ、お願いします！　唐揚げ追加でください」

「また、揚げ物か。みんな若いなぁ」

大西さんが口をはさんで、大爆笑が起こる。

目の前で〝社長はスゴイ〟と、てらいもなく言える素直な若者たち。彼らが自分で造っている酒に惚れ込み、大西さんのことを心から尊敬していることが伝わってくる。数年前まで、社員との関係がうまく築けずに、大西さんが悩んでいたことも知っているだけに、話が白熱するにつれて、じんと胸が熱くなってきた。

盛り上がりながら、ときおり土井さんがスマートフォンのアプリを開いてチェックしている。覗き込んだら、折れ線グラフが表示されていた。なんと、酒蔵の麴室にある麴の温度と室内温度や湿度が、スマホに掲示されるというから驚いた。この「おんどとり」というアプリは大西さんとスタッフが全員、ダウンロードしていて、いつどこにいても、麴の温度がわかるのだという。ちなみにこのアプリは「七本鎗《しちほんやり》」の冨田泰伸さんから教えてもらったものだそうだ。

「社長、いま38・9℃です」

すると大西さんもスマホでチェック。麴が41℃になったら、麴に手を入れて温度を下げる「仕舞仕事」をするのだが、グラフでは、あと30分で到達すると予測されていた。

「じゃあ僕は、そろそろ蔵へ帰るわ。みんなゆっくり飲んでいっていいよ。あとで請求してくれたらいいから」と、席を立った。

大西さんについて、私も蔵へ向かって歩きながら、スタッフの言葉を思い出していた。なかでも印象的だったのは、彼らが何度も「任せてもらえている」という言葉を口にしたことだ。誰も信用できず、一人で抱え込んでいたときと、大西さん自身も大きく変わったのだ。

「誰もいなくなって、やっと目が覚めました。チームで働く意味にようやく気が付いたんです。いま考えると、あのころは、社員には単純作業だけをやらせようとしていた。何の説明もしないでおいて、少しでもミスしたら、なぜわからないんだ！　と叱りつけていたんです。うまくいかないことを全部、人のせいにしてた。最悪ですね。いまは、たとえ自分が答えを出していることでも、どうしたらいいと思う？　と投げかけてみる。そうすると皆、一所懸命、考えてくれるんです。本当に、いい子たちに恵まれました。前は夜、自宅に戻ったときに、コーミーに社員の悪口ばかり言ってたけど、いまは、褒めてばかり。人に感謝できるようになった。成長したんですかね」

大西さんも経験を積んで、気持ちに余裕ができたこともあるだろう。

進化する蔵

初年度、山田錦で造った純米吟醸は、自分でも会心の出来だった。

「いま考えると、ビギナーズラック（笑）。教科書通りに造ったら、たまたま、その年の山田錦の状態に、はまったんだと思います。翌年からは、思うような味にならなかったんです」

自分に対して厳しい大西さんは納得できなくても、市場では2年目から人気が沸騰。当初めざした「東京の銘酒居酒屋のリストに載る」ことが、達成されつつあっただけに、さらに良いもの

朝、当番の司会で、その日の作業の確認を行う。大西さんはなるべく口を出さないようにしているという。

を造り続けなければならないと焦る。ピリピリと神経質になっていたのは、改善したい点が見えているのに、ままならない、もどかしさもあったのだろう。

良いスタッフを得て、スタッフの体制が整ったことで、理想に向かっての改善は、さらに加速度がつき、設備も進化し続けている。

初めて訪れたとき、仕込みタンクには梯子《はしご》がかかっていたが、3年前に訪れたときには、タンクの周りに、しっかりとしたステンレス製のステージ状の足場が組まれるようになっていた。米や水など重量のあるものを上から投入するために、タンクの周りに作業用の足場や梯子は不可欠だが、小規模な蔵ではたいてい木製で、幅も狭い。もろみを見せてもらう際に、足を滑らせそうになって、肝を冷やしたことがある。まして、実際の作業はスピードが要求されるのだ。

「足場が組まれて、足元を気にせず、動けるようになりました。助かっています」と社員の土井さんも話していた。

人が危険なだけではなく、東日本大震災のとき、東北の酒蔵ではタンクが倒れ、足場が折れて、もろみが流失する大変な被害に遭った様子を目の当たりにした。飲み手にとっては、木製の足場のほうが見た目は風情があって美味しそうだが、安全には代えられないのではないか。

２年前からは、麹室の中に真っ白な大型の箱のような道具がデーンと収まるようになった。大西さんの製麹《せいきく》方法は、蒸した米に種麹《たねこうじ》をふったあと、最初の20時間ほどを「床《とこ》」と呼ばれる木製のベッドのようなところで、布などで覆って保温して、麹菌を発芽させる。その後は、「箱」と呼ばれる木の箱に小分けして、温度や湿度を管理しながら、約48時間で麹を育成する、というもの。杜氏によって製麹方法は千差万別だが、小規模な酒蔵が行う、丁寧な吟醸造りの基本形といってもいいかもしれない。このうち、最初の木製の「床」と布を、アルミでコーティングされた蓋付きの大型の箱に替えたのだ。

替えたきっかけは、「仙台日本酒サミット」（蔵元と酒販店による勉強会）で、酒に「４ＶＧ」と呼ばれるスモーキーなにおいがあるという指摘があったことだった。麹を造る際に、雑菌による汚染などの問題があるためにおいが出たのだ。

「もしかしたら、布になんらかの菌が繁殖していたのかもしれませんし、保温している間の米の水分の問題かもしれません。この方式は、十四代の髙木さんやくどき上手の今井さん、飛露喜の廣木さんも採用していて、とってもいいとは聞いていたのですが、なかなか踏み切れなかったのです。４ＶＧの指摘があったことで思い切って入れてみたら、においだけではなくいろんな問題が解決したんです」

それまでは麹がガチガチに硬くなり、ブンジ（木のスコップのような道具）で、汗だくになっ

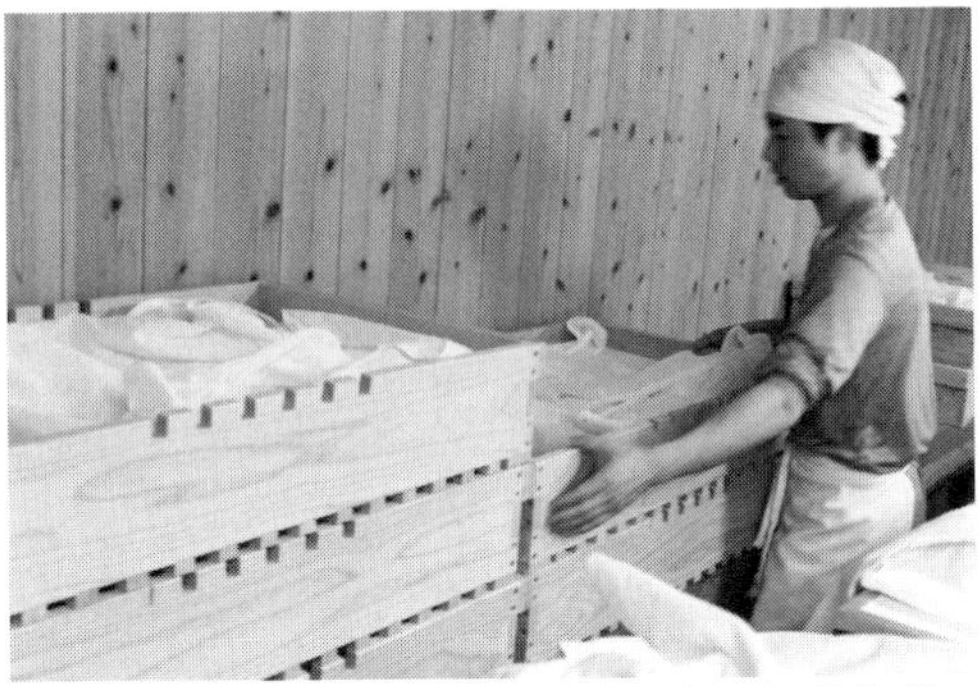

「一白水成」で見た箱をヒントに特注した吉野杉の麹箱。横の凹みに木を挟み、麹を厚く盛ったり、薄く広げたりできる。

て荒砕きという作業をしなければならなかったものが、手だけで、さくっとほぐれるようになった。思う通りの湿度にできるようになったのだ。

「裸の男たちが、汗だくで作業している図は、絵にはなるかもしれませんが、汗や体毛が麹に混じるかもしれないでしょう（笑）。それより清潔な環境で、狙った通りの温度や湿度を保てるほうを取ろうと思ったんです」

このアルミ製の箱は装置というより、単なる蓋付きの箱。機械任せになったのではない。種麹をふったあとの米の温度は、29・8℃になるまで、手作業で米を広げて放冷し、決まったところで、蓋をする。30℃では、めざす「而今」の味にはならないという。小数点以下の精度を求める世界なのだ。

麹造りの際、「床」の工程のあとで使う「箱」は、秋田の「一白水成《いっぱくすいせい》」の蔵で見た箱が使いやすそうだったので、同じ方式の箱に改良を加えた設計図を自ら描いて、大阪・堺の製桶所「ウッドワーク」上芝雄史《たけし》さんにオーダーしたのだという。ウッドワークは仕込み用の大桶を造るのが専門で、小さな麹箱を造るのは珍しいと思って、上芝さんに聞いてみると、「大西さんが熱心なので……」と答えた。あのひたむきな目で頼まれたら、応えたくなるだろう。

今期の大きな変化は、搾《しぼ》り機が冷蔵室に収まるようになったことだ。これまでは、搾ってから、火入れする間の生酒の期間が長かったことによって、〝生老《なまひ》ね〟した状態で出回ってしまうこともあったという。そこで、搾り機を5℃に冷やした部屋に入れて、フレッシュさを保つようにしたのだ。温度の低い部屋に入れておくことで、黴《かび》の発生も抑えられ、酒にマイナス要因となるにおいもつきにくくなる。このあとは精密な温度設定のできるサーマルタンク（新洋技研工業の登録商標）に移し、試飲しながら、甘みが乗ってきたタイミングで、火入れ殺菌する。タンクから瓶詰め機へ送るときにポンプの周波数を60ヘルツから10ヘルツに変えて、ゆっくり送るようにしているという。

「雪印の生クリームラインで、泡立ちすることなく、優しく液体を送るときにこの手法を使っていたんです。酒の酸化を防いでくれるのではないかと考えて、やってみています。自動車部品会社に勤めていた舞野が機械に強いので、改造はお手のモノなんです」

ステンレスの足場、アルミ製の床、杉のオリジナル麴箱、スマホのアプリ、搾り機を冷蔵室に入れる、周波数を変えて酒を送る……。こういった細かいことを積み重ねながら、進化させているのだ。

問い続ける「『而今』の味とは何か？」

進化させてきたのは設備や道具だけではない。

「さらりと乾いているけど、カリカリではなく、握るとふっくら弾力がある麹が理想」と大西さん。

山田錦で造ると思うような甘みが出たが、山田錦は値段が高い。日常的に飲める価格帯の酒をめざして、山田錦より安価な五百万石で造ったものの、硬質な米ゆえに、後口に苦みや渋みが出て、硬い印象になってしまった。「而今」らしくなかったのだ。

「改めて『而今』の味とは何か、自分なりに分析してみると、豊かな甘みがあること。そして甘みより、酸がわずかに控えめにある酒だと気が付いたんです。そこで、今度は甘さと酸のバランスに留意して酒質設計をして、さまざまな改善に取り組んだんです」

味の硬さをなくし、旨みを出すためにどうすればよいのか。まず米を蒸す前に米に含ませる水分（吸水率）を、128％に設定していたところを134％と、より多く吸わせるようにした。麹を造るときには、種麹の量を1グラム程度多めにふるようにして、室の中で育成する時間を2時間ほど長くした。さらに、仕込むときには、水麹の温度をぐっと冷やして4℃に、掛米の温度は高めに設定。水と米の温度差があることで、米がよく溶け、旨みが出るのだという。

いまでは、五百万石や八反錦《はったんにしき》で造った特別純米酒は、綺麗な甘さが乗った「而今」の定番として安定した人気になっているが、どの改善が効いたのだろう。

「いろいろ変えてみているので、どれが最も効果的だったのか、自分でもわからないんです。米の状態も気候も毎年違いますし。これからも、そのときできる最善の方法を、精一杯やりぬく。その積み重ねしかないと思っています」

現在、三段仕込みの最後の工程「留《とめ》」の温度は吟醸酒並みの6℃に設定しているが、あと1℃ほど上げようか、考えているところだという。変えなくても、十分美味しいのに。

理由やコンセプトではなく、ただ「美味しい」酒を

今をときめく「而今」だが、アンチ「而今」も少なくない。知名度があがると、辛口の評価も増えるのは、どの世界でもあることだ。

最も多い批判は、料理に合わないということだそうだが、果たしてそうだろうか。

確かに甘みはしっかりしていて、華やかな香りもある。酒自体の存在感は強く、どんな料理にも幅広く合うタイプではないだろう。だが、それは料理に合わないということではなく、料理を選ぶということ。確かに鯛の刺身を醤油で食べるときには、「而今」は最高の友とは言えないかもしれないが、オリーブオイルを垂らして、柚子を散らせばぴったりくる。海老、蟹、ほたて、蝦蛄《しゃこ》、うなぎ、イクラなど甘みのある魚介とは素晴らしい相性だ。牛肉や鴨など濃厚な肉にはよく合うし、クリーム系のグラタンやチーズを使った料理ならば、言うことがない。上海蟹と合わせたときは、天にも昇る至福を味わった。

毎年、年末ごろ発売になる微発泡の特別純米にごり酒。イクラや鱈白子、雲丹、蟹と合わせると悶絶必至。

　いま、一部の日本酒ファンの間では、香りが強い酒を悪とする風潮がある。吟醸香のなかでも、特に華やかなカプロン酸系の香りは、極悪人扱いだ。私も、人工的な香りの酒は口に入れたくないし、香りだけが浮いて味わいが薄い酒は好みではない。だが、美味しさは、味と香り、ボリューム感など、さまざまなバランスが重要だと思う。その点で、而今は精妙にバランスが取れていると思うのだ。

　燗酒派からもバッシングを浴びているそうだが、燗にして旨い酒と、冷たくして旨い酒は、そもそも酒質設計が違う。飲み方や、合わせる温度、シチュエーション、さらに個人の好みによって、旨い酒はさまざまあっていいと、私は思う。而今は紛れもなく、冷たくして映える酒のうちのトップクラスにいることは間違いないのだから。

　最近では、地酒なのになぜ他府県の米を使うのだと言われることもあるという。大西さんが買っている山田錦は、三重産が多いがすべてではないし、五百万石は富山県南砺《なんと》市から、八反錦は広島県、酒未来は山形県、岡山県の雄町も使っている。

「僕はコンセプトを設定したり、マーケティングを行ったりしてもの造りをする人間ではないんです。目の前にある課題を解決しながら、最上と思われる方法と原料で、旨さを追求してきました。山田錦を使っているのも、めざす味の品質の良い酒ができるから。それが、地元の農家が栽培した米ならさらに良いと思いますが、地元の米だからといって納得できない米は使いたくないんです。僕にとっては、まず飲んで美味しい！　と思ってもらえることが先。山田錦の酒を飲んでほしいのでも、三重県の米の酒を飲んでほしいのでもない。なぜ美味しいか、理由やコンセプトは最後でいいんです」

酒蔵の前で談笑する大西唯克さんと香美さん夫妻。いつまでも初々しいカップルだ。

　もちろん飲み手の反応は気になるし、取り引きしている酒販店のアドバイスも聞き、蔵元たちと情報交換もする。すべてをうのみにするのではなく、まずは聞いて、そのあと捨てる意見と、取り入れる意見をじっくり精査するのだという。

「きらめきの一杯よりも、癒やしの一本を造れと、取り引きする酒販店さんに言われたことがあります。確かに前の酒は、もっと甘くて濃かったし、香りのインパクトが強かったかもしれません。いまの酒は、軽くなっているはずです。酒販店さんの意見もあるけど、自分の造りたいものが変わってきたということ。これからもそのとき僕が飲みたい酒、理想の味を実現するために、もっともっと腕を磨いていきたいと思います。今年、ひとつの壁を越えたように思います。麴の香りが明らかに違うのです。これからも進化を見守ってください」

酒造りを間もなく終える5月、蔵を訪れると、真新しいイタリア製の機械を使って、香美さんが社員の女性と、ラベル貼りをしていた。香美さんは、前にもまして、すっきりとスリムになったように見える。

「蒸し米を運んだり、瓶を運んだり、力仕事を続けてきたので、脂肪が落ちて筋肉がついちゃったみたいなんです。ラベル貼りも機械を入れるまでは、男の子たちが瓶を運んでくれたのに、今は手伝ってくれないんです。瓶をセットするのは人力なんですよ」と言いながらも、なんだか楽しそうだ。

ふと、瓶のキャップを見ると、「木屋正」と描かれている。初年度、30石からスタートした「而今」は、いまでは700石。このほか、地元向けに、普通酒の「高砂」をわずかに造っているだけだ。キャップも「而今」に変えてもいいのではないのだろうか。

すると大西さんが、

「息子が継いだときのことを考えて、社名のままにしてあるんです。違う銘柄を立ち上げるかもしれないし、而今と逆のお燗で旨いタイプを造るかもしれないでしょ（笑）」と答えた。

2009年に生まれた長男に次いで、2012年には次男も生まれた。

「上の子は、蒸し米の匂いが大好きで、甑《こしき》の周りの空気をパクパクと食べる真似をして、美味しいね、なんて言ってるんですよ。興味あるみたいなんですよ」と、香美さんは大西さんのほうを見ながら微笑んだ。からりと晴れた5月の空の下、中庭で、大きな鯉のぼりが気持ちよさそうに泳いでいる。

辞するとき、玄関まで見送ってくれた二人の笑顔は、この日の空のように爽やかだった。

2016年3月、大西さんからメールが来た。今期の酒造りが終わったら、念願の麴室の増築に取り組むつもりだという。14年前、酒蔵の仕事に就いたとき、ボロボロの麴室を改築したくて日東工業所（業界で著名な麴室製作会社）に見積もりしてもらったが、まったく手の届かない金額であった。やむなく地元の工務店に格安で杉板を張り替えてもらい、ビニールハウス用の温床線を自分で張ったという話を思い出した。今年は、その日東工業に依頼するという。さぞ感慨深いだろう。

「種麴を振る部屋と、箱に盛る部屋を分離化し、別々に温度と湿度の管理ができるようにします。いま以上に精度の高い環境を整え、自分の表現したいお酒を醸せるようにしたいと思います。酒造りが5月まで続きますが、来期もより一層品質を高められるように準備を進めます。今後ともよろしくお願いします」

そう結んであった。今年もまた酒蔵を訪ねよう。進化した姿を確かめなくては。名張の初夏の空を思い浮かべながら、大西さんと同時代に生きている幸せをかみしめていた。

酒の「**進化**」を追う

磯自慢に見る酒造り進化形

いま、日本酒界は百花繚乱。多くの人気銘柄が咲き乱れているが、そのなかにあっても、「磯自慢」は、別格の存在感を放ち続けている。

最も安価な一升1950円の地元向けのレギュラー本醸造から、最も高価な4合で2万600円の中取り純米大吟醸35Adagioまで（いずれも地元税別価格）。すべてに共通する清々しくも艶やかな香り、優美で端正で、凛とした気品のある味わいは人々を魅了し続けるが、それはファンだけにとどまらない。新感覚の日本酒を次々と提案する業界の寵児、「新政」蔵元の佐藤祐輔さんが、家業に就くきっかけとなったのは「磯自慢」だと話す。佐藤さんは、フリージャーナリストとして東京で活躍していたが、口にして衝撃を受け、酒造りに興味を持ったというのだ。同業の蔵元たちから評価されるのは、味わいだけではない。「十四代」髙木顕統さんは「あれだけの人気がありながら増産に走らず、設備に投資して、さらなる質の向上につなげている。経営センスとバランス感覚が素晴らしい」と、蔵元の姿勢を絶賛する。

磯自慢は多くの挑戦を行ってきた。なかでも画期的だったのは、30年前に、仕込み蔵の内側を総ステンレス張りに改装したことだろう。現代では、磯自慢の考えは主流になっているが、当時は非常識とさえ受け止められた。また、この5年ほどの間に、搾り機を冷蔵部屋へ収める改装を行う酒蔵が増えてきたように見受けられるが、磯自慢では23年前に、すでに全館を冷蔵庫のような仕組みに建て替え、ラベル張りまで低温に保たれた部屋で行っている。磯自慢の決断の結果は、飲み手の支持が物語っている。

原料米に対する意識も高く、20年前から酒米の王様「山田錦」の生産地として知られる兵庫県旧東条町の農家を訪問し続けてきた。現在では使用する酒米の65％が兵庫県特A－a地区で収穫される東条山田錦（商標登録）である。南アルプスから流れ出る名水と、優れた静岡酵母はあるものの、酒米だけは地元では最高のものが得られず、10種類以上の好適米を全国各地から取り寄せて使ってきたが、兵庫県の山田錦の右に出る米なしという結論に至ったという。

「最高の原料で最高の酒を造りたい。小さな蔵が生き残るのは品質路線を追求するしかない」と語る寺岡さん。

磯自慢は上質な酒造りをめざす現代の蔵元たちの目標であり、お手本なのである。

寺岡洋司さん

昭和31（1956）年生まれ。8代目蔵元。
創業は天保元（1830）年。代々、地元で愛される酒を丁寧に醸し続けてきた酒蔵。日本酒が増産された昭和40年代も、大手メーカーに桶売りは行わず、地元の愛飲家のために頑固に造り続け、一時、わずか200石（一升瓶で2万本）の販売に落ち込む。だが品質路線を貫き、山田錦を使った大吟醸も1956年から造り続け、1985年には糖類添加を廃止。翌年に画期的なステンレス張りの仕込み蔵を建設。さらに1991年から2年をかけて、耐震構造の全館が冷蔵庫のような仕組みの酒蔵を建てた。2015年現在の販売は約2000石。

磯自慢酒造　蔵元　インタビュー

——ステンレス張りの仕込み蔵にしたのが1986年。思い切ったことをしましたね。

寺岡　低い温度を保ちながら、ゆっくりと発酵させるのが、吟醸酒など上質な酒造りの基本でしょう？　でも、静岡は暖かいし、年々、地球は温暖化している。だったら仕込む場所を、真冬みたいにしちゃえばいいと、ぱぱっとひらめいた。僕、発想が単純なんです（笑）。魚の町という焼津の地の利もあって、あちこちに遠洋から揚がった南マグロを保存する冷凍冷蔵倉庫がある。地元の業者に頼んで設備を造ってもらったんです。

——反対はされなかったのでしょうか？

寺岡　心配してくれる人はたくさんいましたよ、蔵付き酵母がいなくなっちゃってもいいのかってね。でも、酒造りに大切なのは第一に清潔なことでしょう？　雑菌が入らないように、蔵の中も道具も徹底的に洗い清めるのが基本。だったら丈夫で、錆びなくて、熱湯をかけて洗えて、いつでも清潔を保てるステンレスしかないと思ったんです。ただ、一度に全面改装して、万が一失敗したら大変なので、１９８６年に、55坪の仕込み蔵からテストしたんです。それが酒質の向上につながったので、１９９１年から2年をかけて耐震構造も兼ねて全面改装したんです。

——大きな投資ですね。

寺岡　東海地震がすぐにでも来ると騒がれていたころでしたから、地盤も調査して、岩盤に向けて、杭を60～70本打ち込んで、その上に柱を立てた。重いタンクがのりますし、構造計算して柱をめちゃくちゃ太くしたんです。たぶん震度8でも倒れない。壁は落ちるでしょうけど、絶対に復興できるぐらいの高額な地震保険もかけていますし、タンクもアンカーボルトで固定してあります。酒はP箱に収めて、角をアルミの板で押さえて、紐で縛ってあります。幸い、まだ大地震は来ていませんが、従業員には自分の命を最優先にしろと言い聞かせ、避難のための経路や、とるべき行動は食堂や蔵のあちこちに貼ってありますし、人数分の救命胴衣も準備してあります。できるだけのことはすべてやっておくのは、経営者の務めです。

――最上階に米を蒸す甑と麹室、2階に酵母室と仕込み室、1階に冷蔵仕込み室と搾り機というように、工程が上階から下階へと進むグラビティーシステムになっていますよね。ポンプで送るより負担をかけることなく移送できるとされています。

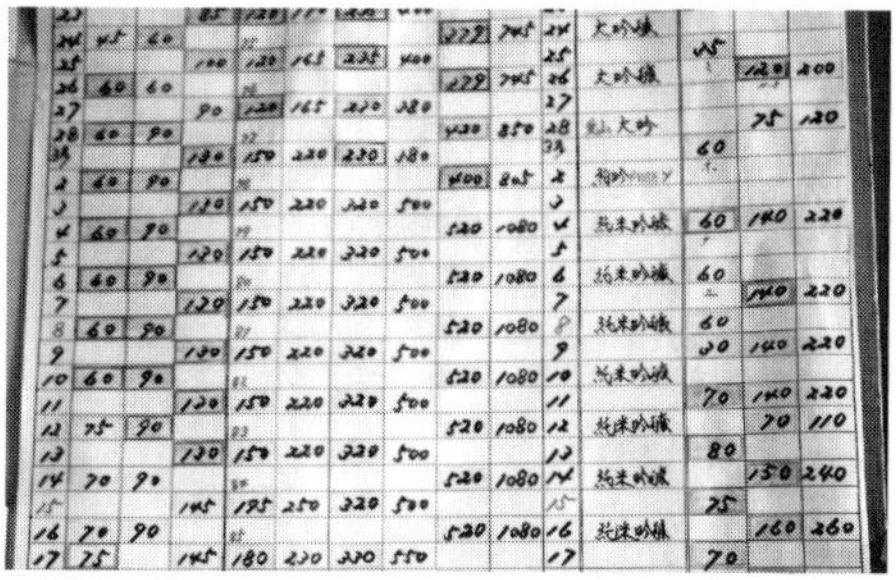

工程表　蔵のあちこちに貼りだされる工程表は、寺岡さんの手書きだ。米の精米歩合別に色鉛筆で塗り分けられ、一目瞭然。

寺岡　たまたまです（笑）。土地が狭いから上に積み上げるしかなかったんです。

――海外のワイナリーでは見ましたが、日本酒蔵では業界初ではないでしょうか。

寺岡　当時はグラビティーなんて言葉も知らない。自分が酒の仕込みに入っていたので、作業をしやすい配置にしただけ。それが結果的に良かったんです。

――当時、蔵元自ら造りに入る例は、まれだったでしょう。

寺岡　少なかったでしょう。秋に杜氏《とうじ》さんが蔵に入ってきたら、蔵元は「頼むよ、今期も頑張って」と言って、あとは酒ができてくるのを待つものでしたから。僕は、そこに疑問を感じていたんです。自分の家の財産となるお酒を造ってくれているのに、任せっきりなんて無責任でしょ？　そこでそのときの杜氏、横山福司さんに、一緒にやらせてくださいと頼んだんです。

――従業員の個室を造ったのも、ご自身の体験からだと聞きました。

寺岡　そうなんです。自分が造りに入り始めたころは、全員が大広間で寝ていたんです。杜氏は、夜中に麹に手入れをするために起き出すので、僕の枕の上をまたいで通る。どうしても目が覚めてしまうんです。早朝の仕事も多いし、毎日、眠くて眠くて体がきつくて、せめて寝るときぐらいプライベートな時間が欲しかった。心身の健康にも良いし、作業効率も良くなると思って、改装したときに最上階に12の個室を造ったんです。

――宮城県の「伯楽星」は、東日本大震災で大きな被害を受け、仕込み蔵を移転することになりましたが、蔵人が宿泊できる個室を造ったのは、磯自慢がお手本だと話していました。今回、個室を拝見しましたが、大浴場もあるんですね。

寺岡　晴れた日は風呂の窓から富士山が見える。うちで一番眺めがいい場所です。洗面台や食卓もあって、冷蔵庫、電子レンジも置いてあるので、夜食を食べたりできます。

――杜氏さんや蔵人《くらびと》の方々が口を揃えて、毎日の夕食が楽しみだと言ってました。

寺岡　ほかほかの家庭料理です。おふくろが献立をたてて、家内が手伝い、近所のおばさんが交代で来てくれて、従業員と家族、合わせて16人分の夕食を作っています。焼津ですから、魚料理はお手の物です。うちの台所には魚専用も含めて、食材専用の冷凍庫が3つあるんです。製造に関わる従業員は社員が7人と、南部（岩手県）から来る杜氏さんと蔵人3人で総勢11人。10月初旬から4月末までの約200日間、泊まり込みで働いてくれているのです。寝ることも大切ですが食事も大事。せめて温かい家庭料理を食べてもらいたいと思っているんです。働きやすい環境を整えることと、従業員の心身の健康管理は、蔵元の大きな仕事だと思っています。

――酒造りに対する基本的な考えは、どういったことでしょうか。

寺岡　酒に対して、もうひと手間かけてやること。愛情をもって接する、ということです。悪いと思ったことは排除する、良いことはとことんやる。ただ僕や、杜氏だけが、そう思っていても全員が同じ気持ちで動かないとだめ。チーム全体で同じ気持ちにならなくては、良い酒はできません。酒造りで最も大切なのはチームワークです。

――蔵の中の皆さんは、誇りに満ちたいい顔で仕事をしています。

寺岡　製造担当の社員5人のうち4人が南部杜氏の試験に合格しましたし、杜氏さんが南部から連れてきている若い3人も頑張ってくれていますし、長男の智之も造りに入って今期（2015年現在）で、3造りに目に入ります。いま、チームワークは最高です。

1. 洗米と浸漬
「洗いに始まり、洗いに終わる」

「洗いに始まり、洗いに終わる」とは、多田信男杜氏が実践してきた姿勢であり、また静岡を吟醸王国に押し上げた技監、河村傳兵衛氏の教えでもある。磯自慢では〝洗いに始まる〟を洗米のことと捉え、上質な酒造りのための重要な第一歩として、蔵人が総出で行う。

精米を終えたあとの白米には、細かい糠が付いている。糠は雑味のもとになるため、これを洗い流すのが「洗米」の工程。洗ったあとは、すぐに水に漬けて、めざす水分量を吸わせる。この工程を「浸漬《しんせき》」という。このときの吸水歩合が多くても足りなくても良い酒にはならない。特に吟醸酒のような精米歩合の低い米は、米粒が小さくなっているので、微妙な時間調整が必要で、秒単位で時間を測って水を吸わせる「限定吸水」を行う。

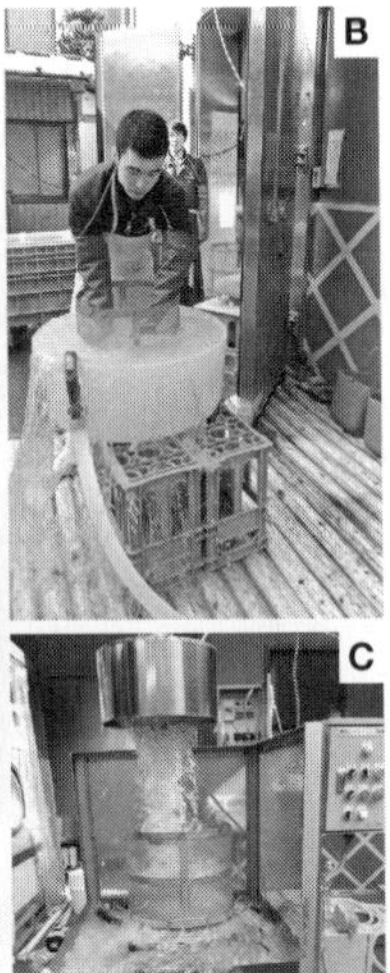

倉庫に積み上げられた〝酒米の王様〟山田錦。

A 使う米の約65%は、最高峰とされる兵庫県特A地区旧・東条町で契約栽培された「東条産山田錦」(商標登録)。そのうち特等米以上を基本としている。

B 10kgずつ小分けにした米は、砕けないように、優しく丁寧に30秒間手洗いする。

C 手洗いした米は、ザルごとオリジナルの洗米機へのせる。半回転ずつ逆回りを23秒繰り返すことで、米どうしの摩擦でさらに糠を落とした後、上から大量の水が45秒間注がれ、さらに半回転ずつ回って水を切る。

D 糠が綺麗に落ちた証拠に、排水が透明だ。

E ザルごと水に漬け、時間になったら取り出し、斜めに立てかけて水を切る。浸漬時間は、精米歩合や米の状態、気温などに合わせて、吸水担当の八木英幸さん(1978年生まれ)が計算してタイマーをセットする。この日は山田錦55%精米で、吸水率の目標は24%、浸漬時間は5分50秒。

2. 蒸し米
「外硬内軟」

食べるご飯は炊くものだが、酒米は大型の蒸し器を使って蒸す。磯自慢では、手触りが柔らかく、米に優しい椹《さわら》製の甑《こしき》※で蒸し上げる。外はぱりっと、中はふんわりと蒸し上げる「外硬内軟」が理想。蒸したての極上の山田錦はうっとりするような甘い香りが漂い、冷めると藁のような爽快な香りがする。

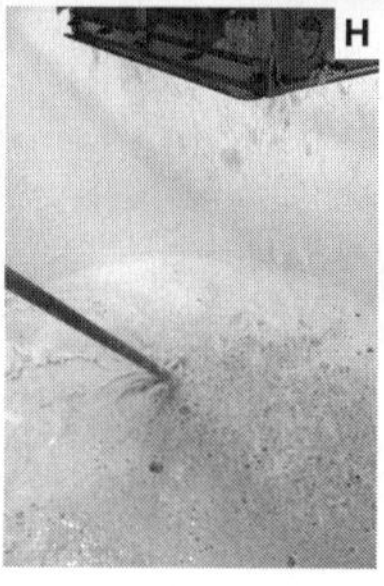

A　朝7時。6時にボイラーを点火した甑から、もうもうと水蒸気が上がる。

B　蒸し上がった米を、人の手で掘り出す。

C　米の温度を測る杜氏の多田信男さん。開け放たれた窓から風が通り、米が冷えていく。(麹米のときは窓を閉じる)

D　蒸した米は、放冷機を通してさらに冷まし、箕《み》で受ける。

E　箕で受けた蒸し米は、麹室へとリレー方式で送られる。蒸し米を麹室へ運ぶことを「引き込み」という。

F　麹室の床の上には、箕で運ばれた蒸し米が次々と並べられていく。

G　蒸し米を手で広げて、適温に冷ます麹担当の待井由朗さん(1978年生まれ)。

H　麹用の米と同時に蒸された、掛米に使う蒸し米は自然の冷気で冷まされ、仕込みタンクへ投入する。

※椹製の甑を最近新調しようとしたが、職人がすでに引退。同じ形のステンレス製の甑を特注し、平成27酒造年度から使用している。

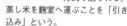

3. 麹造り
「突きはぜの老ね麹」

48時間を経た麹。菌糸が食い込んで米が白く濁っている。磯自慢の大吟醸ではさらに育成し、うっすらと緑色を帯びるまで老ね麹にする。

　昔から酒造りの極意は「一麹、二酛《もと》、三造り」と言われているように、麹は酒質を決める“要”であり、酒蔵による流儀の差が最も出るところだ。磯自慢では、杉板張りの広い麹室で、温度と湿度を細かく調整しながら、深夜や早朝の作業も厭わず完全に人の手で育成される。純米吟醸クラスの製麹《せいきく》時間は、48時間ぐらいの例が多いようだが、磯自慢では本醸造でも約52時間、大吟醸では70時間もの時間をかける。めざすのは、菌の数は少ないが、米の芯まで菌糸が食い込んだ“突きはぜ”の、いわゆる吟醸麹だ。菌糸が水を求めて米の中に食い込むように、米をできるだけ薄く広げて表面を乾かすようにしながら、じっくりと育成。70時間をかけて完成した大吟醸用の麹は、緑色を帯び、茸のような香りがする。この磯自慢独特の老《ひ》ね麹が、自社で保存する酵母の特性を最大限に生かす。

A　種麹《たねこうじ》（麹菌）を計量して缶に入れ、メッシュの蓋をして蒸し米の上からふる。
B　適温に冷ました蒸し米に、種麹をふる杜氏の多田信男さん。この作業を「種切り」ともいう。普段は穏やかな笑みを絶やさない多田さんだが、この時は近寄りがたいオーラを発する。

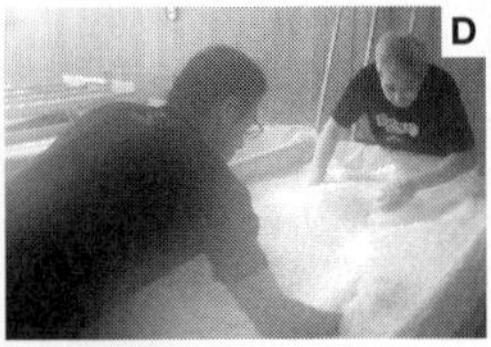

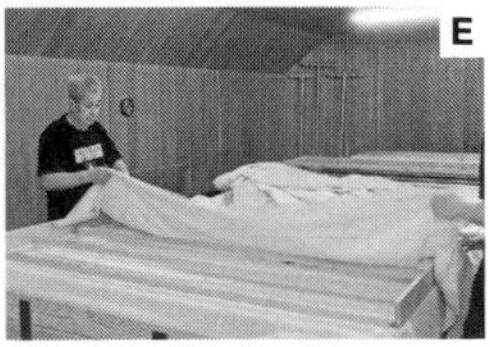

C　ふりかけた麹菌が、まんべんなくいきわたるように、蒸し米をほぐす「床もみ」作業をする。左手前は蔵元の長男、智之さん（1987年生まれ）。
D、E、F　麹菌が繁殖する過程では、熱を発するため、薄く広げて表面積を大きくして熱を逃がすようにする。適温になったら、再び布をかけて保温する。

4. 酒母
自社保存酵母で酒の母、酒母をつくる

麹が完成すると、発酵の工程へ向かう。そのためには、まず酵母を大量に純粋培養することが必要となる。磯自慢では、完成した麹と、適温に冷ました蒸し米、仕込み水（南アルプスの伏流水）、自社保存酵母に、乳酸を加えた中で、速醸系の酛《もと》を育成する。この酛を酒の母、酒母《しゅぼ》ともいう。低温に保った酒母室で、品温を上下させて鍛えることで、酵母はストレスを感じ、香りが生じる。この香りは徐々に変化し、酒になったときには磯自慢ならではの、メロンやバナナのような魅力的な香りとなる。完成した酒母には、1ccあたり1億5000万個以上の酵母が生きている。

A 酵母培養室で、酒母の酛たてに使う酵母をスラントから培地に植え付ける。この日、使う酵母は、静岡酵母「HD-1」。
B 酵母は寺岡さんだけが触ることのできる、蔵元の聖域だ。

多田杜氏語録

「HD-1という静岡酵母は、なかなか面白い酵母でね、喉越しがすんごくいい酒になるもんで、造っていて楽しいんです。ただ、扱いが難しくて、突然、酸がボーンと出たりすることがあるので、一瞬も気が抜けない。腕を要する酵母だと思います」

5. もろみ
外気温に影響されない冷蔵仕込み室

もろみの発酵は、大型冷蔵庫のようなステンレス張りの冷蔵仕込み室で行われる。外気温に影響されない冷蔵仕込み室で、低温を保ちながら、20日（本醸造など）～30日（大吟醸など）をかけて、ゆっくり穏やかに発酵が進むことで、爽やかな香りを持つ、緻密できめ細かいもろみが醸されるのだ。なお、タンクは、寺岡さんが製造現場を見て惚れ込んだグラスライニング製を採用。丈夫で清潔を保てるため、製薬会社で採用されることが多いという高価なもの。

寺岡語録

「結果に最高の品質を求めるなら、道具も最高の品質を選ばないと。ただし、手抜きをするための道具や、楽をするためだけに使う機械は、一切入れるつもりはありません」

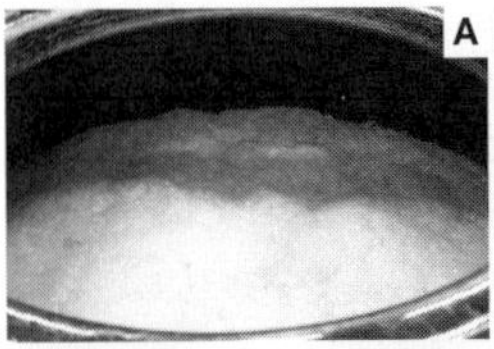

A　発酵中の純米吟醸。素人目に見ても、きめ細かさが際立っている。
B　大地震に備えて、タンクをアンカーボルトで固定。これほど厳重に固定している酒蔵は少ない。
C　櫂を入れるもろみ担当の長島光さん（1983年生まれ）。

6. 搾り

冷蔵室の中で搾る

もろみの搾《しぼ》りは、昔ながらの「槽《ふね》」と、フィルター方式の自動搾り機（通称ヤブタ）を、酒質に合わせて使い分けている。2台の搾り機は4℃に保たれた冷蔵室に収められ、低温で搾りが行われる。近年、搾り機を冷蔵室に入れる例が増えてきたが、磯自慢ではすでに1992年から行ってきたのだ。低温で搾ると、最終的なもろみの温度（5℃）との温度差が少ないため、もろみに与えるショックが少なく品質が保持できる。さらに、異臭の元となる雑菌の繁殖を防ぐ効果もある。

洗いに始まり、洗いに終わる

磯自慢の仕込み蔵の中は、隅から隅まで掃除され、壁や天井、床までも、「舐められるほど」きれいに拭き清められている。

「酒を搾ったあとの袋は徹底的に洗います」と寺岡さん。その洗浄方法は、初めにアルコール系の洗浄剤で洗ったあと、1晩漬けておき、翌日、一枚ずつに水を入れて、圧力をかけてぎゅっと水を押し出すという方法で、袋の目の中まで綺麗に手洗いする。さらに洗濯機で20日間、水洗いしたうえで、30%のアルコールに漬けて冷蔵室で保存しておく。使い始めは、20日前から毎日、水洗いしてから……という徹底ぶり。まさに〝洗いに始まり、洗いに終わる〟である。磯自慢の気品ある味わいは、こんな見えないところで最善を尽くした結果でもある。

寺岡語録

「良いと思ったことはやりぬく。悪いことは排除する。徹底することが大事」

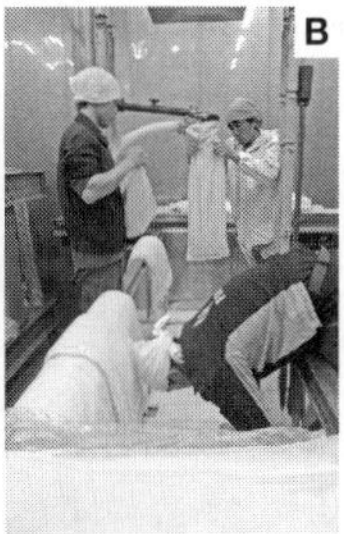

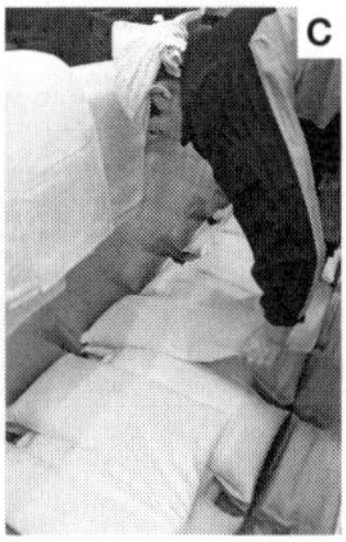

A　酒袋に、パイプから流れ出てくるもろみを充填しているところ。右は、副杜氏の山田英彦さん（1970年生まれ）。
B　もろみが詰められた酒袋を一つずつ、中がステンレス張りの槽に並べていく。
C　酒袋は傾きがないように、何層も積み上げていく。単純作業のように見えるが、袋の口が開いてしまったり空気が入ると、酒が濁ってしまうので、技量を必要とするのだ。リードする人を、槽にちなんで「船頭」と呼ぶ。
D　何層も積み上げたら蓋をする。最終的には、上から重量をかけて搾るのだが、その前に自重で、酒が染みだしてくる。

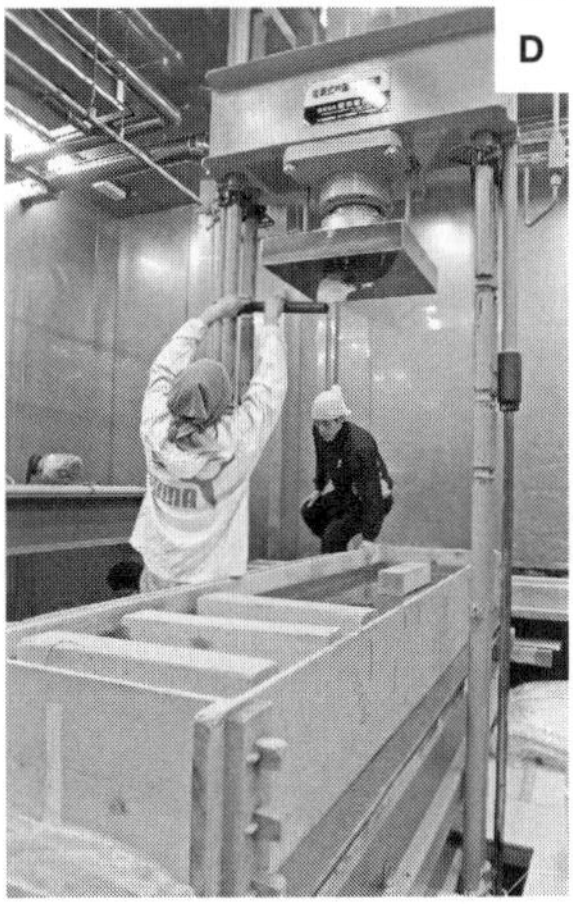

搾りたての酒は、うっすら緑がかって、キラキラ輝いている。

7. 貯蔵
ラベル貼りも冷蔵室で

　搾った酒は、仕込みタンクと同様、冷蔵仕込み室で貯蔵され、試飲をしたうえで、ベストタイミングで火入れを行い瓶詰め。酒質に合わせた温度にセットされた冷蔵室で保管され、出荷を待つ。ラベル貼りも3℃の部屋で行われる。冷蔵室で貯蔵し、火入れを早く行うという方法は普及してきたが、ラベルを貼るところまで冷蔵室の中で行う蔵は少ない。

寺岡語録

「酒のために、人ができることはとことんやりたい。もうひと手間かけてやる。その気持ちを大切にしたいのです」

杜氏インタビュー

多田信男さん

1942年、岩手県北上市生まれ。南部杜氏。
従兄が宮城「男山」の杜氏であったことから声をかけられて、20歳で酒造りの道へ。福島の蔵で33歳の若さで杜氏となる。福井を経て、静岡「志太泉」で13年間杜氏を務めていた際に、静岡県沼津工業技術センターで研究技監を務めた河村傳兵衛氏と出会う。河村氏は志太流の酒造りを多田杜氏から学んだ上で、静岡の気候風土に合った静岡酵母を開発。静岡県を一気に吟醸王国へと引き上げた。多田杜氏は、その後、宮城を経て、1997年の造りから磯自慢の杜氏に就任。磯自慢の基礎を作った横山福司杜氏は〝麴造りの鬼〟と呼ばれたが、多田杜氏は、切れのいい酒を造ることから〝カミソリの多田〟と称されている。

多田杜氏語録

「私は出身は南部杜氏ですが、酒造りは静岡型。酸が少なくて、喉越し良く、飲み飽きしない、綺麗な酒をめざしています」

寺岡語録

「多田杜氏は、酒造り一筋の人。腕は抜群で人柄は温厚。酒に対する愛情が、若いもんにも伝わっている。いま、うちのチームワークは抜群です」

多田杜氏に一言インタビュー

——若い人を束ねる立場として、気を付けていることはどんなことでしょうか。

若い人たちには、仕事に慣れすぎないようにと言っています。たとえば清潔を保つことや、温度をきちんと測るといったことは基本中の基本ですが、慣れてしまうと、この程度でもいいやとなってしまう。そこで、お茶を飲んでいるときとか、作業しているときなどにさりげなく、掃除を隅まできれいにしようとか、温度の目盛りをちゃんと見ようとか言うようにしています。ただし、杜氏だからといって、叱りつけるようなことはしたくありません。みんなで笑いながら、美味しく夕食を食べられるような明るい雰囲気にしたいんです。社長もきちんとした綺麗な仕事を大事にする方ですし、会社全体で徹底することが大事だと思います。いつまでも初心を忘れず、基本を守って、間違いない仕事をしていけば、いつまでも磯自慢は磯自慢のままの姿でいられるんじゃないかと思います。

磯自慢の一日

2015年3月12日
（※この日の仕込みは純米吟醸）

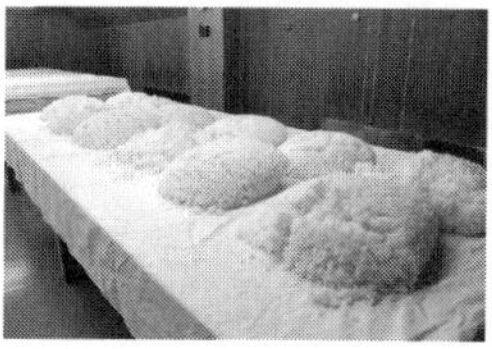

3時	出麹の作業（4人で）
4時すぎ	水麹、米張り、もろみ担当は櫂入れをして検温
4時50分 ~5時15分	朝食
5時15分 ~7時	各自、自室で寝る。釜屋（蒸し担当）は6時にボイラー点火
7時10分 ~7時50分	蒸し取り（蒸した米を麹室と、仕込みタンクへ投入する）。 仕込み完了。掃除。 麹室では引き込んだ蒸し米を冷ます
9時前	槽掛け（搾りの準備と作業。10時ごろまで）。 麹室では種切り、さらし
9時20分 ~11時前	洗米。その間、タンク洗い、翌日の支度など
11時	麹室では麹を布で包んで保温する
11時50分	昼食
12時	自室で寝る
15時	翌日の支度。検温
17時	夕食
20時	切り返し（麹をほぐして温度と湿度を均一にし、酸素を補う）を行う
3時	出麹

甑倒しの宴　10月6日から4月28日まで、約7ヵ月もの間、泊まり込みで酒造りをする蔵人たち。その期、最後の米を蒸し終わる「甑《こしき》倒し」のあとには宴会が行われ、皆、晴れ晴れとした笑顔を見せている。

――味については、どんなテーマで設計していますか。

寺岡　最も安価な本醸造から、中取り純米大吟醸35Adagioまで、香りや味わいに違いはありますが、どれもが〝磯自慢〟らしくあること。それが基本的な考えです。

――磯自慢らしさ。それを寺岡さんはどう表現しますか？

寺岡　飲む方に感じていただくもので、自ら喧伝するのは性に合いませんが……。料理を包み込んで、その味を引き立てながら、淡雪のように消えていく存在でありたいと考えています。

――私見を言うとメロンや白桃、バナナ、リンゴのような香りを感じますが、派手さはなく、穏やかです。味わいは酸は少なく、すべての酒が上質で、静かな中に凛とした気品を感じます。

寺岡　凛とした、ですか。うれしいですね。香りでいうなら、ここ数年、全国新酒鑑評会の出品酒に使われているような、華やかなカプロン酸エチルの香りを持つ酒を造るつもりはありません。磯自慢らしさからはずれるからです。たとえ金賞が取れなくてもいい。私は自分の酒を飲んでいるお客様のために造っているのです。道をはずすと、昔から飲んでくれていたお客様を裏切ることになりますから。

――味を変えないということですか？

寺岡　基本は変えませんが、同じ味を維持するという意味ではありません。5年周期ぐらいでゆるやかに見直すことはしています。たとえば日本酒度でいえば、10年前は大吟醸で＋7〜＋8ぐらいでしたが、いまは＋5か＋6ぐらい。ごくわずかですが甘く、〝味口〟傾向にしているということですが、それは世の中の嗜好の変化に沿ったもの。飲食店での食事や、料理人の方との会話を通じて感じたことから、微調整してきたんです。もし変えていなければ、お客様は「最近の磯自慢は辛くなった、薄くなった」と捉えているでしょう。

——新しい発想のお酒も発表されていますね。兵庫県特A地区東条でも極上の産地として有名な秋津地区のなかで、さらに田圃区画の「古家《ふるけ》」「常田《つねだ》」「西戸《さいど》」で栽培した山田錦を単独で仕込んだ純米大吟醸や、向かいの「少分谷《しょうぶだに》」単独の田圃でも商品化しています。区画ごとに商品化するなんて、ブルゴーニュのグランクリュのようで、ワイン好きの心も捉えました。

寺岡　商品づくりの構想は常に持っていますが、じっくり温めて、造りの時期が来たら形にするようにしています。実は先日（3月）、来年発売する新商品について社員に伝えたところですが、それは3年間、心の中で温めてきたものです。パッケージは息子の智之が担当します。

——「中取り純米大吟醸35」も話題になりました。平成20年に開かれた北海道洞爺湖《とうやこ》サミットの首相晩餐会では、乾杯の酒に選ばれましたね。

寺岡　5年間、温めてから商品化したのですが、リーマンショック直後だったため、高額商品は売れないという人は多くいました。しかし大きな反響がありました。逆転の発想です。人と同じことをやるのは絶対に嫌。へそ曲がりなんでしょうね。二番煎じは我慢できないんです。

——先陣を切りたいということですか。

寺岡　そう。かつて大吟醸の商品化では慎重になりすぎて、静岡県では一年出遅れたことが悔しくて、１９８４年、純米吟醸の発売では県内で先陣を切りました。人真似ではなく、思いつきや単純な発想が大事。自分の目で見て、自分の頭で考えることを肝に銘じています。

全国の特約店で販売される特別本醸造・特選。兵庫県特A地区山田錦の特等米を麹55%、掛米60%で1.8l 2770円（地元税別価格）。魚でくいくい飲みたい。

——売り上げについてもトップをめざすお考えはないのでしょうか。30年前は300石を切っていましたが、10年前は1300石、現在、2000石。増えたとはいえ、灘や伏見のトップメーカーとは二桁違いますし、「獺祭《だっさい》」は、ここ10年で大躍進して、1万石を超えました。

寺岡　「獺祭」さんには拍手です。日本酒が売れて盛り上がることは良いことですから。でも、生き方が違います。私はトップになりたいという欲望はありません。かつて超人気だったけど、いまは話題に上らない銘柄、ありますよね。そういう蔵は実力以上に量を増やした。人の手で造るものは大量生産すると味が落ちる。僕は背伸びせず、一歩一歩、歩んでいきたいと思っています。

——高級酒のラインナップは揃っていますが、造っている量が最も多いのは、最も安価な本醸造酒とお聞きしました。

寺岡　はい。基本的には地元だけで販売するレギュラー酒で、今期の仕込み本数101本のうちの28本がこの本醸造ですから、圧倒的です。地元の方に晩酌で飲んでいただきたいので、なるべく値段を抑えたい。山田錦100%は難しいとしても、使う量の多い留《とめ》仕込みの掛米を兵庫県産山田錦にして、それ以外は山形県産のキヨニシキを使っています。代々、磯自慢がそうであったように、これからも地元で愛される存在でありたいと思っています。

造り手の「熱狂」

東洋美人

澄川酒造場（山口県萩市）**澄川宜史**

色気ある美酒が立つ「原点」

華がある人である。

切れ長の大きな瞳、艶々とした髪、伸びた背筋。待ち合わせた日、胸の曲線に合った上等そうなスーツに身を包み、銀座の街角ですっと立っていた澄川宜史《たかふみ》さんは、若手の歌舞伎役者のようだった。

「酒造りは誰にも負けないという自信はある」と豪語したかと思えば、「酒造りは怖い。想定を超えた酒になってしまうのではないかと、いつも恐怖に震えているんです」と憂いを帯びた瞳でつぶやく。野心を感じる強い眼差しの奥に遊び心を覗かせて、にこりと微笑んだ顔の艶っぽいこと。さぞ女性にもてるだろう。そう想像させるような色気があるのだ。

澄川さんが造る酒「東洋美人」も、きちんと設計されて造られた酒ならではの締まった味わいだが、決して優等生的ではなく、色があり艶がある。洗練された透明な美しさと、色香を併せ持っているのだ。ふさわしいのは居酒屋より、和食店。それもとびきり腕の立つ料理人がいる名割烹で味わいたいと思う華やぎがある酒だ。

本人と酒が漂わせるイメージから白壁造りの壮麗な酒蔵を想像した。造り酒屋の多くは、代々続く土地の名士で、酒蔵は時代劇に出てくるような立派な蔵造りの建物であることも珍しくない。所在地は山口県萩市だけに、碁盤目状に整備された美しい城下町で、酒蔵の隣に併設した、しっとりと趣のあるお屋敷で暮らしているのかもしれない。そんな光景を思い描きながら、初めて蔵を訪問したのは２００７年の冬。昭和48（１９７３）年生まれの澄川さんが34歳のときのことだ。

澄川さんが萩駅まで車で迎えにきてくれたのだが、１時間以上乗ってようやく到着したのは、

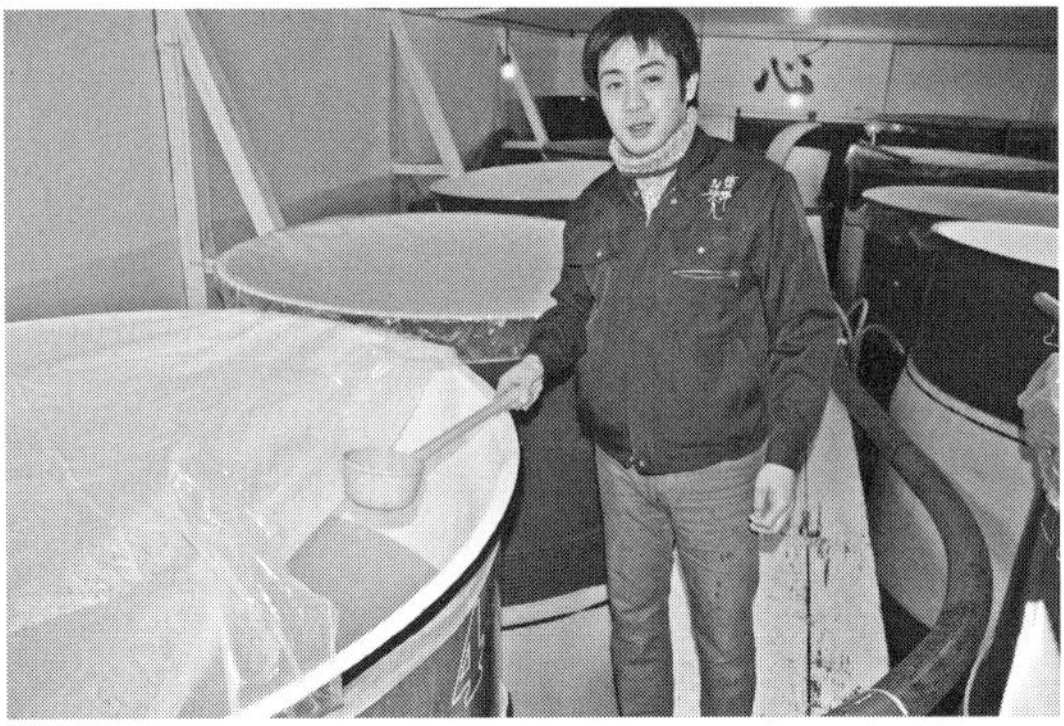

2007年に酒蔵を訪問したときの澄川宜史さん。歌舞伎役者のような好男子ぶりだ。壁には「心」という文字が貼ってある。

島根県との県境に近い山口県の東北端。小高いいくつもの丘と田圃が広がる人家もまばらな寒村に、小さな酒蔵がひっそりと佇んでいた。市町村合併で萩市に組み込まれたが、数年前までは阿武郡《あぶぐん》田万川町《たまがわちょう》だったことは、あとで知った。

酒蔵の脇には、清らかな小川が流れ、背後にはこんもりとした山がある。この山から湧き出す石清水を仕込み水に使っているという。この地域特有の赤い石州瓦が乗った仕込み蔵と、黒瓦の母屋が並んでいる。玄関には大きな杉玉が下がり、板戸をがらりとあけると、「東洋美人」の空き瓶が並んでいた。敷地のなかには可愛らしい洋風の住まいが見えた。澄川さんはここで、妻と前年に生まれたお嬢さんとの3人で生活しているという。仕込み蔵の目の前には、稲を刈り取った田圃があった。自社で所有する田圃で、山田錦を栽培しているそうだ。敷地は広く、母屋は東京ならばお屋敷と言える構えだが、東京で何度か会ったときに感じた澄川さんの醸し出す雰囲気や、酒の味わいから想像していたきらびやかさと、目の前に広がる景色の長閑《のどか》さには大きな開きがある。静かな山里に、突然、百舌《もず》の高鳴きが響き渡った。

「田舎で驚きましたか？　こんな過疎地域だから、東京に販路を求めるしかなかったんです。そこで出会ったはせがわ酒店の長谷川浩一社長や磯自慢の寺岡洋司社長、黒木本店の黒木敏之社長、富乃宝山の西陽一郎さんなど、酒造業界でトップを走る大先輩の方々の間でもまれて、多くのことを学びました」

蔵元というのはいつも見られている存在であり、言動や立ち居振る舞いはもちろんのこと、服装にも気を遣わなくてはならないこと。だらしないかっこうをしていると、連れの相手に恥ずかしい思いをさせることも教わった。澄川さんはいつもスーツ姿が様になっていると思っていたら、テイラーで仕立てているという。体型の欠点を補いながら、かっこよく見える工夫が施され、しかも着心地は抜群に良いのだそうだ。

「男なら上を目指さなくてはいけない。弱音を吐いてはいけない。見栄を張らない奴は男じゃない。男が見て、かっこいいと思う生き方をしたいんです」

丁寧な言葉遣いで、ギラギラとした台詞を吐く。このギャップが澄川さんの色気であり、この強い上昇志向が、酒質の向上に繋がったのだろう。澄川さんは34歳という若さながら、このころ、すでに技術レベルの高さで、先輩蔵元たちからも一目置かれる存在となっていた。2007年に社長に就任し、父を継いで4代目となる。

スター蔵元杜氏の「ただ一人の弟子」

澄川酒造場の創業は大正10（1921）年。かつての一級酒や二級酒、級別廃止後は上撰、佳撰と呼ばれる安価な普通酒を、大津（山口県の杜氏の里）杜氏《とうじ》が醸し、地元のよろず食品店で売られるような極小の酒蔵であった。

澄川さんは昭和48（1973）年、3代目の隆俊さんの長男として生まれるが、蔵を継ぐことはあまり意識していなかったという。父は東京農業大学の卒業生だったが、入学を薦められることもなく、酒蔵の子息に設けられている推薦枠も使わなかった。「貧乏蔵で将来は明るくはないから、父も強く農大を推すことはなかったのだろう」と、澄川さんは考えている。紆余曲折あって、2年間浪人をして、最終的には東京農業大学農学部醸造学科へ入学したら、父は喜んでくれた。大学3年生の23歳のときの研修先が、「十四代」を造る山形県の高木酒造だったことが、澄川さんの意識を大きく変えることになる。

「酒蔵に生まれてしまったし、農大に入りました。いずれは酒蔵に入ることになるんだろう、と思っていました。それはあくまでも経営者になるという意味です。ところがここでは僕と5歳しか違わない若い跡取りが命を削るようにして、自ら酒を造っていたんです。衝撃でした」

通常、酒蔵で酒を造るのは、杜氏をリーダーとする蔵人《くらびと》たちである。彼らは春から秋の間は故郷で農業や漁業に従事し、農閑期に酒蔵にやってきて泊まり込みで酒造りに従事する。技能を持った季節労働者だ。ところが、高木酒造では杜氏は置かず、若い跡取りの高木顕統《あきつな》さんが醸造責任者を務め、旨いと思う酒を自らの手で造り上げていたのだ。その酒「十四代」は、それまでの日本酒にはない瑞々しい味わいで、センセーションを巻き起こしていた。高木さんはそのとき28歳。日本酒業界に彗星のごとく現れた輝く星として、注目を集めていた。そんな若きスターの傍らで、研修生として酒造りに参加することができたのだ。

受け入れていた研修生はただ一人だ。髙木さんはマンツーマンで酒造りの専門的なことまで丁寧に教えてくれた。大学では基礎的な知識を学んだだけで、このときはほとんど理解できなかったが、髙木さんの言葉はすべてメモを取り、必死で吸収しようとした。家族のように受け入れてくれる髙木家の方々と濃密な1ヵ月を過ごしながら、澄川さんは自ら酒を造るという決意をして、大学へ戻り、卒業後に家業に入る。

その後、髙木酒造は研修生を受け入れることはなく、髙木さんは「澄川が僕のただ一人の弟子」と言い、澄川さんは「酒造りの師匠は髙木顕統さんだけ」と言う存在になるのだが、それは月日を経てからのことだ。

同世代酒販店との出会い

蔵に戻った澄川さんは、但馬《たじま》杜氏(兵庫県)のもとで2年間みっちりと働く。杜氏と、地元出身の2人の蔵人と共に、蔵の中の一室に雑魚寝しながら、早朝から深夜まで、ひたすら酒を造った。

「厳しくしつけられました。食事のときは、杜氏さんが箸をつけるまで食べ始めてはいけない、杜氏さんが食べ終わるまでに、食事を終えていなければならない。どんなことにも口ごたえは許されない。『ハイ』しかない世界です。でも、辛くはなかったですね。中学、高校と野球部に所属していたこともあって意識は体育会系なので、年功序列の縦社会は当たり前。まったく疑問には感じませんでした。酒はそうやって造るものだと身体にたたき込まれました」

杜氏が引退して、澄川さんが杜氏になったあとも、4年間は泊まり込み態勢で酒造りをしていた。自分や蔵人たちが結婚して家庭を持つようになって、通いに変えたものの、「酒造りは本来、絶対的な権限を持つ杜氏の指揮のもと、夜を徹して取り組むもの」という意識は変わることはないという。

「酒造りは、古き良き縦関係を残せる数少ない現場でしょう」と澄川さん。スタッフも「酒造りに必要なのは努力と根性、忍耐」と答える。統制のとれた動きは、体育会系の活動のような清々しさがある。

澄川さんが家業に就いたころ、製造していたのはわずか200石（一升瓶2万本）の普通酒であった。どんな酒だったのだろう。

そのころの澄川酒造場を知る福岡市の酒販店「とどろき酒店」店主の轟木渡《とどろきわたる》さんは、「ツンとしたアルコールを感じる酒でした。取引はなかったのですが、僕の親父と、澄川君のお父さんが交流があったことから飲んでみたことはあるんです。まあフツウの酒で、正直いってあまり魅力は感じませんでした」

「とどろき酒店」が、日本酒や焼酎の蔵元を招いた「九州の酒を楽しむ会」というイベントを開催することになり、宣史さんの父である澄川社長（当時）が息子を勉強のために行かせたいと連絡してきた。そこで澄川宣史さんと轟木渡さんが初めて顔を合わせた。

轟木さんは澄川さんより1歳年上の同年代で、しかも家業の酒販店を手伝うようになって2年目だった。年齢もキャリアもほぼ同じ2人が、運命の出会いを果たしたのだ。

轟木さんは当時を振り返りながら、

「そのときの澄川君は、『来年からお酒を自分で造ります！　一所懸命造りますので、よろしくお願いします』、なんて言ってた。お互い、初々しかったよね」

澄川さんは笑いながら「そのころ、僕は金髪でした（笑）。外見しか、自己表現する手段がなかったんです。いま若い蔵元が金髪にしてるのを見ると、意味ないよ、すぐに頭刈ってこいよなんて諭したりしてるんですけどね（笑）」

その翌年の1999年、25歳で杜氏に就任。しかし、杜氏としての初年度に、澄川さんは自分の作品を「とどろき酒店」に持参することはなかった。

「『よろしく』と言ってたのにあいつ酒、持ってこないじゃないか……」。と、どんな酒を造ったのか、興味を持って取り寄せて飲んでみたという轟木さんだが、「アルコール感があって、田舎臭かった（笑）」。

実は澄川さんは、できた酒を東京の地酒専門店へ売り込みに行っていた。石見《いわみ》交通のバスの座席を4席分買って、3ケース36本の一升瓶を抱えて乗り込み、深夜の高速をゆられて東京まで行き、秋葉原のカプセルホテルに泊まりながら、毎日サンプルを持って歩いた。数軒の有名地酒専門店と、細々とではあるが取引があったので、跡継ぎの自分が造ったと言って酒を持ち込むことで、存在をアピールしようと思ったのだ。そのころ、江東区砂町にあった「はせがわ酒店」（現在は亀戸本店以外に6店を展開）では、社長の長谷川浩一さんが話を聞いたとたん、「よしわかった！」と言って、知り合いの酒販店を紹介してくれたあと、「行くぞ！」と言ったと思ったら、レジの現金を摑んで、飲みに連れていってくれた。親分肌で知られる長谷川さんらしい気風《きっぷ》の良さだ。長谷川さんの紹介や父の伝手《つて》を頼りに、何軒もの酒販店を歩きまわり、数日間で、持参した酒を配り終えることができた。だが、蔵で待っていても、一向に注文は入らない。

「一日中、ファックスの機械とにらめっこしても、ピーとも言わないんです。いまの酒質ではレベルが低いということを思い知らされて、敗北感でいっぱいになりました。もっと頑張らなくてはいけない。ただいくら頑張っても、全国から銘酒が集まる東京では、その他大勢のなかのひとつとして埋もれてしまうのではないか……」

澄川さんが轟木さんに連絡をしたのは、杜氏2年目として酒造りに入る直前のことだ。

「会ってほしい。時間を作ってほしいんです」と思い詰めたような口調で電話を入れた。

神妙な面持ちで店にやってきた澄川さんは、「1年間、酒を造って見えたことがある、今年は自信がある、ちゃんと造る。頑張るので応援してほしい」と訴えて頭を下げた。ヤンチャな若い蔵元が、神妙に頭を下げる姿を目の前にして、轟木さんは何度も頷き、「わかった」「わかった」と繰り返しながら、一緒にやっていきたいという気持ちがふつふつと湧いてきた。

轟木さんは「とどろき酒店」の2代目で、父の行男さんが経営しているころは、九州の地酒を中心に取り扱いを始めていたが、ビールの売り上げが多く、家庭にビールを配達したり、スナックなどに洋酒類や焼酎を納める、いわゆる〝町の酒屋さん〟で、現在のような地酒やワインの専門店ではなかった。轟木さんは酒屋の仕事に興味は持てず、大学を卒業したあとはアパレル業界をめざした。内定が出たのだが、就職前の顔合わせで先輩や同僚を見て、自分が入る世界ではないと感じ、入社を断った。しばらくは、店の仕事を手伝ったり、深夜に工場でアルバイトをして稼ぎ、貯金を全額持ってロンドンに渡る。音楽が好きで、60～70年代のソウルやジャズ、ロックなど好きな音に〝まみれたい〟と思ったのだ。ロンドンに7ヵ月滞在して音楽三昧の日々を送り、その後は5ヵ月間、バックパックで主にヨーロッパや北アフリカを放浪する。1年間、街を歩きながら、最も興味をひいたのは流通の形だったという。

そのころ日本では、郊外にスーパーマーケットやディスカウントストア、複合型の商業施設が次々とオープン。お手本としていたのはアメリカだ。郊外にGMS（大型スーパーマーケット）やホームセンターなどの大型店やショッピングモールなどをつくり、1ヵ所で買い物を済ませることで、消費者の利便性を売りにする〝ワンストップ・ショッピング〟という流通形態だ。そのあおりを受けて集客力で劣る個人経営の小さな商店は打撃を受けるようになっていた。

「ところがヨーロッパの田舎の街には、小さくて魅力的な個人商店がたくさんあったんです。たとえばオールドギターだけを扱っている店や葉巻の専門店など、小規模だけど、個性的で、その店に行かないと手に入らないものが揃っているから、遠くからわざわざお客さんが足を運んでいるんです。そうだ、僕がやりたい方向はこっちだと思った。僕はもともと好きなものに〝まみれたい〟、オタク体質。好きな酒を集めて専門店をやるんだと決めて、帰国したんです」

父の代では、日本酒は卸経由で仕入れる灘や伏見の大手酒造メーカーしか扱ってこなかった。小さくても個性的な酒を造る酒蔵と直接取り引きするために、これぞと思う酒蔵を回り始めたが、地酒専門店としては後発だ。人気のある酒蔵は、著名な地酒専門店と何年もの緊密なつきあいがある。空きが出ない限り、取り引きできる可能性は薄く、会ってもくれない。ようやく会って話ができても、蔵元は轟木さんよりずっと年上で世代が違う。思いがストレートに通じないもどかしさもあった。そんなとき出会ったのが同世代の澄川さんだった。澄川さんは、初めて相手から近づいてきて、心を開いて思いをさらけだしてくれた蔵元だ。自分自身もまだ手探りではあったが、初心者同士、同世代同士で一緒に歩んでいきたいという思いが湧いてきたのだった。

杜氏2年目の造りを前に、澄川さんからどんな酒が欲しいかと尋ねられ、轟木さんは辛口の純米酒がいいと答えた。こうしてできた日本酒度＋15の超辛口純米酒は、1年目よりずっと洗練されて、ぐっと良くなっていた。

「初めて自分で手がけたお酒ですから、一所懸命お薦めしましたよ。相手にこっちの気持ちが伝わるんでしょうね。ものすごく手ごたえがあって、ますます酒屋の仕事が楽しくなってきたんです。そのあとも好きな酒や応援したい蔵とたくさん出会ってきましたが、お互いに刺激し合って一緒に育ってきたと思える相手は、澄川君だけ。澄川君は僕にとって特別な存在なんです」

「僕も同じ。いままでたくさんの酒販店さんに出会って、勉強させていただきましたが、自分から頭を下げて、扱ってくださいとお願いしたのは、渡さんだけです」と澄川さん。

2人で東京に出て、銀座の有名寿司店をはしごしたり、人気の和食店、レストラン、女性が隣につくような高級店やカジュアルな店まで、若い2人は背伸びしながら体験。恥をかいたり、失敗したりすることがあっても2人なら笑い合えた。人を紹介し合うことで、交流関係も広がっていった。あくなき探究心で酒造りにあたることで、「東洋美人」の酒質は一気に向上し、東京の名だたる酒販店がその存在を認めるようになるまでに、年月を要することはなかった。「とどろき酒店」も足並みを揃えるように、全国で知られる店になっていく。

古着屋のようなナチュラルテイストの店内に、日本酒や本格焼酎、ワインがずらりと揃う「とどろき酒店」。店主の轟木渡さんは飲食店を経営したり、お洒落なミニ雑誌も発行している。

景色が浮かぶ酒の素晴らしさ

私が初めて「東洋美人」を飲んだのは、2003年だと記憶する。「はせがわ酒店」社長の長谷川さんが、有望な若手だと教えてくれたことから存在を知ったのだ。

初めて飲んで、なんて上品で端正な酒だろうと思った。若い造り手だというのに、華やかな色気もある。本人に会って、華がある男性だと感じたことは、冒頭に書いた通りだ。酒質も素晴らしく、同業の醸造家たちの評価も高いと評判だった。雑誌などで何度か推薦記事も書き、拙著『愛と情熱の日本酒〜魂をゆさぶる造り酒屋たち』（ダイヤモンド社）では、「淡泊な料理を引き立てるデリケートで綺麗なタイプ」として純米吟醸（山田錦50％精米）を掲載した。

だが、正直いうと、このころの「東洋美人」は、私の好みからすると、やや線が細かった。香りもやや華やかで、私にとってはフルーティすぎた。香りが華やかな酒が好きな人も多くいるのだから、あくまでも私の好みの話である。それが、年を経るに従って味わいがふくよかになってきたように思う。透明感はそのままに、桃のようなチャーミングな甘みがプラスされ、綺麗な旨みも顔を覗かせるようになってきたのだ。特に、「611」「437」「333」「372」など、田圃の所在地の番地をラベルに記した酒が世に出て、私にとっての「東洋美人」は大きく変わった。それまでは誰もが振り向くハンサム君だけど、華やかすぎて、遠巻きに眺めたいような存在だったのが、私好みの美肌のナチュラルな好男子になった、と言えば伝わるだろうか。

『愛と情熱の日本酒』単行本発刊6年後の2011年に文庫に収録するにあたって、掲載する酒を、「純米吟醸　山田錦」から、「純米吟醸　611」に変えた。廃番化、スペックが変わったという理由ではなく、掲載する酒を変更したのは東洋美人だけである。

田圃の番地を記した酒を出したのは、何かきっかけがあるのだろうか。試飲会で会ったときに、澄川さんに尋ねてみたら、轟木さんと一緒にフランスに行った経験が大きかったという。

轟木さんは、日本酒だけではなく、自然派ワインにも造詣が深く、毎年、フランスに渡って醸造家たちと緊密なつきあいをしているのだが、2008年の夏に渡仏するときには澄川さんもお供についていった。そのときに考えたことがあるという。

「景色が浮かぶお酒は、いいなあということです。その土地を酒という形に昇華して、瓶に詰めるというワインの考え方に、大いに刺激を受けました。一方で、ワインの真似をしてはいけないところも、はっきりと見えました。僕は米を作ってはいけない。農家さんが育てた米を、瓶に詰めるのが僕のやるべきことだと結論づけたんです。もし酒蔵が、僕の大好きな六本木にあるのなら（笑）、自分が栽培した米で酒を造ったんだぞ！　と言いたいですよ。でも第一次産業しかない山間部の過疎地域で、酒蔵が農家の仕事を奪ってはいけない。米は農家から、きちんとした値段で買わなければいけないということに、改めて気が付いたんです」

澄川さんが渡仏したのが２００８年、ということは、私が初めて酒蔵を訪ねたのはその1年前だ。あのとき高台にある棚田にも連れていってもらったのだが、そこでは10年以上、山田錦を契約栽培していると話していた。すうっと心地いい風が渡り、いかにも質の良い米ができそうな田圃だと感じたことを覚えている。

１９９０年代の後半から、地元で山田錦を契約栽培しているのは、全国でも早い例である。東京農大で学び、高木酒造で研修した経験から、良い酒を造るには山田錦がいいということがわかった澄川さんだが、兵庫県の山田錦は高価で買うことができなかった。そこで、父の恩師である国税庁の鑑定官で、大阪局の鑑定官室室長も務めた永谷正治さんに助言をもらって、種もみを手に入れ、父の同級生に育ててもらうようになったという。永谷氏は酒米の研究について熱心で、「秋鹿」（大阪）、「松の司」（滋賀）など、多くの蔵元が山田錦を栽培する際に多大な助言をしているが、引退後は澄川酒造場の近くで余生を送っている。それほど澄川家と近しい間柄だったのだろう。

澄川さんは、酒米に対して高い意識を持っているが、自ら栽培することを選ばず、田圃の所在地を酒の名前にしたシリーズを発表した。それは地元の農家への感謝と尊敬の気持ちを込めたものだったのだ。

このシリーズを出してから、「東洋美人」は、ファン層が広がったように見える。日本酒らしからぬラベルが、日本酒に縁がなかったワインファンや若い女性たちの目を引いたということもあるだろう。たとえば純米吟醸「611」の表ラベルに描かれているのは、稲とトンボの線画と「611」という文字だけ。「東洋美人」という銘柄も書かれていない。自然派ワインのようなシンプルで可愛らしいデザインで、そのころの日本酒としては画期的だった。ラベルデザインは、東京で「赤坂とゝや魚新」などを経営する轟木さんの飲み友達の四分一《しぶいち》誠さんが手がけたものだ。同い年で音楽の趣味が一致することから親しくなり、澄川さんに紹介したそうだ。

もちろん人気が出たのはラベルだけではない。香りが穏やかで、味わいの柔らかなナチュラルな飲み心地が、時代の求めるテイストだったからではないか。そんな私の見方に、轟木さんは同感だという。

「僕も澄川君の酒は、自然派ワインに近い感覚で飲むようになっています。彼の酒、だいぶ変わってきましたね、初期のころはアルコール感があって、やや田舎臭く、そのあとはスタイリッシュになった。これでもか！ というぐらい華やかな香りが出ていた時期もありますね。それがだんだん、大地の滋味のようなミネラル感が加わってきたように感じます。喉の滑りが良くて、スムーズで、品が良くて、セクシーで……。フィリップ・パカレに似てると思います」

と、フランス・ブルゴーニュの自然派ワインの巨匠の名を挙げた。

「人物も似ているんですよ。できる限り数字に落とし込み、科学者のように冷静に酒造りに向き合いながら、遊ぶときは羽目を外して、思いっきり遊んじゃうところなんかも。遊び心がある、色気があるんですよ」と分析をする。私もパカレが造るワインの持つ、ナチュラルで滑らかで、身体に溶け込んでいくような味わいのファンなのだが、人物を分析するほど親しくはないので、賛同できないのが残念だ。パカレはともかく、澄川さん自身と彼の酒をセクシーと表現しているところは、私の見立てと同じで嬉しくなった。

「僕は酒を造り上げたい」

このころから澄川さんは、「米の味や酵母の香りが出すぎないようにしたい。稲を通りすぎた水でありたい。自然に水に溶け込んだような味に仕上げたい。良い酒は何も考えずにすっと飲み込めるものだ」と語るようになる。自然に、とはいうが、なりゆきにまかせた発酵ということとは正反対の意味あいで言っている。

「酒ができた、ではなく、僕は酒を造り上げたいんです。自分のめざす味へ到達させるのが目標なんです。こうしたから、こうなった、というように、自分にとってすべてが納得の酒でなくてはならない。酒造りに必要なのは物理と化学、生物学。計算しづらいことであっても、できる限り数字に落とし込んで、1＋1は3ではなく、2でなければならない。技術力の欠落を個性と呼ぶのは甘えだと思う。酒造りにはロマンはいらないんです」

ロマンはいらないなどと言うので、不遜な態度に映るかもしれない。だが、飲む人にロマンを感じてもらえることは光栄で、嬉しいことだと言う。自分の造るものに責任を持ちたいがゆえに、自分の理解を超えた部分（そこをロマンと表現している）があってはならないと戒めているのだ。それゆえ、自信過剰気味な言葉を吐きながらも「酒造りは怖い。想定を超えたことが起こる恐怖にいつも震えているんです」という気弱な台詞もつぶやくのだろう。

こうやって自分を追い込んで、とことんまでつきつめていく姿勢も、実は究極のロマンなのではないだろうか。そうふってみる。

「そうかな……。そうですね……それもロマンと言ってもいいんでしょうか。ありがとうございます。毎年、ほんの少しでもレベルを上げていきたいと思ってきました。自分はものすごく酒飲みなんです。だからでしょうね。自分で飲みたい酒を追求してきたので、自分の酒は旨いと自負しています。納得しています。納得はしているけれど想定内だから感動もないんです。もし感動する酒ができてしまったら、それは納得を超えた酒ということになり、それは許してはいけないんじゃないかというジレンマがあるんです。もし去年、今年の酒ができていたのなら、感動できるのかもしれませんが……。もちろんまだ１００％ではないし、欠落があることを自覚していま す。決して満足しているのではありません。ただ、その足りないところも見えているから成長できるはずなんです」

なんとストイックなんだろう。

「十四代」の髙木さんが、澄川さんを唯一の弟子と公言するのは、単に大学時代に研修生だったからではない。技術者としての姿勢を高く評価しているからだ。

「澄ちゃんは鋭い質問を投げかけてくるんです。それはどれも僕が少し前に疑問に思って、悩んで解決してきたことばかりなんですよ。そんなことに気付くのは澄ちゃんだけですよ」と髙木さんが嬉しそうに話すのを聞いたことがある。澄川さんに、どんな質問をしたのかと尋ねると、米を蒸すときの空寸（米を張り込んだ上を何ミリ空けるか）、掛け米の吸水率、汲み水歩合など、非常に細かいことだそうだ。だが、そんな些細なことが、もう1ランク上に酒質が上がるかどうかの境目なのだ。「一所懸命造ってまーす、だけで、いい酒はできない」と言い放ちながらも、深夜4時に、毎夜、こっそりと麹室《こうじむろ》やもろみをチェックしないではいられないと澄川さんは言う。なぜこっそりとかと尋ねると、気付かれたらスタッフが毎夜、チェックすることになるからだと言う。こんなリーダーだから、スタッフが辞めずに長続きするのだろう。

蔵を訪問した後も、試飲会やパーティ会場などで会えば話をし、電話で短いインタビューをしながら、長年、澄川さんを追いかけていた。その度に、自信と不安をないまぜにしながら、酒造りに対する思いを吐露してくれたが、造る酒はますます、ソフトで透明感のある甘みを帯びるようになってきた。極め付きは、「純米吟醸　酒未来《さけみらい》」である。

酒未来は、高木酒造14代目の髙木辰五郎さんが、寒冷な山形県で、山田錦に匹敵する優れた酒米をめざして、18年の歳月をかけて交配、育種に取り組んできた酒米のうちの1種だ。日本酒の未来が輝くようにという願いを込めて、父が育種した希少な米。髙木さんが実力を認めた若手に使ってほしいと2016年現在、13の蔵元に託している。カリスマ蔵元杜氏から酒未来を分けてもらえた蔵元にとっても、さぞ誇らしいことだろう。

澄川さんは、酒未来を最も早く譲られた一人だ。澄川さんは、高木酒造にとっては特別な存在であり、実力も折り紙付きだ。澄川さんも譲られたことを名誉に感じている。ところが5年もの間、酒としては発売しなかったのだ。ほかの蔵元は、すぐに商品化しているのに、なぜ澄川さんは長い間、外に出さなかったのだろう。

「素晴らしい米だと思いました。ただ、酒を造ってみて、まだまだこの米のポテンシャルを出す方法があるのではないかと感じたんです。そこで仕込み配合を変えたり、酵母との相性を探ったり。熟成させたらどうなるかも気になってきて、最低、3年は置いて変化を把握しておきたいと思って、なかなか出せなかったんです。5年目に出した訳ですか？　納得する酒になったことが第一ですが、而今が出すと聞いたので、急がなくちゃと思ったこともあるかな（笑）。大西君の造る酒も旨いからね。甘みの質がいいんですよ」とウインクする。

高木家から譲られた酒未来に思い入れが強いからこそ、圧倒的なトップだと納得できるまでは外に出さず、試行錯誤してきたのだ。澄川さんらしいなと思った。私は酒にランキングをつけるのは性に合わないので、酒未来を使った酒の中で東洋美人が一番だとは言わない。だが澄川さんの造った「純米吟醸　酒未来」は私の好みに合っている。上品な香りと、ゆっくりと静かに広がっていく旨み、心地よい喉越しと透明感。なにより色があり、艶がある。

この酒未来を飲んで、私はますます惚れ込み、そろそろまた、酒蔵に行ってみたいなと思っていた矢先、澄川酒造場が水害に遭ったというニュースが飛び込んできた。

未曾有の水害

2013年の夏、山口県と島根県で大量の雨が降り、土石流やがけ崩れ、橋梁の流出、電柱の倒壊などにより、死者を出す大きな被害があったことは、ニュースで知っていた。このとき澄川酒造場も水に浸かったというのだ。幸い澄川家の方々もスタッフもけがはなく、多くの蔵元や酒販店が片付けの手伝いに駆けつけたこと、酒造りも早めに再開できそうだということを、親しい蔵元たちがフェイスブックにアップしているのを見て安堵した。秋には「生き残ってくれた酒たち」という名前の酒が出荷され、その後「原点」という名の酒が発売された。飲んでみて、さすがのレベルの高さに感動すると共に、復旧の速さを喜んだ。

翌年の春先に、澄川さんと電話で話す機会があり、そのときお見舞いの言葉を言ったのだが、第一声に息を呑んだ。「命があっただけでも、幸せだと思っている」と言うのだ。それほどの被害だったとは知らなかった。「俺、不幸なんですよ。そう見えないみたいですけどね。あはは。まだ復旧の途中なんですよ、でも元に戻す復旧ではなく、次の次の世代に繋がる酒造りをするために、いま取り組んでいることがあるんです。期待してください」と笑い声を上げながら話していたが、無理をして強がっているようにも聞こえた。日が経つにつれて、どうしても会いに行きたくなり、8年ぶりに再び、酒蔵を訪ねた。

2015年3月、轟木さんの運転する車で、酒蔵へ向かった。蔵に近づくにつれて、山や川岸が崩れている箇所が目に入ってくる。護岸工事の予告看板は立っているものの手つかずだったり、建物があったらしい跡もある。水害から1年8ヵ月も経っているというのに、復旧はこれから始まる状態なのか。

川が見えた。やはり小さな川だ。この川が牙をむいたのだろうか。どうしても信じられない。目を凝らすと、川底に泥だらけの車が横転して無残な姿をさらしていた。視線を上げると、山を背景に鉄筋と思しき高い建物がそびえている。あれはなんだろうか。目を疑った。水害の直後に、いち早く駆けつけて、復旧の手伝いをした轟木さんも、この建物は初めて見るそうで、「おおー澄川君、スゴイもの建てたね」と目を見開いている。近づいてみると、赤い瓦の仕込み蔵が元の位置にあったので、新しく建築したということになる。澄川さんが取り組んでいることとは、このことだったのか。

車の音を聞きつけて迎えに出てくれた澄川さんに案内されて、母屋の座敷に移動し、まずは、澄川さんに水害の日の様子を聞かせてもらうことにしたら、「実は僕、当日はここにいなかったんです。シンガポールのプールサイドで生ビールを飲んでたんです」と言うではないか。

お茶を運びながら、3歳になる次女の詠子《うたこ》ちゃんと一緒に席についた妻の留美子さんは「この人は、いつも肝心なときに家にいないんですよー。2年前にご近所で大きな火事があったときも東京に行ってましたし」と、澄川さんのほうを可愛らしい顔でにらむ。8年前にもちらりとお見かけしたが、キュートな印象は変わっていない。澄川さんより3歳下で、看護師をしていた23歳のとき合コンで知り合い、「一目で、この男性と結婚するんだと感じました。ビビッときたんです」と言う。澄川さんも一目惚れだったようで、こっそりと電話番号を書いた紙を渡した（なぜこっそりかは秘密)。ご夫婦の間には2人の娘がいるが、実はこのとき、留美子さんのお腹にもう一人、赤ちゃんが宿っていたことを、轟木さんと私はあとから知ることになる(3人目も女の子)。

2013年7月28日、山口県と島根県では朝から激しい雨が降り続いていた。特に被害が大きかったのは萩市の山間部で、巨大な積乱雲が発生して短時間に局地的な豪雨を降らせ、土砂崩れや川の氾濫を引き起こしたのだ。増水によって孤立した地域でヘリコプターで救助される様子や、老人ホームのベッドが濁流にのまれる画像もテレビ放映され、私も東京で見ていた。そのとき、小耳にはさんだ老人ホームの住所が「上小川」だったのが気になった。澄川さんの住所が「中小川」であるのを覚えていたからだ。だが、2007年に訪問したとき、澄川さん宅の脇に流れる川は、小川と呼ぶのがふさわしいようなのどかな流れだったことを思い出して、安心してしまった。ところが、老人ホームは酒蔵の目と鼻の先で、普段はちょろちょろと流れる田万川が増水し、牙をむいたのだ。留美子さんは当日のことを思い出したのか、目を潤ませながら話し始めた。

「昼近くになって避難勧告が出たんです。海外にいる主人に、これから避難すると伝えたのですが、小さな

屋根の赤瓦が印象的な酒蔵。緑豊かな小山を抱き、写真手前にはのどかな小川が流れている。右の3階建てのタワーのようなモダンな建物が、水害後に新築した仕込み蔵だ。

川があるだけで、低い場所でもないので、半信半疑な気持ちで、1歳と7歳の娘を連れて玄関に立ったんです。そのとたん、ガラスが割れてどどーーっと水が入ってきたんです。一瞬のことでした。1歳の娘を抱っこして、7歳の娘は手を繋いでいたのですが、水の強い力で押し流されそうになってしまって……。わんわん泣く長女に、大丈夫だから！ しっかり立っていなさい！と叱りつけながらも、大丈夫なのかしら……と心の中はパニックでした。摑めるものを摑んで必死で立っていたら、義父がドアをこじ開けて助けに来てくれて、一緒に2階へ逃れたんです。2階から見たら、完全に1階は水没して、周りは川のようになっていて、たんすや車がどんどん流れていくんです。あまりのことに、目の前に起こっていることが現実とは思えませんでした……。そうですね、あのとき家の外に逃げていたら助からなかったかもしれません……」と、また澄川さんのほうを見る。

「7月末ごろは酒造りをする人間にとって一番リラックスできるときでしょう？ 解放された気分で生ビールを飲んでいたところに妻から電話がかかってきて、まさかと思いました。水害に遭うなんて今までなかったことですから。子供たちを連れて避難するように言ったのですが、その直後に、逃げ遅れたと心細そうな声で再び電話があって、そのあとは携帯電話も固定電話も一切繋がらなくなってしまって、安否さえわからないんです。慌ててあちこちに連絡を入れてみたんですが局地的な大雨だったので、状況がまったくわからない。テレビをつけたら、うちの近所にある老人ホームのベッドが濁流に流されているところが映ったんです。飛行機のチケットもすぐには手配できないと言われ、さすがの僕も焦りました。なんとかチケットが手に入って、翌日、萩・石見空港までは帰ってこられたんですが、普通だと車で20分の距離なのに、橋が落ちていたり、道が土砂で通行止めになっていて、3時間かかってようやく帰宅できました。家族の顔を見て、やっと無事がわかったんです。長い2日間でした。家の中は泥まみれで惨憺たる有り様でしたが、家族の命が助かっただけでも良かったと思いました。妻には、貴方は全然、被災してないじゃないの、って恨み言を言われました。実は僕のスーツも私物も、みんな2階にあったので水に浸かってないし、僕の車は駅に置いて出張に出てたので無事なんですよ、あはは……」

詠子ちゃんをあやす澄川さんと、見守る留美子さん。酒造界きっての色男も家族と一緒のときは、パパの顔になる。

いま、こうやって笑いながら話せるのは、家族が全員、無事だったからだ。近所に住む年配の女性が1人亡くなり、50メートル近く流された末に、ようやく助かった農家の男性もいるそうだ。

澄川家の人々は無事だったが、酒蔵の中の被害は壊滅的であった。

「ここまで水がきたんです」と、仕込み蔵の壁に残った黒い筋を指し示してくれた高さは、2メートル近かった。天井近くまで水が入り、仕込みタンクはプカプカ浮き、甑《こしき》や槽《ふね》、瓶詰め機など、機械類はすべて壊れて使えなくなった。出荷するために、プラスチックケースに入れて冷蔵庫に積み上げられていた酒は、強い水の流れで倒れて、瓶ごと流れていった。上の段に積んであったわずかな酒だけが水をかぶらずに済んだ。被害を免れたのは、2階にある麴室だけだったという。

水が引いたあとの光景は悲惨だった。食器や衣類、生活用品や酒造道具などが泥まみれになって散乱し、真夏の太陽に照らされて臭気を放っている。ところが水も電気も遮断されていて、片付けたくても何もできない。

途方にくれていたときに、地元、萩市の「長陽福娘」蔵元の岩崎喜一郎さんが様子を見に来てくれた。そこから被災状況が伝わって、東京の「はせがわ酒店」長谷川社長をはじめ全国の蔵元や酒販店たちが、毎日、30人から40人入れ替わり立ち替わり復旧の手伝いに来てくれたり、飲料水やインスタント食品も大量に届いた。負けん気の強い澄川さんでさえ、その場から逃げだしたくなるほどの惨状だった。それでも逃げなかったのは、多くの人が手助けしてくれたからだという。

「逃げたくても逃げられなかった、というのが正直のところかもしれません。皆さんが頑張ってくれているのに、僕が逃げるわけにはいかないでしょう？」

そんなときでも、おぼろげに「今年も造るんだ」と思っていた。不思議と酒造りをやめようとは思わなかったという。だが、決して気持ちは前向きではなかった。

「ほんの少し目の前が開けたのは、広島の蔵元チームが来て、ドイテツ（宝剣酒造の土井鉄也さん）の弟の剛《つよし》君がフォークリフトを操作して、手際よく酒造タンクを全部出してくれたあとでした。あの弟くん、フォークリフト作業のプロですね。蔵の中に大きなものがなくなったので、

水害後の様子。タンクも酒造道具も家財も、すべてが泥にまみれている。澄川一家の喪失感はいかばかりだったろう（澄川酒造提供）。

次は泥をかき出す作業に入れます。蔵の中に溜まった大量の泥は、西酒造の西陽一郎さんが手配してくれたバキュームカーで吸い出しました。10台分ほどあったかな。手作業だけだったらいつ終わったかわかりません。機転が利きますよね。新澤《にいざわ》（巖夫《いわお》さん。「伯楽星」蔵元）は、宮城県から蔵人と一緒に車2台を運転して駆けつけてくれて、その車を置いていってくれたんです。車がないと不便だろうと言って。しかも、僕には、お前は動くな、お前が心身共に疲れてしまったらダメなんだとアドバイスもくれて。あいつは東日本大震災で、蔵が倒壊する被害に遭っているので、わかっていたんですね。ありがたかった。あいつは農大の同期で、酒造りで共に闘ってきた同士だと思ってきましたが、被災の同士になってしまいました」

3人の社員たちは自宅には帰らず、神社に寝泊まりしながら、復旧作業に勤しんだ。地元のボランティアも含めて、のべ１０００人以上の人の助けもあって、お盆明けの8月20日ごろ、瓦礫を撤去したり、土砂を出したり、壁をはいだり……。〝捨てる〟という作業が一段落したことで、ようやく前へ進もうという気持ちになれたのだ。捨てる作業だけで3週間もかかっているが、それでも周囲の家より、ずっと早かったという。

「僕は恵まれています。多くの方が遠くから駆けつけてくれて、立っているだけで汗が噴き出すような炎天下で、作業してくださったんですから……。実は、去年の夏に広島の豪雨災害で少しお手伝いに行ったんですが、たった10分でヘトヘトでした。あのとき皆さんは、他人の僕のためにこんな作業を毎日してくださったのか。そう思うと、改めて感謝の気持ちでいっぱいになります」

「未来のために」蔵を作り直す

気持ちが切り替わってからは、決断が早かった。瓶詰めしたまま、水に浸かった酒は、栓が抜けていないものもすべて処分し、水をかぶらずに済んだ酒だけを、「三井の寿」を造る福岡の井上合名に運び、タンクにあけて瓶詰めし直した。無事だった酒には、純米大吟醸や大吟醸、吟醸酒など何種類もあったが、すべてに「生き残ってくれた酒たち」と同じラベルを貼り、普通酒扱いで出荷した。国税庁の指導で、特例として出荷することを認められたのだが、純米造りの酒もアルコール添加した吟醸も混じっていたので、中身が特定できず、特定名称酒を名乗れなかったのだ。

米を蒸す釜や甑、精米機、瓶詰め機、すべて使いものにならなかったため、修理できるものは修理して、使えないものは新規に購入することにした。ただ、その際には、現状に戻すのではなく、より性能が良く、量も2倍造れるものを導入することにして、酒蔵も新たに建てることに決めた。裏山から湧き出る水も汚染されている可能性があったので、新たに2本の井戸を掘った。

合計で5億円もの借金をして酒造りを再開させたのだ。

「あまりにも多くのものを失いました。失ったまま廃業するなら、失っただけ、小さな傷口のまま終わります。でも失ったものを取り戻そうと思えば、これまでの2倍以上の稼ぎが必要です。そのためには、これまで以上に上質で、量も造れる設備にしないと、会社は潰れてしまう。そう決意して思い切って多額の借金をしたんです。新しい蔵は、２０１４年12月から一部稼働を開始したところですが、フル稼働すれば、いまの2倍を超える３０００石以上を造れる設備です。ぜひ洗米機を見てください。最新式のスゴイ装置を導入したんです。これは僕が生きている間は、きっとこれ以上のものは出てこないと思う。未来への投資なんです」とデッカイことを言う。

純米大吟醸の麹を造るのに、澄川さんは普通酒用の種麹を使う。種麹を容器に入れ、タンバリンのようにパンパンと叩きながら振りまくと、辺り一面に麹塵色の粉が舞う。

母屋を出て、新しい蔵のほうに向かう。１階が肩の高さほどまでかさ上げしてあった。万が一、また、水害に遭わないようにとの配慮だ。高さは3階建てで、米の洗いや蒸しを最上階、麹を造るのは2階、１階で仕込みと搾《しぼ》りというように、工程に沿って下へモノが動くグラビティーシステムになっている。3階建てにしたのは、１フロアの広さが１４０坪しか取れなかっ

新蔵の２階で蒸し、適温に冷ました米は袋に入れ、向かいにある旧蔵２階にある麹室へ、脱兎の如きスピードで運ばれる。

たためで、現在は仕込みタンクが8本しか置けないが、いずれは1階をもともとの仕込み蔵と繋げて広くするそうだ。2階の麹室は、まだスペースがあけてあるという。麹室の建設にも多額の費用がかかるのだ。

新蔵へ入ろうとすると、3階で蒸した米を、蔵人たちが布に包んで大黒様のように肩から下げて、かけ降りてきた。ダッシュで向かいの旧蔵へ行き、2階の麹室に駆け上がって運んでいく。米の温度が下がりすぎてはいけないので、大急ぎで走らなければならないのだ。「気合です！」と若い蔵人は、こともなげに答えた。

一緒に、古い仕込み蔵の2階へ上がって麹室へ入って、種切り作業を見ることにした。そこで見た光景には目を疑った。床《とこ》に広がっていたのは、純米大吟醸の麹米にするための山田錦を40％磨いた蒸し米だったのだが、澄川さんが振っていたのは、「黒判　液化仕込み用」という最も安価な普通酒用の粉状の種麹《たねこうじ》だったのだ。通常、吟醸造りの種切りは、容器に入れた米粒状の種から胞子を振り落とすので、シャリシャリと軽い音がして、靄《もや》のような麹菌の胞子がうっすらと舞うだけだ。ところが、澄川さんは粉状の種麹を入れた容器をパパパン、パンパンとタンバリンのように手で叩いて振りまくので、あたり一面に麹塵色《きくじんいろ》（茶色を帯びた緑色）の粉が舞う。なぜ高価な純米大吟醸酒に、安価な普通酒用の種麹を使うのだろう。

「いろいろ試してみて、これが一番良かったんです。もちろん酵素力価のデータをとって比べた結果です。僕がめざす質のいい甘みが出るんです。ただし普通酒用なのでアルコールが出すぎないよう、もろみで気を付けます。一麹、二酛《もと》、三造りと言いますが、僕は造り、つまり醪《もろみ》が一番大切だと考えるようになったんです」と持論を展開する。常識に惑わされることのない実証主義者なのだ。

さて、澄川さんが自慢する洗米装置を見ようと、新しい蔵の3階に上がると、ピカピカと光る大型の設備があった。これが「未来へ向けての投資」なのか。

スタッフがボタンを押すと、小さな円筒がくるくる回ったり、底が抜けて排水したり、ひっくり返ったりするうちに作業が進む。計量から洗米、浸漬までが一体型になった装置であった。質を追求する小規模な酒蔵では、人手で米を洗って、ストップウオッチで時間を測って浸漬している場合が多いので、これでうまくいくのか心配になってしまう。自動とはいっても、米の品種や状態によって、どのぐらいの時間、浸漬するかといったプログラミングは、米が替わるごとに人が行う。また機械とはいえ、大量に処理するのではなく、一回に浸漬する量は30キロずつと少量なので、吸水のむらもない。高価な機械ゆえ、質も量も追求して成功している〝地酒の雄〟と言われる十数社の地方の酒蔵が導入していると、担当している鈴木学さんが説明してくれた。

「洗米と浸漬は大事な工程ですので、初めは機械を入れることに抵抗があって、僕らが手でやったほうがいいと思っていましたが、実際使ってみて機械に負けました（笑）。最初の設定さえきちんとすれば、きれいに糠《ぬか》が落ちるし、思った通りの吸水ができる、優れものなんです。普通は人手を要する作業ですが、僕一人でできるので、ほかの者は別の作業ができるから効率もいい。ただ、一人で3階で作業しているのは、ちょっとさびしいこともありますね」と微笑む。鈴木さんは東京農大を卒業した澄川さんの後輩で、1981年生まれと若いが、入社11年目。澄川さんが信頼を寄せている片腕だ。「東洋美人の軽やかな甘さが大好きです。なかでも愛山《あいやま》は日本で一番旨い酒だと思っています」と胸を張る姿に、清々しい気持ちになった。

「原点」に立ち戻る

「杜氏になってからこれまで、酒質アップのためにできる限りのことをやってきたつもりです。ただ貧乏な蔵なので、ちょっとした道具でもリースで何十万円と聞いて諦め、建物や設備類が老朽化していても、手をかけることができなかった。やりたいことと、できることにギャップがあったんです。ところが水害で、リニューアルせざるをえなくなった。酒蔵が一年中稼働しているため、変えることはできないと思っていた配置も、蔵の中に何もなくなってしまったので、作業導線について考え直すことができたんです。大きな借金は背負いましたが、さらに理想に近づくことができた。醸造環境はがらりと変わったけれど、できた酒は確実に美味しくなってます。その自信はあります。あとは1本でも多く造るだけです」

それまで「東洋美人」は多くのアイテムがあったが、酒蔵に隣接した田圃「611」も、「437」も被害に遭い、まだ米の作付けを行える状態ではなかった。そこで水害以降に造る酒は、アイテム数を絞ることにした。「伯楽星」の新澤さんが、「大きな災害で借金を背負ってしまったのだから、なるべくアイテムを絞って、造りも出荷も集中したほうがいい」と、助言をくれたことを、被災経験者同士によるありがたいアドバイスだと受け取ったのだ。そこで、出品酒などごく一部を除いて、「原点」と銘打ったシリーズだけに徹することにして、山田錦や酒未来、雄町《おまち》など異なる酒米を使った酒を、すべて一升3000円で出荷したのだ。

滑らかでほんのりとした甘みがある「東洋美人」。腕利きの料理人のいる店で味わいたくなる。この日は愛山で醸した「原点」の搾り立て槽垂れおりがらみを澄川さんと共に島根県益田市の和食店「御料理中島」で堪能。

純米大吟醸の規格だが、あえて表示せず、格落ちの普通酒扱いで出荷した。「特別純米と純米吟醸で、どうして特別というほうが安いんですか？」と若い女性に聞かれて、純米や吟醸といった分類は、業界だけに通用する特殊な用語だということに気が付き、いつかは表示をやめたいと考えていたのだという。

「飲む方に米の品種をお知らせするのは意味があると思いますが、それ以外の純米だとか吟醸だとかいう特定名称酒の表示は、あまり必要ないのではないでしょうか」

あくまでも酒税法やトレーサビリティは遵守したうえでのことであり、「原点」が精米歩合50%以下の純米大吟醸酒であることは証明できるという。最高ランクの純米大吟醸を格落ちさせて、最低ランクの無表示の普通酒扱いにするのだから、偽装ではないし、飲み手にとって不利益にはならないだろう。

「原点」というのは、ゼロからスタートすること、初心に戻って、酒造りができる喜びを込めて、名付けたもの。淡い色で、米粒を描いたラベルはインパクト十分だった。平成26酒造年度には「原点」に続いて、どんな酒を出すのか尋ねると、「ゼロの次だから一かな」と、3月に答えていた。果たして5月に出荷されたのは「一歩」だった。山田錦や酒未来、出羽燦々《でわさんさん》、雄町、愛山と、月別に米違いで出荷する純米大吟醸であるが、特定名称酒は名乗らず、どれも3000円という「原点」と同じ方式だった。ラベルには「原点からの一歩。大きな困難が訪れ、酒造りの原点に立ち戻らさせていただきました。そして今、皆様への感謝の気持ちを胸に『原点』からの一歩をふみだしていく所存でございます」とある。

2015年10月、「一歩」の感想を電話で報告すると、澄川さんは喜んでいた。

「実はいま一番造りたいのは、地元の人が普段飲める酒なんです」と意外なことを言った。「水害で50メートル流されて助かった、あの農家さんが、うちに『上撰ないの?』と言って買いにきてくれるんです。残念ながらもう上撰は造ってはいないんですけど、上撰ぐらいの値段で、地元の方が普段に飲める酒を造るのも、酒蔵の使命なのではないかと思うようになった。水害に遭って地酒という意味を考え直しているんです」

これまでは地元の米を購入して酒を醸し、名を上げることが地元への貢献だと思ってきた。そのために、トップの酒質をめざしてたゆまぬ努力を繰り返し、首都圏や関西圏の著名な地酒専門酒販店に実力を認められてきた。地産地消という言葉さえ、レベルが低くて、全国では売れないことの言い訳だとさえ考えてきた。その結果、山口県外の出荷が8割になった。全国の日本酒ファンに知られる酒になっていたのだ。ところが、水害を経験してから、県内の出荷が7割と逆転したというのだ。山口県にはほかにも著名な銘柄があり、「東洋美人」の存在を知らない人もいた。知っていても高価で手が出せない酒として、敬遠していた人もいた。ところが、局地的な水害に遭ったことが地方紙やローカルテレビで報道され、応援する気持ちで飲んでみたら美味しかったというファンが増え、道の駅などから、酒を置きたいと声がかかるようになったことで、さらに目にする人が増えた。県内の人々に、美味しい酒として〝発見〟されたのだ。

「周りの方に東洋美人の存在に気付いてもらえたし、僕も地元愛に目覚めてしまった。それは水害で

「原点」の次に、2015年5月から発売した「一歩」。稲をデザインした可愛らしいラベルで食卓が華やぐ。1.8 l 3000円（税別）。

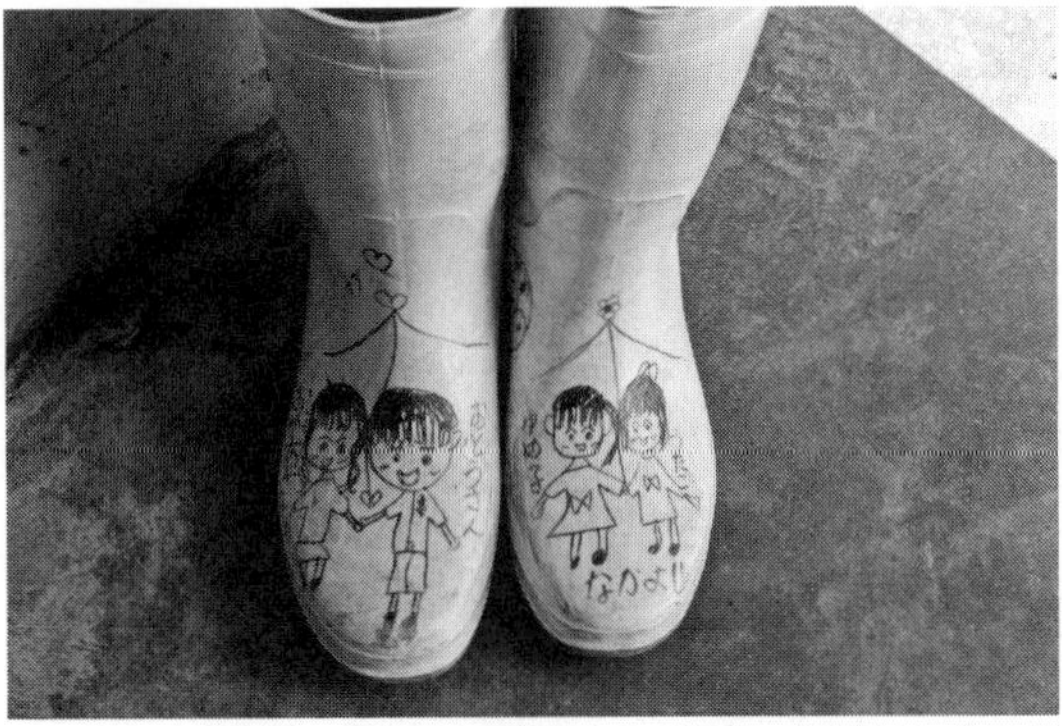

澄川さんの長靴には、長女の夢子さんが毎秋、酒造りに入る前に絵を描く。今年は姉妹と父母が相合い傘する微笑ましい図柄。

得たことかもしれませんね」

得たこともある反面、多くのものを失った。その中には、研修生のとき、髙木顕統さんが教えてくれたことを書きとめておいたメモも含まれるという。

「僕の宝物でした。残念です。僕にとって髙木顕統さんは師匠であり、その存在はますます大きくなってきています。神のような存在です。メモはなくなってしまいましたが、その言葉は胸の中にあるんです。学生のときにはまったく意味がわからなかった言葉が、なくした今になってふっと甦ってきて、僕にいろんなことを教えてくれるんです」

3月に酒蔵を訪れたとき、そう言って胸をそっと押さえ、遠い目をした。そのとき、長女の夢子さんが小学校に登校する時間になったということで席を立った。玄関で澄川さんが履いた長靴には、油性ペンで可愛いイラストが描かれていた。毎年、酒造りに入る前に、お嬢さんに描いてもらうのだそうだ。

「あの日、一緒にいられなかったんです。できる限りの罪滅ぼしはしないと……」。そう呟いて、愛娘としっかり手を繋ぎ、門まで見送っていき、手を離したあとも後ろ姿を長い間見守っていた。水害で一番大切な宝物を失うことはなかったのだ。

酒の「進化」を追う

秋田今野商店に聞く「種麹」の物語

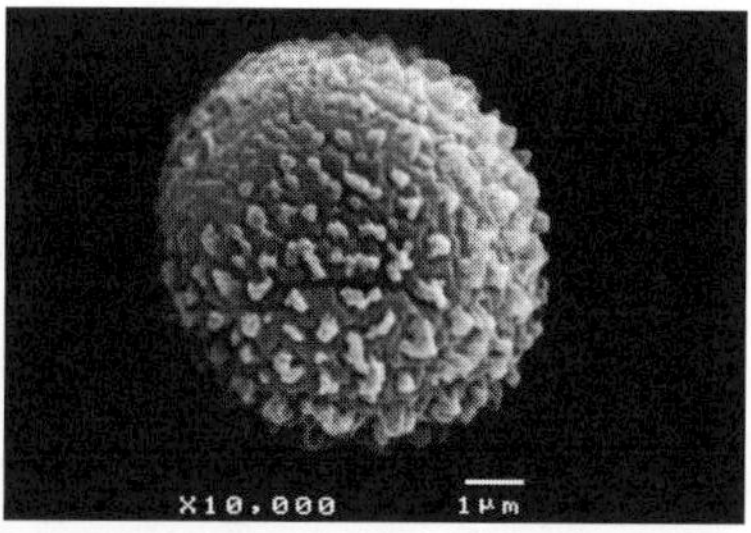

麹造りは酒造りの中でも、最も重要な工程だといわれる。そのスタートが「種切り」。杜氏《とうじ》が粉のようなものを蒸し米にふりかける、あのお馴染みのシーンだ。このときふりかけているのが麹菌の種。別名、「もやし」ともいわれる。種麹《たねこうじ》にもさまざまな種類があり、種麹メーカー（もやし屋ともいう）が販売している。蔵元は、造りたい酒に合う種麹を購入し、高温を保った麹《こうじ》室《むろ》の中で、それぞれの流儀で米に麹菌を繁殖させて米麹を造るのだ。農業にたとえるなら、農家が種苗《しゅびょう》店で種を購入して、作物を育てるようなものである。

室町時代には、麹は麹商人が製造と販売を独占していたが、種麹は販売しなかった。種麹造りはある種、秘伝だったのだ。ただ、その造り方といえば、出来の良かった麹を取っておいて、使い回す方法が多かったため、うまく発酵しなかったり、もろみが腐造することもあったという。優良な種を残して淘汰し、純粋に培養する技術が確立されるようになったのは、明治以降のことである。

現在、日本酒を造る酒蔵が日本全国に約1200社ほどあるのに対し、日本酒用の種麹メーカーは、わずか数社。私がこれまで訪れた200ほどの酒蔵で見た、種麹の袋に記された社名は4社。いずれも業界では著名な会社だが、でき上がった酒のラベルにその社名が記されることはない。一般消費者に社名を知られる機会のない、いわば裏方の存在だ。しかし、現代の造り酒屋にとって、優良な種麹を万全な状態で保存管理している種麹メーカーは、なくてはならない大切なパートナーなのである。

近年、美味しく進化してきた日本酒。その中にあって、種麹メーカーは、どんな役割を担っているのだろう。そこで、東日本で圧倒的なシェアを持つ秋田今野《あきたこんの》商店を訪問し、社長で農学博士の今野宏さんと、製造部長の佐藤勉さんにお話を聞いた。

秋田今野商店（秋田県大仙市字刈和野）

今野家は、現在本社がある旧・刈和野村で、清酒、醤油醸造業を家業としていたが、大阪高等工業学校醸造科（現在の大阪大学工学部）で学んだ今野清治が、明治43（1910）年、弟とともに、醸造材料を商う今野商店を京都で創業した。いまから100年以上前に、顕微鏡をのぞき、気の遠くなるような選抜作業を繰り返しながら、自ら考案した独自のフラスコを使って初めて麹菌の純粋培養に成功。「運も不運もない。大丈夫な良い酒を造る種麹」「最も進んだ科学が生んだ最良の種麹」といった広告の文言に、いかに当時の酒造りが不安定だったか推し量ることができる。その後、大阪府に移転し、灘（兵庫県神戸市）に近い御影で工場を稼働。戦況の悪化とともに、1943年から秋田県の出羽鶴酒造の一角で酒造用の種麹の生産を始めるが、戦災で大阪の本社と工場を焼失。1947年に先祖代々の地に工場を新設し、秋田今野商店としていまに至る。種麹のほか、生物農薬原体や環境浄化用微生物菌体、研究用試薬の分野にも力を入れている。

麹は日本だけのオリジナル微生物「国菌」

――まず麹について、基礎的なことを教えていただきたいと思います。麹が味噌や醤油、日本酒などに使われていることは多くの日本人が知っていると思います。甘酒や塩麹を通じて、米麹を

見たり、口にしたりしたことがある人も少なくないでしょう。ただ、日本酒を造るときに、麴がどんな役割をするかとなると、ちょっと難しくなってしまいます。同じ醸造酒でも、ワインを造るときには麴を使いませんね。

今野　お酒類は、原料を酵母の力で発酵させて造ります。酵母は糖分をアルコールに変える役割がある微生物なんです。ワインの場合は、原料の葡萄《ぶどう》に果糖が含まれているので、酵母を加えればアルコール発酵が始まります。ところが米は、成分がデンプンです。デンプンの分子構造は、たくさんのブドウ糖が鎖のように長くつながった形になっているのですが、酵母の口は小さいので食べられません。酵母の口に入れるためには、分子を一つ一つ小さく切って、食べられるサイズにしなくてはならないんです。そこで、米のデンプンを切って、酵母が食べられるサイズにする役割をするのが、麴菌なんです。

——麴菌と麴は、違うものなのですか？

今野　蒸した穀物に、カビの一種である麴菌が繁殖した状態を麴といいます。我々種麴メーカーが扱っているのが麴菌。造り酒屋さんは、我々から買った麴菌を蒸した米にふりかけて、麴を造ります。適切な温度と湿度を保ってやると、菌の胞子が発芽して菌糸を伸ばして米に繁殖していって、麴ができるんです。

——米のデンプンを切るということですが、麴菌に鎖を切る力があるのでしょうか。

今野　麴菌が頑張ると熱が出て、温度が上がってくると同時に、汗のように、身体の外に酵素を出していきます。その麴菌が出す汗、つまり酵素が、米のデンプンの鎖を切っていくんです。そこで麹と蒸し米、水、酵母で仕込めば、日本酒ができるというストーリーになるんです。麹菌、酵母、酵素、どれも「こう〜」と語感が似ているので、混同しやすいかもしれませんが、別のもので、それぞれ日本酒造りに役立っているんです。

――麹菌は、細菌のような生き物なんでしょうか。

今野　菌という名前ですが、細菌や納豆菌などとはまったく別の生き物で、カビの一種です。胞子をつくって繁殖するのですが、その胞子の大きさは5ミクロンから10ミクロンぐらい、つまり1ミリの1000分の5から1000分の10ぐらいと小さいので、顕微鏡でないと見えません。カビの仲間は約9万7000種類が知られていますが、カビ全体では150万種類ほどがいると、日本菌学会では推定しています。おそるべき数のカビがいるんですね。その中の、たった一種類のカビが麹菌。日本酒を造る菌、学名「アスペルギルス・オリゼー」です。日本人は膨大なカビの中から、たった一つの菌を選んで利用してきたんです。

――麹菌を使ってお酒を造る国は、ほかにありますか。

今野　いま中国やアメリカな

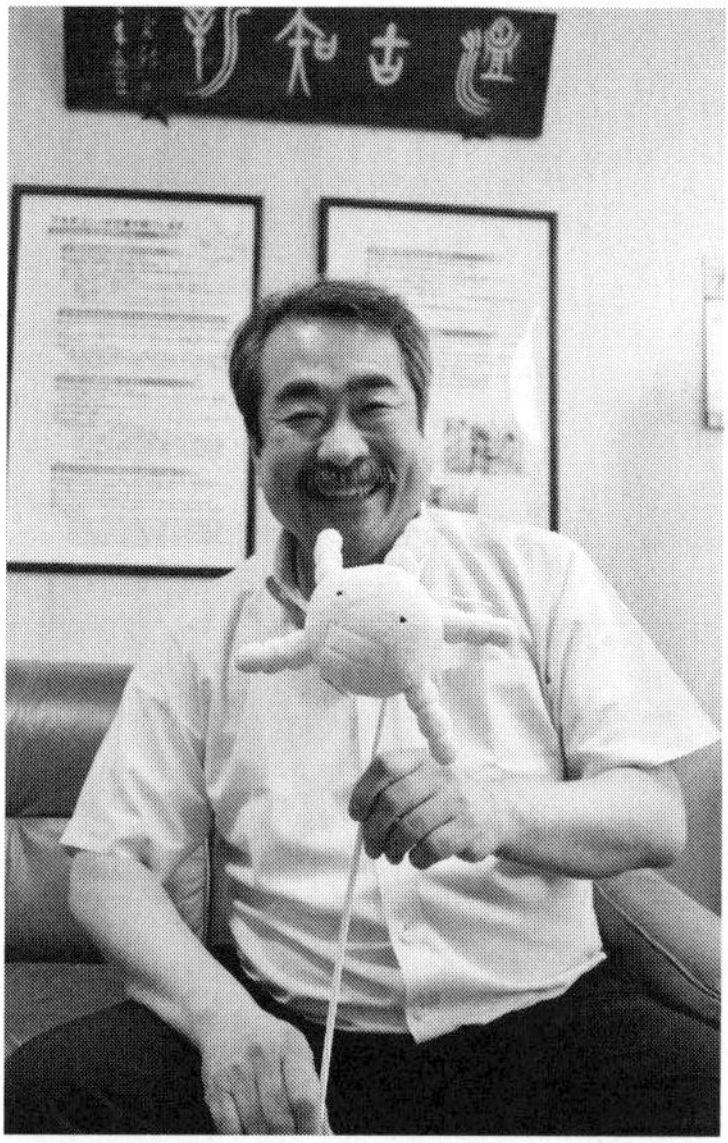

秋田今野商店社長、農学博士　今野宏さん。1956年生まれ。
手に持っているのは、微生物が肉眼で見える青年の物語を描いた漫画『もやしもん』（作・石川雅之）のキャラクターグッズ。

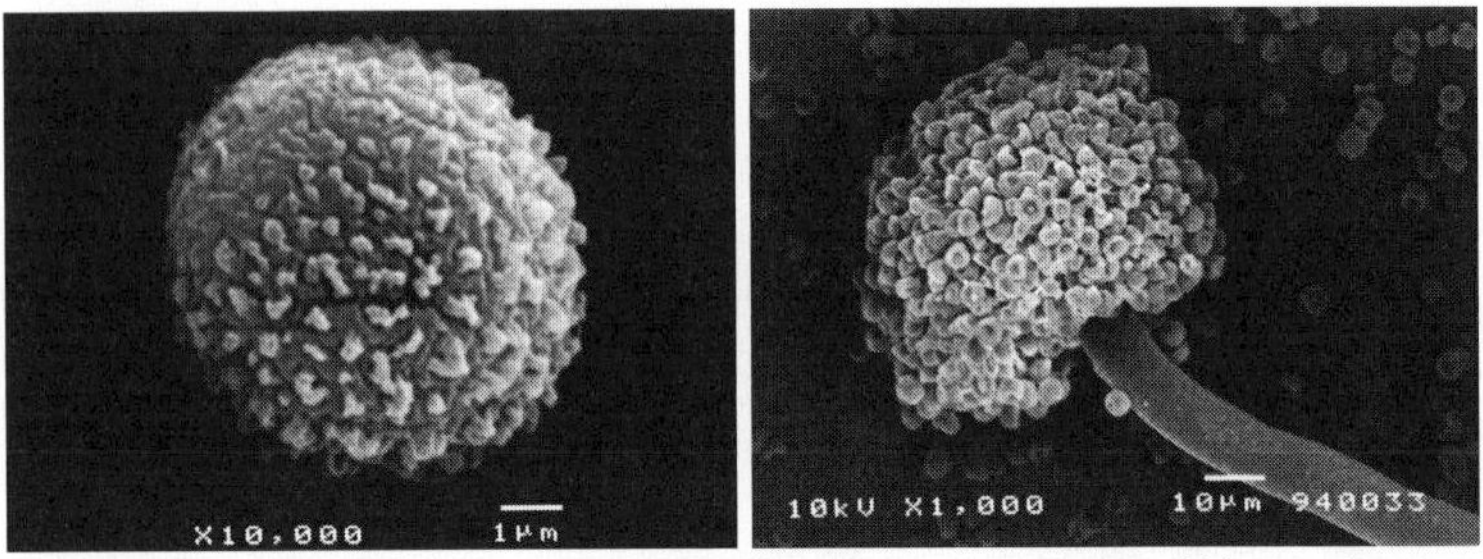

麹菌の胞子を１万倍に拡大した電子顕微鏡写真。茎がついているもの（右）と、丸いもの(左)。大きさは５〜10ミクロンで、縫い針の穴に100個が横に並ぶぐらいのサイズだという（撮影・秋田今野商店　佐藤勉)。

どでも日本酒は造られているので、麹菌は使われていますが、オリジナルとしてオリゼーを使う国はありませんね。

――私が酒蔵で見た種麹は、米粒の形をしていました。

今野　玄米に麹菌を繁殖させたものです。杜氏さんは、容器に種麹を入れて、目の細かい布などで蓋をして、胞子だけを蒸し米にふりかけるんです。胞子だけを製品化した粉状の種麹もあります。

――中国で紹興酒造りに使う麴を見たことがありますが、日本のような米粒の形ではなく、固まったお餅みたいでした。

今野　あれは日本の麹菌とはまったく別のもので、クモノスカビ属に分類されます。麹菌は、日本にしかいない菌で、２００６年に国菌《こっきん》に認定されています。

――国菌ですか!?　誇らしい気分になります。自然界から採取されたのでしょうか？

今野　実はルーツはわからないんです。自然界で野生のアスペルギルス・オリゼーは見つかっていないんです。似た仲間は確認されているのですけどね。稲穂に出る黒穂病《くろぼびょう》の菌がルーツだという説もありますが、麹菌とはかなり性質が違っています。私は、野生の麹菌は、我々が使っている麹菌とは違った顔かたちをしているのではないかと考えています。たとえば猪と豚。野生の猪はいますし、人間が猪を品種改良してきた豚もいる。だけど野生の豚はいないのと同じように。麹菌は、日本人が長年かけて育種してきた日本のオリジナルな菌であり、アスペルギルス・オリゼーは、我々のような種麹メーカーに保存されているものだけなんです。

——麹造りは、酒質を決定づける大切な工程だと言われますが、種麹が違うと、お酒の味も差が出るのでしょうか。

今野　菌は、氏《うじ》と育ちがワンセット。氏と育ちが整って、初めて理想的な働きをします。

——氏とは、種麹メーカーが酒蔵へ提供する種麹。育ちとは、酒蔵で麹を造るときの環境や育て方ということですね。

今野　はい。どんな種を使うか、どう育てるかで、まったく違ったお酒ができます。

——どんな種類の種麹に人気があるのでしょう。

今野　いまから8年ほど前に開発した苦みが出にくいタイプの「吟味《ぎんあじ》」は大ヒット商品になりました。岩野君夫先生（国税庁醸造研究所から、秋田県醸造試験場長などを経て、現在、秋田県立大学名誉教授）が、秋田県立大学で麹や酵素の研究をされていたときに、一緒に研究させていただいた成果なんですが、味わいという点について深く掘り下げたことが、ヒットにつながったと思います。

——それまで味わいは、注目されていなかったのですか？

袋入りの種麹「吟味」。苦みの元となるアルギニンが抑えられ、後味が良いといわれるヒット商品だ。

今野　そのころの日本酒造りは、いかに華やかな吟醸香を出すかということがテーマでしたので、酵母の研究ばかりでした。香りは酵母の力が大きいんです。でも先生も我々も、「そろそろ味の時代が来る」と感じていたんです。

佐藤　味は、麹が造りだす部分が大きいんです。

今野　ところが、造り酒屋さんが味の尺度として気にされているのは、アミノ酸度の数値ばかりでして……。

——アミノ酸の多い酒はくどい、汚くて重い酒とされていますからね。

今野　日本酒に含まれるアミノ酸は20種類あるんですが、個々のアミノ酸の作用を把握することなく、トータルの数値を低くしたいということばかりおっしゃる。そこで、20種類のアミノ酸の味について全部調べると、アラニン、グルタミン酸、アルギニン、アスパラギン酸、この4つ以外のアミノ酸は、10倍ぐらい濃度を濃くしても、一般の人は味の識別ができないことがわかったんです。そこで、この4つが日本酒の味を司っているという仮説を立てました。次に、これらの4つがどんな味で、どんな役割があるか、多いとどんな味に感じるか、ということを調べていったんです。その結果、アルギニンは評価が低かった。苦みが後味に残るため、飲み手が避ける傾向にあったんです。そこでお酒になったときに、アルギニンが出にくい麹菌を開発したところ、人気商品になりました。いまも多くの造り酒屋さんが使ってくださっています。

――甘くて切れのいいお酒がトレンドですが、そんなお酒を造るためにも、麹菌が役立っているという話を酒蔵で聞きました。グルコアミラーゼが高く出る菌だとか……。

今野　グルコアミラーゼとは酵素の一種で、この値が高いとブドウ糖が多くなって、甘くなるだけではなく、香りが乗りやすい。もろみの末期まで香りが維持できるんです。特に香り系の酵母と相性が良いので、カプロン酸の強く出る酵母が隆盛になってから、特にグルコアミラーゼの高さを要望する酒蔵は多くなりました。最近では、もう一歩進んで、グルコアミラーゼが高いだけではなく、α-アミラーゼを低くする麹菌が求められる傾向にあります。

――α-アミラーゼ……ですか？

今野　グルコアミラーゼはブドウ糖を一個一個切る役割。「α」はデンプンをボンボンと大きい単位で切っていく役割があり、液化といって、もろみの段階で蒸し米を溶かす酵素なんです。ところが、「グルコ」の値が高いとαも高くなる傾向にある。「α」の値が高いと米が溶けすぎて、味が汚くなる、酸が出る、ということがいわれます。

――甘みはあっても、切れの良さや透明感が求められるので、グルコアミラーゼは高くて、αアミラーゼは低く出る麹菌が求められているということですね。

今野　そういうことです。グルコアミラーゼだけを追っている人は、高い数値が出たと喜んでい

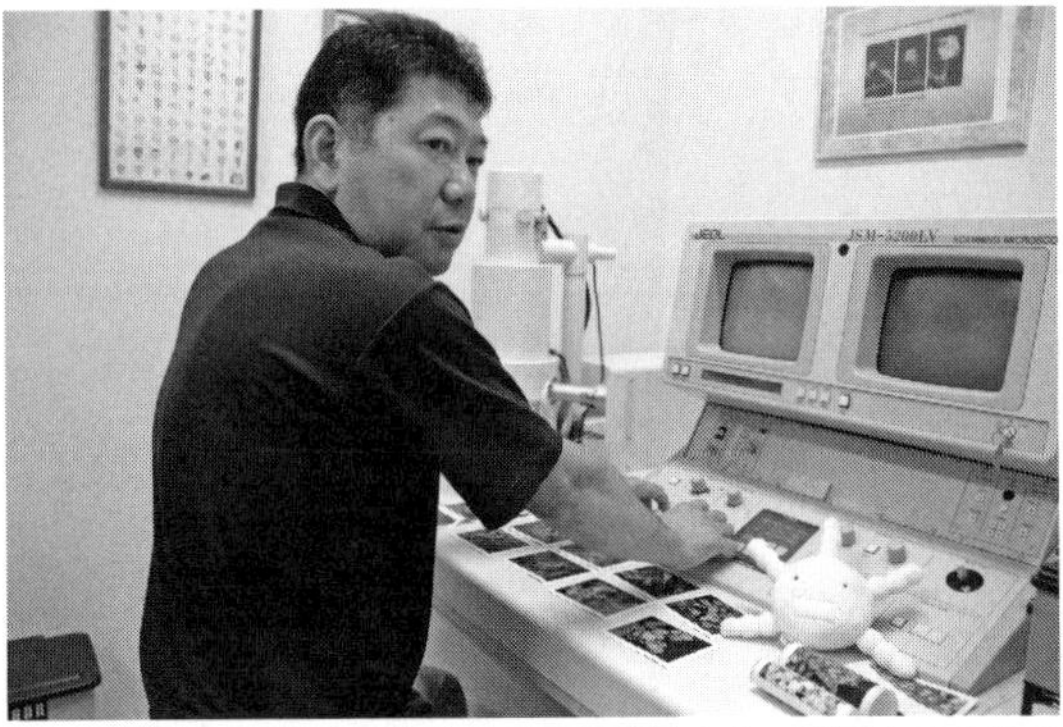

電子顕微鏡を操作する製造部長の佐藤勉さん。蔵元たちの良き相談相手だ。

ますけど、α-アミラーゼが4倍も5倍も出ていたのでは、飲めたもんじゃないといったら失礼ですが、くどい酒になってしまいます。

——話に出たのは、吟醸酒や出品酒など高級酒用でしたが、純米酒ではいかがですか。昔の純米酒は、雑味があって味が重い印象でしたが、最近は80%精米の山田錦など、米をあまり磨かない玄《くろ》い米で造った純米酒でも、軽やかでバランスの良いタイプが増えていますが、これも種麹が関係あるんでしょうか。

佐藤　お役に立てていると思います。純米酒用に出した種麹があるんですが、精米歩合を15〜20%低く感じさせて、精米歩合60%ぐらいの酒のような、軽くて綺麗な味になるといわれます。飲んだ人に「これで80%なの?」というインパクトを与えられるんです。

今野　そういった技術も、麹菌の研究で確立されてきました。

——純米酒が軽やかになって、日本酒人気に拍車をかけました。

今野　純米酒は軽くないとね。実は私が純米酒を飲むようになったのは、ごく最近なんですよ。重くて飲みにくかったので、すすめられても、遠慮します……という感じでした。

佐藤　昔は重くてくどい酒か、軽くて薄い酒のどちらかでしたね。いまは軽いけど、味もちゃんとある純米酒が人気がありますね。

今野　純米酒が軽く、味があるようになったのは、麹菌の開発だけではなく、さまざまな技術の進歩が関わっています。

焼酎用の白麹で爽やかな酸を出す

——白麹仕込みとうたった日本酒が、ここ2年ぐらいでぐんと増えました。最初は秋田今野さんがお薦めになったと聞いています。

今野　焼酎の麹造りで使う白麹菌は、20年ぐらい前から酒蔵の皆さんにやれやれ、と声をかけてきたんです。そもそも酒蔵は保守的で、変えたがらない。しかも日本酒で使うのは黄麹菌で、白麹菌とはまったく違った性質なので、聞く耳を持ってくれなくて……。

——白麹菌を最も早く使ったのは？

佐藤　「天の戸」の浅舞酒造（秋田県）さんです。最初は、黒麹菌を使われたんです。

——思い出しました！　2005年に星あかりを50％精米して、黒麹で仕込んだ「黒」というお酒を試験的に出されて驚きました。2009年に「KURO」と改名していますね。

佐藤　そのあと、白麹菌も使われた。

——2011年から発売している「シルキー絹にごり〈生〉」ですね。爽やかな味で人気です。

佐藤　黒麹と白麹は親戚なんです。

――黒麹の突然変異が白麹ですね。芋焼酎ファンには「黒霧島」とか「佐藤」の白と黒など商品名になっているのでお馴染みでしょう。「天の戸」杜氏の森谷康市さんは、芋焼酎「海」などで知られる鹿児島の大海酒造の杜氏、大牟禮良行さんと交流があって、そのご縁で、焼酎の麹を使ってみたんだとうかがっています。

今野　実はその2人を引き合わせたのは、私なんです。私はセールスエンジニアとして全国を回っていて、鹿児島にも行くもので、大海酒造の大牟禮さんと親しくなったのですが、彼が清酒の麹造りを勉強したいとおっしゃったので、いいよ、いつでも秋田にいらっしゃいと、「天の戸」さんを紹介したんです。

――今野社長の妹さんは、確か「天の戸」先代社長の柿崎秀衛さんの奥様ですね。今野さんを介して、そんなご縁があったのですね。私も、大牟禮さんと森谷さんの2人と親交があるのですが、お2人は気が合っているようですね。大牟禮さんは毎年、冬には天の戸の蔵に泊まり込んで酒造りをすると聞いています。

佐藤　大牟禮さんは、秋田に来るときはいつも当社を経由して、天の戸さんへ行くんですよ。お2人の出会いと、私どもの提案がきっかけとなって、焼酎の黒麹に興味を持たれたようです。

今野　焼酎屋と日本酒屋が一緒になって、なにかできないか、というのがテーマでした。焼酎菌で造ると、クエン酸が出るんです。日本酒に酸が多いと、味が重くなるとされていますが、クエン酸はレモンのような爽やかさがあって、好まれる味なのでお薦めしたんです。

焼酎用の黒麹菌が突然変異した白麹菌。クエン酸を造りだすので、日本酒に使うとレモンのような爽やかな酸味が加わる。（撮影・秋田今野商店　佐藤勉）

佐藤　最初は試行錯誤されたようですが、徐々に完成度を上げていかれましたね。

――「新政《あらまさ》」の佐藤祐輔さんが、白麹で仕込んだ「亜麻猫《あまねこ》」も画期的でした。フレッシュで、爽快でモダンな味わいは、日本酒のイメージを変えました。それまで日本酒に縁がなかった人々も虜にしています。

今野　佐藤さんも、ずいぶん、うちに通っていらっしゃいましたよ。

佐藤　いやー、彼は熱心でねえ。何度もお見えになりましたよ。しかも毎回、僕と、こう（顔と顔をくっつける動作）でした（笑）。

今野　熱心な蔵は伸びますよ、必ず。

佐藤　麹鑑評会で白麹を提案したら、酒蔵の皆さん、びっくりしてましたね。

今野　白麹で造った甘酒を出したので、試飲して驚いたのでしょう。大きな反響がありました。あの爽快な酸は、黄麹でも、酵母でも出せませんから。

佐藤　それからばーっと広がっていきましたね。

――日本人は肉を多く食べるようになっていますし、脂の摂取量も増えていますから、脂を切って、後口を爽やかにする酸という要素は大事になってきていると思います。お酒に酸があると味に立体感が出て、料理の味を引き立てます。その意味でも、白麹を使った日本酒は飲むシーンやファンを広げたと思います。

佐藤　酸があると、味が引き締まりますよね。

今野　その酸がコハク酸じゃだめなんです。もたーっとして……。

――ものの本によると、コハク酸は貝の煮汁のような旨みと書いてあるので、旨そうだなーと思っていたんですが。

今野　貝の煮汁は旨いですよね。でもコハク酸が入っている酒は、だれが試飲しても一番初めに弾きますよ。有機酸の中で一番評価が低いんです。

佐藤　日本酒では良くないとされているのが、グルタミン酸とコハク酸なんです。

――えええー！　どちらも料理では旨みのもとですよね。

佐藤　旨みのあるアミノ酸と、旨みのある有機酸は、料理では旨みになるけど、日本酒では、どよーん、もたーっとした印象になる。数値を抑えたほうがいい酒になるんです。

今野　先ほど、アルギニンが少なく出る種麹の話をしましたよね。酒造りで、もうひとつの大事な微生物として酵母があって、苦みを抑えたければ、酵母もどんどんアルギニンを食っていかなければならない。同様に、もたーっとさせないためには、コハク酸をたくさん作るタイプの酵母も最初からオミットしないとだめなんです。

佐藤　麴菌と酵母の相性も考慮に入れないといけません。

今野　麴菌と酵母は、車の両輪です。麴菌だけ大きかったり、酵母だけ大きかったら、思った方向に進んでいけません。必ず両輪が同じサイズでないとまっすぐ進めないんです。いままでの研究は、あまりにも香り重視、酵母重視でした。両方とも大事なんです。

――香りが派手で、味は薄っぺらいようなお酒ばかり……という時代もありましたね。

今野　その点も、日本酒離れの原因だったと思います。最近は、酵母だけに頼らないで、きちんとした酒質設計をもとに造ったお酒が増えました。

佐藤　最近の日本酒は、バラエティは広がりましたし、バランスも良くなりましたね。やはり売れているのはバランスが良い酒でしょう。なにかが突出しすぎていないという。

――バランスがいいお酒は量が飲めますね。

佐藤　そう、そう。いつのまにか飲めちゃう。並べておいて、どれが旨いかというのは、減るスピードでわかりますね。

酒蔵と種麴メーカーとのパートナーシップ

――これまでのお話で、菌は氏と育ちが大切であり、酵母との相性も考慮に入れるべきだということがよくわかりました。では酒蔵にどのようなアドバイスをされるのでしょうか。

佐藤　アドバイスというのはおこがましいのですが、麹菌のパフォーマンスを最大限、引き出せるような酒造りを、自分たちがまず究めて、その例を提案するようにしています。

――酒造りを究めるのですか？

佐藤　自分たちで造った麹菌を使って、麹を育てて、酒母を立て、仕込んで酒にするんです。

今野　麹についてアルギニンがどうだ、グルコアミラーゼがどうだと生意気なことを言っても、最後に良い酒にならなければどうにもならない。うちは、酒造免許を持っていますし、酒母の免許もあって、酵母も研究し販売しているので、全部一体化して、積極的な助言もできる。そこが強みだと思います。

――そこまでやっているとは驚きました！

今野　同じ菌でも麹の造り方で、できた酒はみごとに違うんです。その違いを確かめていただくために麹鑑評会を行っています。主に東北6県の杜氏や蔵元、研究機関の方々に集まっていただいて、開発した麹菌で造った麹と、その麹で醸した酒を利いてチェックしてもらう会なんです。毎年1回ずつ開いていて、今年（2015年時点）で62回目です。

――麹の育て方の助言とは、たとえば温度管理の方法などでしょうか。

佐藤　温度や湿度はもちろんですが、米の種類や精白度、米の洗い方、蒸し方、実は米の冷まし方も入る。総合的なことといえばいいでしょうか。

今野　ワンセットです。その麹菌を生かすには、こうしたらいい、という……。

――ではそれぞれの酒蔵が行っていること、すべて実際行っているということですか。

佐藤　はい。その種麹を使って、いろんなパターンで酒を造ってみせて提案するんです。酒蔵がほかと同じお酒を造りたいはずはないですし、一番いい造り方というのもありません。こういうお酒を造りたいときに、どんな麹を造ればいいのか、ということをパターン化するんです。同じ種麹を使っても、一方はすごく味が汚く出て、一方は綺麗な味が出るということがある。それは麹造りだけではなく、いろんなファクターが入ってきますから。

――麹室の広さが違うだけでも、違った麹ができるといいます。

佐藤　提案しても「それはうちではできない」という場合も多いんです。たとえば出麹《でこうじ》までの時間を長く取れないことは結構あります。次から次へと麹が入ってくるローテーションの関係で、なかなか麹室に長く置いておけないとか。

今野　それぞれ条件が異なるのでマニュアル通りには、いきません。

佐藤　お酒は、麹菌だけで造っているわけではなく、酵母とのセットになります。仕込み水でも異なります。そういったファクターを排除して、シンプルにパターン化することを考えていますが、一番大事なのは「人」ですから。

――「人」というのは、杜氏さんや麹師さんの技術とか、流儀ということですか？

佐藤　はい。道具ひとつとっても蔵なりのやり方があります。また、何人の蔵人を使えるかというのもあります。少ない人数でいろんな作業を掛け持ちでやっている蔵に、多くの蔵人がいるから仕事量が多くても大丈夫だという蔵と、同じ条件でやってくださいというのは、酷です。社員だけで酒を造る蔵と、専門の杜氏がいるところとでも、またパターンが変わってきます。

――オーダーメイドのようですね。

佐藤　そこまではいきませんが、どんなことでも相談にのります。仕込み水の違いは大きいので、試験醸造するときは、蔵から水を送ってもらいますよ。米を洗うところから、蒸す、仕込むまで、全部、そこの水で試験します。

――そこまで徹底しているのですか！　相手に合わせるということなんですね。

今野　県のオリジナルの麹菌もあります。山形県独自の種麹「オリーゼ山形」は、県の酒造好適米「出羽燦々《でわさんさん》」に合わせて開発した菌で、甘さはあるけど、切れのいい酒になるんです。

佐藤　「黎明平泉《れいめいひらいずみ》」は、岩手県のために造った純米用で、軽やかなお酒になります。

今野　余所《よそ》へ出せない、その蔵だけのために造った菌もあるんですよ。

佐藤　それはどこの蔵だとかは、銘柄はいえないんですが……（笑）。

今野　有名な新潟の某なんとかとか……長野のなんとかとかね（笑）。

――お2人のお話を聞きながら、なんか秘密がたくさんありそうだなと思っていました（笑）。種麹メーカーは、飲み手には知られていませんが、日本酒が美味しくなった陰の功労者ですね。

佐藤　いえいえ、やはり蔵元さんや杜氏さんの力は大きいですよ。どんな酒ができるんだろう、ではなく、こういう酒を造るんだという目的を持って、設計図をきちんと描いて造っていると感じています。

今野　その設計図に合わせるツールを、我々はいっぱい持ってますから。要望に合わせて出せるようにしていきたいですね。

佐藤　問い合わせも、前よりはるかに増えています。いいものを造ることに対して意欲的なんです。保守的といわれる業界ですが、酒質をがらりと変えてくる酒蔵も多いですね。たとえば「新政」さんなんかは、アルコールをあまり出さないお酒を造っています。

――そうですね。原酒で14度台とか、これまでのお酒より低めです。

佐藤　あれは根本から造りを変えていかないと、できないことなんです。特にいまの若い蔵元たちは、はっきりとした個性を持った酒を造ろうとしています。そこで麴菌も、昔のように無難なタイプではなく、なにかに特化したタイプを求めるようになっています。

今野　時代がどういう酒を求めているのか、オンリーワンであるために何をすべきか、考えているのでしょう。

佐藤　技術レベルも上がってきましたね。酵母の使い方もすごく巧《うま》くなってきたように感じます。特に香りの出るような酵母には、昔は悪戦苦闘していたようで……。12月の末ごろは、電話が鳴りっぱなしということもありました。

今野　相談の電話なんです。一日中、ひっきりなしでした。

佐藤　（発酵が）止まった、メーターが切れない（発酵が進まず、糖度が下がらない）、どうしようというのが、しょっちゅうでしたから。

今野　特に15～16年前ごろは多かったね、「止まったー」という電話が。

佐藤　もろみの温度は、２日で１℃落としていくのが理想なところを、いままでのご自分のやり方で、ガーンと下げてしまったりする。

今野　急激に温度を下げると、ぴたっと発酵が止まってしまって……。

佐藤　そうなると、もうもどらない……。

今野　止まったら大変ですよ。

佐藤　杜氏さんたちが酵母を使い慣れてきて、塩梅がわかってきたんでしょう。適切な管理ができるようになった。経験を積んで腕が上がったんでしょう。

今野　造り方がマニュアル化されてきてますし、情報量が多くなったこともあるでしょう。

――昔は、技は現場で見て盗むしかなかった……。

佐藤　いまはしっかりとしたレシピが手に入ります。しかも若い人たちはフランクに情報交換するようになっています。昔は蔵元同士、仲が悪かったですから（笑）。講習会や各県の酒造組合、技術センターもありますし、杜氏組合の集まりなどは、全国から情報が集まってきますからね。実は会合のあとの飲み会が一番、生きた情報が得られるんでしょう。

今野　良い酒ができる環境が整ってきたということではないですか。

――酒蔵はもちろん、種麴メーカー、研究機関など、技術者の皆さんの努力があって、私たちが美味しい日本酒を味わえるのだということがよくわかりました。ありがとうございました。

新政

新政酒造（秋田県秋田市）佐藤祐輔

伝統を未来に繋ぐクリエイター

なんて法被《はっぴ》が似合わないのだろう。それが7年ほど前の「新政《あらまさ》」蔵元の佐藤祐輔さんに対する第一印象であった。

日本酒のイベントで、蔵元は銘柄を染め抜いた法被を着るのが常である。蔵元は地方の名士が多いせいか、また人前に立つことが多いからか、堂々と威厳があり、法被姿は見栄えがする。ところが、バサッとした長めの髪で小顔にメガネをかけ、今よりもっとひょろひょろと細身だった佐藤さんは、法被がだぶついて、ガウンを羽織っているように見えた。挨拶のために壇上にずらりと並んだ蔵元たちの中で、一人だけが別の世界から来た人のようで、痛々しささえ覚えた。

試飲会が始まって、酒蔵ごとに区切られたブースにいる佐藤さんを近くで見て見違えた。シンプルな白いシャツ姿になった佐藤さんは、知性的で整った顔立ちをしたスマートな青年だった。よく見るとシャツは、前立てのデザインや生地（日本の織物のようだ）の使い方が凝っている。日本の若手作家の一点ものなのか。どことなく和の雰囲気が漂う。派手さはないが、どこにでもあるものとは違う。さりげないが、お洒落で、オリジナリティーがあって、新しい。もし、見た目だけで佐藤さんの職業を当てろと言われたら、知的な風貌から判断して研究者と答えるか、あるいは主張のあるファッションからクリエイターと答えるか。少なくとも蔵元だとは想像できなかっただろう。

酒について質問すると、ぼそぼそと声は小さいが、専門的なことまで早口で説明してくれる。佐藤さんがフランクなので、ついこっちも調子に乗ってあれこれ尋ねると、「あはは、あれですか？　初年度はうまくいったけど翌年は失敗してしまって。もろみが腐ってしまったんですよぉ」など、びっくり仰天のことをさらりと言う。経営者が自らの失敗を、しかも楽しそうに公言するのか。こんな蔵元にはお目にかかったことがなかった。

佐藤さんのプロデュースする酒もほかの日本酒とは明らかに違う。たとえば、日本の伝統色の瑠璃色のラベルに6つの輪がデザインされた「瑠璃《ラピス》（美山錦）」、白い和紙に淡い色で猫の絵だけを描いた「亜麻猫」。〝酒と泪と女〟を歌う演歌や、銘柄を染め抜いた法被のような古典的な和の世界ではない。和を感じるが、洋と自然に融合した現代の日本のかっこよさがある。佐藤さん自身の身に着けているもののように、さりげないがお洒落で、スマートで、オリジナリティーがあって、新しいのだ。

まったく別の世界観を持った酒

実を言えば、私は初め「新政」に懐疑的だった。東大を卒業し、東京でジャーナリストをしていた8代目が2007年に家業に就いてから、次々と意欲作を発表して、話題になっていることは知っていた。だが、初期に出した「桃やまユ」（酒米「改良信交」を使った純米吟醸　生原酒）のショッキングピンクのラベルを見て、若者うけを狙った軽薄な酒だと捉えた。長年日本酒を愛してきた者が手を出すようなシロモノではないと考えて、遠巻きにしていたのである。かつての「新政」は、私にとって青春時代の1ページを彩る酒だったのだ。

私が地酒を飲み始めた1980年代前半、壁に日本地図と共にラベルが張り出されている銘酒居酒屋が何軒かあり、北の酒から南の酒へと、飲み比べすることに夢中になった。そのなかでも秋田の「新政」は辛口の酒として人気が高く、私も愛飲していた。もっともそのころは、若い女性で日本酒を飲む人は希で、〝剛の者〟扱いされていたが悪い気がしなかった。「辛口の新政が好きです」なんて言おうものなら、オジサマ方に一目置かれたものだった。そんな「新政」が、若い御曹司によって様変わりした姿なんて見たくないという深層心理が働いたのだ。

しかし、「やまユ」を飲んでみて、思わず「うわー、なにこれ！」と口走ってしまった。とろりと緻密で、甘みや旨み、酸味がみっちりと詰まっているのに、飲み心地が軽い。香りもデラウエア（種なし葡萄《ぶどう》）のようだ。飲んだあとには、グリーン系のハーブのような爽やかな印象が残る。これまでの日本酒とは異質の、味や香り、質感に、衝撃のあまり変な声を発してしまったものの、決してこれは嫌いな味ではない。いや、むしろ、たまらなく魅力的だ。単に新奇さを狙ったものではないことは、味のバランスの良さでわかる。

初めはショッキングピンクだった「桃やまユ」は、淡い色の和紙に型押しというデザインに変更。「ユ」は祐輔の頭文字で、当主の卯兵衛に由来する屋号「やまウ」をもじったものだ。

さらに感嘆したのは、「亜麻猫」である。エジプトの壁画のような猫の絵が描かれた

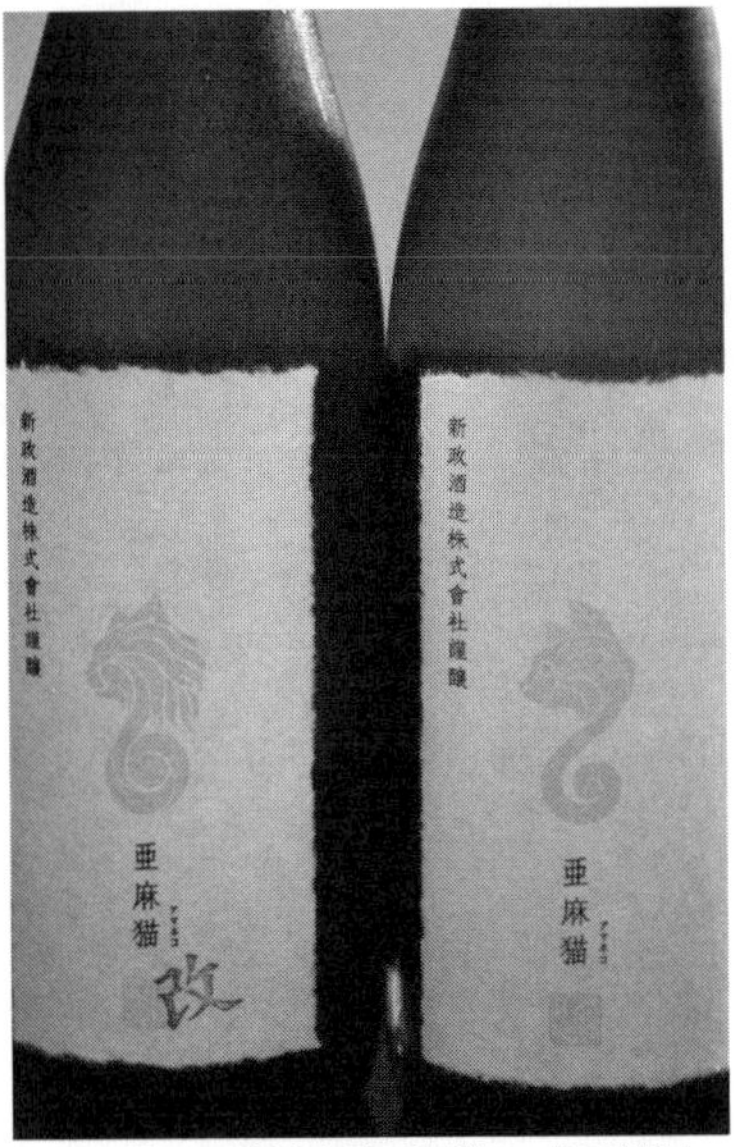

白麹を使った爽快な酸が特徴の「亜麻猫」。左は、猫の髪が長い「改L型（ロングヘアード）」で、白麹の割合が高く、もろみ初期を高めの温度に保つことで、米の旨みや甘みが強く出ている。

ラベルの可愛らしさに、心をわし摑みにされ、そのレモンを思わせる爽快な酸と、しなやかな甘みの心地よさといったら！　これまでの日本酒とは、まったく別の世界観を持った酒だ。そう身体と頭が認識してからは、シフトが入れ替わった。私は、祐輔版ニュー「新政」に陥落したのである。

さて肴はどうするか。刺身とは合いそうもない。もう一杯飲んでみて、オリーブオイルを使った料理と合いそうだなとか、果物や生ハムにぴったりとか、洋風メニューが次々と浮かんできた。合わせたらどんぴしゃである。魚なら醤油味の煮魚より、アクアパッツア。せいろ蕎麦とは合わせたくないが、バジルやトマトを使ったパスタやピッツアとは、素晴らしいマリアージュであった。白ワインより酸がマイルドで、赤ワインほど料理を選ばない。古いタイプの居酒屋メニューとは相性がいまひとつ良くなくても、現代人が好んで食べる洋風のメニューにはオールマイティと言えるかもしれない。

この新しさを敏感に感じ取ったのは、新しい価値観を持った若い世代である。新政は、これまで日本酒には縁のなかった若者や女性たちを虜にしていったのだ。

「あの新政」が行った変革の数々

そして新政は、もっとも〝旬〟な酒となった。

ホテルやイベントスペースなどでさかんに開かれている日本酒を楽しむイベントで、長い行列があれば、その列の先頭に向かい合って佐藤さんがいる。集まっているファンには、若い女性が多いのも特徴だ。彼女たちは酒を注いでもらって、「やばーい」とか「うまーい」などと歓声を上げたり、スマートフォンで佐藤さんとの記念写真に収まったりしている。日本酒のイベントを渡り歩き、日本酒バルなどに頻繁に出没する若い女性たちのことを昨今では〝日本酒女子〟と呼ぶようだが、日本酒に興味を持ったきっかけは新政だと話す人も少なくない。

佐藤さんは酒造りの作業では主に、酒母の育成を担当している。クリーンに保たれた酒母室は実験室のようだ。

グルメ誌はもちろん、生活スタイル雑誌、男女のファッション誌や新聞の全国版まで、酒に関する記事といえば、8代目蔵元、佐藤さんの端整な顔写真と共に、新政が紹介される。佐藤さんには「日本酒界の革命児」「日本酒業界の救世主」「新世代蔵元の旗手」「若き天才醸造家」等々といった冠が躍る。過去にも脚光を浴びた蔵元はいるが、これほど幅広いジャンルのメディアが取り上げた例はあっただろうか。確かに、味もスタイルもそれまでの日本酒とは違っている。だが、それだけでは、これほど注目されることはないはずだ。

2007年に、佐藤さんが家業に就いてから、目まぐるしい勢いで行ってきた主なことを列挙してみる。

杜氏《とうじ》と蔵人《くらびと》という制度を見直し、社員体制にした。

在庫を整理するために普通酒の製造を思い切って減産。その間に、祐輔の頭文字からとった「やまユ」、仕込み水ではなく酒で仕込んだ貴醸酒、米を磨かない純米「85」などの実験的な酒だけを造る。

使う酵母を6号酵母だけに限定したこと。

秋田県産の米だけを原料としたこと。

純米造りだけに限定したこと。

速醸(醸造用乳酸を添加する製法)を一切行わず、生酛《きもと》系酒母《しゅぼ》(山廃酒母も含む)だけ醸すこと。

醸造用乳酸を使わない代わりに、焼酎用の白麹《しろこうじ》を使った純米酒を造る。

ラベルに記載義務のない添加物(醸造用酸類、ミネラル、酵素剤など)を使用しない。

14度台のアルコール度低めで搾った酒を原酒で出すこと。

木桶仕込みに積極的に取り組むこと……等々。

なんだ、それだけのことなのかと思う人も多いだろう。

杜氏のなり手が減りつつある昨今、社員制度を採用する酒蔵は少なくないし、アルコール添加を行わない純米造りだけの蔵や、県産の米だけを使う酒蔵も増えている。それなのに、なぜ新政が特別視されるのか。

その理由のひとつは、新政が行ったことだからだろう。量では勝負できない小さな無名な酒蔵が、個性を訴えるために方針を変えたのではない。1970年代後半に始まった第一次地酒ブームのころから全国で名前を知られてきた、秋田を代表する酒蔵のひとつである、あの新政が大きく変わったから、業界を大きく揺るがし、私のようなオールドファンを驚かせたのだ。

ラジカルで本質を突く考え方

注目されるもうひとつの理由は、佐藤さんの言動のラジカルさだろう。

たとえば、曰く、

「日本酒業界が低迷している原因のひとつは、アルコール添加だと思うんです。日本酒は国酒だといいながら、はるか遠い地球の裏側から運んできたアルコールを加えて、普通酒といって売っている。この業界に違和感を覚える」

「食もワインも、世の中の流れは添加物は加えないビオの方向にある。それなのに日本酒は醸造用酸類や酵素剤などを添加してもラベルに表示する義務がない。それってどうなんだろう。日本酒にもビオの市場があってもいいのではないか」

また曰く、

「日本酒は発酵させすぎだと思うんです。醸造酒で19度ものアルコールが出る並行複発酵は、日本酒ならではの素晴らしい技術だというけれど、それは技術者の視点ではないでしょうか。発酵させればさせるほど、米の旨み成分はアルコールに変わってしまって、味はドライになってしまう。米の旨みの酒というけれど、日本酒本来の持ち味であるはずの旨みを楽しめないわけですよね？　お客さんは置いてけぼりになっているのではないでしょうか」

日本酒業界で、当たり前だった慣行（醸造アルコールや乳酸、ミネラル、酵素剤の添加など）や、常識（高いアルコール度数の酒を得られることの優位性など）を、蔵元本人が否定する発言をするのは異例だった。ジャーナリストとして培ってきた鋭い視点で、保守的な業界の慣行にメスを入れる数々の言葉を、取材の場で、あるいはブログで発信したことが、大きな波紋を呼んだのだ。マスコミは敏感に反応したし、「よくぞ言ってくれた！」と快哉を叫んだ若手蔵元や飲食店もいた。一方で、変人扱いしたり、伝統を破る危険な輩だとみなしたりする向きもなかったわけではない。

飲み手としては、佐藤さんはごくまっとうなことを言っているように感じる。日本酒を否定しているのではない。価値のあるものとして大切にしていることが伝わってくるから、飲む側は素直に聞くことができる。なにより、次々と送り出される酒に、いままでの酒にない個性と、有無を言わせないだけの魅力があるのだから。

これまで日本酒に縁がなく、先入観のない若いファンたちが夢中になっているのを目の当たりにして、最初は懐疑的だった業界人や、私のようなオールドファンも、目を向けないわけにはいかなくなったのだろう。次第に、各都道府県の酒造組合の研修や、醸造業界向けのセミナーでは、著しく生産量を伸ばしている獺祭《だっさい》の桜井博志さんと並んで、佐藤さんには講演依頼が殺到するようになる。佐藤さんの講演を聴いたある地酒専門酒販店の店主の感想が、象徴的だ。

「変な酒ばかり造っているし、業界を破壊するつもりなのかと思っていたけど、ものすごくまじめな人だった。日本酒の将来のことを考えていることがわかって感銘しましたよ。僕らも変わらなくちゃいけないと気付かせてくれた。良い経験でした」

保守的な業界の、しかも老舗蔵の跡取りでありながら、なぜ佐藤さんは思い切った革命を行うことができたのだろう。かつての「新政」とニュー「新政」、両方に心を奪われた身として、どうしても知りたくなった。それから約3年間、私はことあるごとに秋田へ取材に行き、東京では佐藤さんが参加するイベントや集まりにはできるだけ参加して話を聞いた。追っかけをしながら、自分なりの答えを見出したかったのだ。

偉大な曾祖父の業績

そもそも新政酒造はどんな経緯で全国でその名を知られる名酒蔵になったのだろう。

新政酒造の創業は、幕末の嘉永5（1852）年。初代の佐藤卯兵衛《うへえ》が、秋田藩久保田城に近い四十軒堀川反《しじっけんぼりかわばた》（現在の秋田市大町）に蔵を構えた。「新政」の銘柄は、明治政府が施策の大綱として掲げた「新政厚徳《しんせいこうとく》＝厚い徳で新しい政《まつりごと》をする意味」に由来している。この言葉はもともと西郷隆盛が発案したもので、酒蔵には、弟の西郷従道《つぐみち》によって書かれた書が掲げられている。

中興の祖と言われるのが、祐輔さんの曾祖父にあたる5代目の佐藤卯兵衛こと、卯三郎である。幼いころから頭脳明晰で、神童と呼ばれた卯三郎は、秋田の日本酒を近代化すべく期待を背負って、大阪高等工業学校（現在の大阪大学）醸造科に学んだ。同期には、のちにニッカウヰスキーを創業した竹鶴政孝（ＮＨＫの朝の連続テレビ小説『マッサン』でお馴染み）がいて、〝西の竹鶴、東の卯兵衛〟と並び称されるほど成績優秀だったということが、大阪大学出版会が発行した『ものづくり上方〝酒〟ばなし―先駆・革新の系譜と大阪高等工業学校醸造科―』（松永和浩編著）に記されている。

この本には、在校中に実験室で撮影された学生服姿の卯三郎の写真が、1ページ大で掲載されている。切れ長の目の凛々しい美青年の姿に目を奪われ、セピア色の写真に添えられた説明を読んで、じーんと胸が熱くなってきた。実はこの本は、私の前作の出版パーティのときに、祐輔さんからプレゼントされたものだ。学術的にもまた歴史書としても充実した内容に、心躍る思いで読み進めたのだが、卯三郎の顔写真を見たとたん、曾祖父のことを誇りに思う祐輔さんの思いが伝わってきたのだ。この卯三郎が、祐輔さんが心から尊敬し、目標にしている人物であることを知ったのは、後のことになる。

同校で卯三郎の先輩には、〝秋田吟醸酒の父〟と言われる花岡正庸《まさつね》がいる。花岡は長野県の造り酒屋に生まれ、同校を卒業した後に家業に就くが、4年後に火災で酒蔵と住まいを焼失したため、技術者の道を歩み始めたという経緯があるそうだ。鑑定官として全国の税務監督局へ赴任するが、「秋田県の酒造家が仕事熱心で、将来性がある」と語り、格別の思い入れがあったようだ。退官後には、1931年に発足した秋田県醸造試験場の初代場長に就任。寒冷な風土と、秋田の米に適した低温長期発酵醸造法を確立。〝美酒王国秋田〟を築いた最大の功労者として、酒造関係者では知らない人はいない人物だ。

花岡の指導を実践して、いち早く吟醸造りを追求し、秋田県の日本酒の品質向上に大きく貢献したのが、卯三郎だ。1916年の大学卒業後には、原料米を厳選し、最新式の精米機を使って、当時としては異例の精米歩合60～50%という高度の精米を行ったというから先進的だ。また麹や酒母、もろみに至るまで緻密な温度管理を行い、それを詳細なデータに残しながら、丹念に検証を繰り返していったという。いまから約100年前に、現代と変わらない科学の目を持って、進歩的な酒造りをしている蔵元が、祐輔さんの曾祖父なのである。

卯三郎の造る吟醸酒は、当時の酒としては珍しい芳香を持っていると、全国的にも評価が高く、1924年の第9回全国清酒品評会（日本醸造協会主催。現在は廃止）で優等賞を獲得。第11回からは3年連続優等賞を受賞し、政府から「名誉賞」の勲章を授かっている。また全国新酒鑑評会でも、好成績を収め続け、1941年、42年に連続で「全国首席」（1位）を獲得するなど、華々しい成績を収め続けた。

優秀な成績を収めたことで、新政の蔵付き酵母に注目が集まるようになったのは、当然だろう。良い香りを放ち、酸を低く抑え、低温で発酵する新政の蔵付き酵母は、花岡氏の提唱する低温長期発酵による吟醸造りには、欠かせない酵母だということになった。

こうして1930年、醸造試験所（当時は大蔵省管轄の酒造技術研究機関。現在の独立行政法人酒類総合研究所の前身）の技師で、卯三郎の大阪高等工業学校の3年後輩の小穴《おあな》富司雄が、新政のもろみから酵母を分離。5年後の1935年には「きょうかい6号酵母」として、日本醸造協会から頒布されることになる。その優秀さから年々頒布数が増えていき、それまで頒布されていた1〜5号は廃止。さらに5年後の1940年には、6号酵母だけが頒布されることになった。国家によって推奨された6号酵母は、当時全国に、8000軒以上あったとされる酒蔵に頒布され、すべての酒蔵が6号酵母で酒を醸していたということになる。多種多様な酵母が使われる現代では、考えられない。驚くべき事実である。その後、7号(1946年「真澄」長野)、9号(1953年「香露《こうろ》」熊本)、……と次々と蔵付き酵母から採取されるが、6号酵母は、現在も使われる最古の「きょうかい酵母」、あるいは清酒酵母の〝イヴ〟（原初の存在）と言われている。

5代目は、家業の酒質の向上に尽力するだけではなく、花岡氏とともに、杜氏を養成するために、山内《さんない》杜氏組合を主導するなど、県内の技術者の育成にも熱心だったが、戦後の混乱期の1947年、52歳の若さで他界した。

そのころは、第二次世界大戦によって、秋田市内の酒蔵24社が合併。新政酒造が単独で営業開始するのは、1952年のことである。戦後の米不足により、1946年に、醸造アルコールを米の重量の3倍添加した、いわゆる〝三増酒〟の製造が許可されたこともあり、日本酒は質より量の時代へと向かっていく。それでも当時は、ビールはいまより高価で、日本酒が最も身近なアルコール飲料であった時代だ。アルコールをたくさん入れることで味が薄くなってしまうのを補うために、甘味料や酸味料などで味付けしたサケ、いまで言う「普通酒」がどんどん製造され、増産されていく。新政酒造でも、6代目が社長のころ、普通酒の製造で売り上げを伸ばしていく。

日本酒の出荷は、1973年度が史上最高だったが、秋田県の酒の出荷ピークは1980年ごろ。新政ではさらにその数年あとまで売り上げが伸び続け、当時存在していた第2工場も合わせると、最大で1万8000石（一升瓶180万本）は販売していたそうだ。

酒を造ることで表現者になれる

祐輔さんが誕生したのは、昭和49（1974）年。日本酒が史上で最も出荷量が多かった時代である。

「僕も荻窪なんです。生まれたのは東京で、荻窪に3歳まで住んでいたんですよ」

東京で開かれた宴会の帰り道、タクシーのなかで、私が長年中央線沿線に住んでいると話をしたら、突然、こう返されて混乱した。なぜ秋田ではないんだろう。私がきょとんとしているのを察したのか、「あ、うち、おふくろが酒蔵の娘で、父は東京・浅草の出身なんですよ」と付け加えてくれた。

祐輔さんによると、父と母は同い年で、中央大学の商学部のゼミで知り合ったのだという。卒業してすぐ22歳で結婚。父は大丸の服飾売り場に勤めた。25歳のときに長男として祐輔さんが誕生。父は宝酒造で営業職を3年間勤めたあと、家族で秋田市に移り住んだのだという。佐藤家は、7代目の実家だと思い込んでいた。

「祖父には息子がいなかったので、母はいつかはお婿さんを連れて秋田に帰るつもりだったのかもしれません。結婚したとき、親父は酒蔵に入るという条件だったのかなあ。聞いたことはないからわかりません。僕が生まれたことがきっかけで、父が継ぐことになったのかもしれませんね。急に宝酒造に勤めを変えたのも、酒造業に入る前の研修みたいなものだと思いますし。父は結婚しなかったら勤め人をやっていたのではないでしょうか。会計ができるし、きちんとした性格だし。母や僕とは違って」

では、お母さんは祐輔さんと似ているということだろうか。どんな点が似ているのだろう。

「夢中になるとほかのことは忘れてしまうところ。ものすごい集中力なんですよ。日本舞踊にはまって、連れてきた僕のことを忘れて帰ってしまったこともあったな（笑）。忘れ物が多いのも、僕とまるで一緒。僕も小さいころから好きなことに没頭すると、ほかのことが頭の中からすべて飛んでしまう性質。失敗したらしたでいいやって、けっこうテキトウで、楽観的なところも似ているかな。3歳年下の弟は父に似て、こつこつまじめに、細かいこともやるタイプ。いま東京で弁護士をやってます。公認会計士でもあるんですよ」

日本酒の出荷は祐輔さんが生まれた1974年ごろが史上最高だったが、新政ではさらに伸び続けていたことは前述した通りだ。ということは、祐輔さん一家が秋田へ住むようになってしばらくは、躍進を続ける絶好調の時代ということになろう。火入れした酒が、そのままトラックに乗って、卸に出荷されていく状態で、造っても造っても足りなかったという。当時は、祖父が6代目として社長を務め、父は秋田県醸造試験場で酒造りの基本を学んでから、7代目を継ぐための見習いとして入社した。

「酒は勝手に売れていたので、父は特に何もする必要がなかったのではないでしょうか」

妻の家業に跡取りとして入った父に対して、祐輔さんの思いは複雑なのだろう。幼い祐輔さんは酒蔵の仕事に対してどう思っていたのだろう。

「住まいと酒蔵が離れていたので、仕事を見たことがないんです。ほかの蔵元みたいに、蔵人に遊んでもらったとか、蒸し米の香りを楽しんだとか、まったくなくて。先入観もないけど思い入れもなかったですね。母には小さいときから、先祖のこととか酒蔵のこととか、よく聞かされていましたが、父には跡を継げとも言われたことはありませんし。昼間は酒蔵に居て、夜になると外に飲みに出かけてしまうので、子供のころはあまり接点がなくて……」

当時の酒蔵では、酒は杜氏と蔵人が造るもの。蔵元は自社製品を飲んだり、人づきあいをするのが最大の勤めだったという話は、いままでにも聞いたことがある。中堅規模の蔵元としては、特別のことではない。だが、幼少時代に酒蔵で働く父の姿を見ずに育ったというところは、ほかの地方蔵とは少し事情が異なっているように思う。

新政酒造は飲食店が連なる繁華街に立地している。敷地は2000坪あり、6つの蔵が連なる形になっているとのことだが、狭い玄関を開けるとすぐに事務所という構造になっていて、外からその大きさをうかがうことはできない。だが、仕込み蔵に入ると、どこまでも奥に行きつかない。1万石以上を量産していたことを納得する規模だ。6号酵母が採取された蔵は、文化庁により登録有形文化財に指定されている。名門蔵なのである。跡を継げと言葉では言われなくても、子供心にもプレッシャーはあったに違いない。

「そうかもしれませんね。高校生のころから反権力的になって、親に反抗するのと同じように、教師にさからったり。世の中はバブル景気で、トレンディドラマなんか流行ってましたが、くだらねえっと一切観ずに、理解不能なイタリアのプログレッシブロックを聴いたり、夢野久作とか哲学書とか小難しい本ばかり読んでました。高2のときに文系と理系に分けられることになって、『いまから道を決められるか！　ふざけんな！』なんて気持ちで反発して、授業にまったく出なくなってしまったんです」

この年代の男子らしい。だが、このまま高校も卒業せずに、実家に就職することになるのは御免だと、高校3年生のときにいったん反抗するのはギブアップ。結局、父が願書を出した明治大学商学部に入る。特に深い考えはなかったが、東京へ行けるし、まあいいかという気持ち。

「家業から距離を置きたかった。跡継ぎの問題から逃げたかったんですね」

入学はしたが、商学部の授業にまったく興味が持てなかった。そのころ夢中になったのは、心理学だった。

「ダニエル・キイスの『アルジャーノンに花束を』が一番の愛読書で、ユングとかも好きでよく読んでいました。心理学者になりたいなと思ってたんですよ。本を読み漁るうちに作家になるのもいいなと。英米文学を勉強しようかと思うようになったんです」

明治大学は1年で退学。1浪して、東京大学文化三類に入学する。専攻は英米文学科を選びアメリカ文学のなかでも、ビートニク（1950年代から70年代に反戦運動をした作家たちの総称）に興味を持つ。卒業論文では、「ボブ・ディランとウイリアム・S・バロウズ」というテーマで、ビートニクを代表するミュージシャンと作家を対象に選んだ。自分自身もアルバイトして貯金ができたらバックパックで海外を放浪し、インドへ行ってブッダの足跡を辿ったり、美術館を巡ったりした。彼らが放浪のなかで自分たちの生き方を見出していったように、佐藤さんも東洋思想や日本の良さを見直そうとしたのだ。帰国したら小説や詩を書き、音楽を聴き、プログレッシブロックのバンド活動にいそしんだ。

「根底には反骨精神があるんです。家や学校、社会、体制に対して反抗する気持ち。尊敬する経営者はスティーブ・ジョブズなんですが、彼もカウンターカルチャーの人だし、禅を研究してる。彼のことを知る前からPCはアップルしか買ったことはないんですが、精

酒蔵は秋田市中心の繁華街に立地する。「新政」の看板の裏はすぐ事務所で、右側が仕込み蔵の入り口。実用に徹した造りだ。

神的には繋がっているところがあると思います」

　のちに佐藤さんが、日本酒業界の慣例とされてきた醸造用乳酸などの添加物や表示について疑問を投げかけたこと、また、初期のアップルコンピュータのように、機能（酒の場合は味わいや中身ということになろう）と同じぐらいデザインやスタイルを大切にすることなど、底に流れるものは近いのかもしれない。私が初め敬遠した「桃やまユ」のピンクのラベルは、「ｉＭａｃ」のストロベリーをイメージしたそうだ。

「好きなものには共通性があります。美しいもの、ピュアなもの、合理的すぎないもの、ちょっとクセのあるもの、文化的なもの、心を豊かにしてくれるものに惹かれます。たとえばハーレー。決して速くないし、バイクレースに出ても負けますが、あの独特のエンジンと、スタイルで、乗る人の心を満足させる。人生を豊かにしてくれるものは、素敵だと思いませんか」

　大学を卒業しても、秋田には帰らず、東京でフリーランスのライターとして活躍。潜入ルポものを得意とし、週刊誌や月刊誌、ネットマガジンなどに寄稿、著作もある。稼ぎは悪くなかった。このまま東京で物書きとして暮らして、跡継ぎは弟に任せればいいと思っていた。日本酒にはまったく縁のない生活だった。

「日本酒はまずいし、悪酔いするというのが僕の認識。居酒屋に行っても、日本酒は選択肢にはなく、飲んでいたのはもっぱら安い焼酎ばかりでした」

　ところが日本酒に対して認識を新たにする出来事があった。ジャーナリスト仲間で、伊豆の温泉に集う会があり、そこで口にした「磯自慢　特別本醸造」で衝撃を受けたのだ。

「びっくりしましたよ。美味しいんですから（笑）。しかも軽いんです。日本酒って、もしかしたら捨てたものじゃないのかもしれない……」

一度、興味を持ったらのめり込む性質である。銘酒を求めて、稼ぎをつぎ込んで、日本酒をコレクションするようになる。家業と関連づける意識はなく、あくまでも興味の対象であり、執筆のネタにできるかもしれないという姿勢だった。ところが、そこで出会った「醸《かも》し人《びと》九平次《くへいじ》」を飲んだ驚きで、心が動く。

「作家性を感じたんです。ただ美味しいだけではなく、ほかにない個性がはっきりしていて、造り手の主張がある。一点ものの作品のような味だと思ったんです。16ＢＹ雄町《おまち》の純米吟醸でした。はっきりと覚えています」

酒を造ることで表現者になれる。それこそが自分がめざす道ではないか。そう気が付いて、父に頭を下げて、家業に就きたいと願い出た。こうして独立行政法人・酒類総合研究所での研修を経て、佐藤さんは２００７年に、跡取りとして新政酒造へ入り、専務の職に就いたのである。

曾祖父との〝出会い〟と6号酵母

当時、新政酒造で製造していたのはほとんどが普通酒で、佐藤さんがめざすものとは程遠かった。秋田県は、日本酒の消費量で全国一、二位を争う酒飲み県だが、その8割以上が安価な普通酒であり、吟醸酒や純米などの高級酒の市場は育っていなかったのだ。新政は地元では人気があり、製造量はピークの半分以下になっていたとはいえ、約６０００石。秋田県では5番目の中堅の規模であったが、ほかの酒蔵と普通酒の価格競争が過熱し、利益が出なくなっていた。

このままでは会社は倒産してしまうと危機感を覚えた佐藤さんは、普通酒の製造を思い切って減らし、方向転換させることを決意する。酒造りの方法や造ったあとに急冷して冷蔵庫に入れるといった酒蔵の環境まで、すべてにおいて改革することを決めたのだ。

ただ、どんな酒を造るか、ということは、当初から明確だったわけではない。初めは漠然と上質な酒をめざして、流行していたさまざまな酵母や米を使って、吟醸酒や純米酒などを造ってみたという。酒造技術が進歩した現代では、初心者でもそれなりの良い酒ができた。しかし……。

「このままでは、よくあるただの旨い酒になってしまう。自分が家業に就いたのは、何のためだったのか」

自問自答を繰り返す。造りたかったのは、造り手の思いが込められた酒。「醸し人九平次」のような〝作品〟であるはずだ。ただし、それをめざせば、自分の嗜好や思想が大きく反映することになる。万人には受け入れられない危険性もはらんでいる。

「すべての人を対象にしたもの造りをするという意識は、そもそも僕にはありません。汎用性を求めるとつまらなくなってしまう。わかる人にわかってもらえばいい」

売れる酒を造るのではない。これまでの常識にもとらわれない。学生時代から培ってきた思想や嗜好。それを日本酒という形にして、文化として発信する。そう決意したとき、佐藤さんは曾祖父、卯三郎に〝出会った〟のである。

「磯自慢」で日本酒に目覚めてから、無我夢中で日本酒に関することを本や雑誌で調べたり、文献なども読み漁るようになる。そこには銘酒として「新政」が登場した。１９７０年代後半の地酒ブームのころに、秋田の辛口酒として全国を席巻したこと。三船敏郎主演の映画『太平洋の地獄』『黒部の太陽』をはじめとして、数々の映画に「新政」が出てくることを知る。さらに過去をさかのぼって出会ったのが、曾祖父であった。

仕込みタンクが並ぶこの場所から、6号酵母が採取された。空を見上げ、思い浮かべるのは曾祖父、卯三郎の姿だろうか。

その当時として最先端を行く上質な酒を造っていたことや、蔵付き酵母がのちに「きょうかい6号酵母」として全国の酒蔵に頒布されるようになったことを知る。すべての酒蔵が6号酵母で酒を醸していたとは、誇るべきことではないか。現状に満足することなく、より上質な酒を造ろうと改革をしてきたからこそ、日本酒は人々に愛される存在でありえた。そのなかでも、「新政」は燦然と輝いていたのだ。

日本人が手放してしまったものを、見直していきたい

こうして２００９年から酵母は6号だけを使うことに

決めた。先祖の誇りであり、秋田の誇りである6号酵母を、未来へ伝えていくことが使命であると考えたのだ。秋田の酒であると誇るためには、秋田以外の原料を使うべきではない。そこから発して翌年の2010年には、すべての酒に秋田県産の米を使うことにする。

ただ、6号酵母で仕込むと、華やかな香りは出にくく、味わいも穏やかになる。昨今流行の派手な香りとインパクトある甘みと酸を持つ酒とは違った、地味な酒になりがちだ。また秋田の米に限定すると、酒米のなかのトップと言われる兵庫県の山田錦や、並び称される岡山の雄町を使えなくなってしまう。

「もともと香りの強い酒を僕自身は好きではなかったんです。ただ6号酵母を軸に据え、米を秋田のものに限定したことで、必然的に最先端の酒質レースからは降りることになる。それでもいい。静かに味わえる酒という、僕の美学を徹底的に追求することにしたんです」

佐藤さんが言うレースとは、たとえば全国新酒鑑評会のことだ。戦後の鑑評会で6号酵母はトレンドに乗り遅れ、さらに近年では、派手で華やかな香りが出る酵母を使い、山田錦を原料に、アルコールを添加した大吟醸が金賞を受賞するようになっている。穏やかな香りの6号はレースで好成績を得られないという意味である。

秋田の米しか使わないと決めた以上、純米造りは必然となった。海外から輸入した原料から造られる醸造アルコールを添加することは、方針に反するからだ。また、純米造りであっても一般的な速醸では、醸造用乳酸という酸味料を使うが、なるべく添加したくないと考えた。

「入れるのは少量だからと、ラベルに表示する義務はないんです。食品に添加することを許された酸味料ですが、秋田の原料とは言えませんし、僕は入れない道を選びたいと思いました」

江戸期の日本酒は、醸造用乳酸を入れずに、天然の乳酸菌を利用する生酛であった。だが、酛《もと》すり（麹と蒸し米を櫂ですりつぶす作業）という人数を要する作業があり、現代では難しいと考えた。さらに、市販されているほかの蔵の生酛の酒は、好みには合わないのだという。

「酸化した風味が僕にとってNGだった。古い製法を使っても、現代の嗜好に合う酒を造るのが目的」だから。そこで、酛すりは廃止しつつ、醸造用乳酸を入れずに安全な酒母を造る方法として、酒母の段階で湯煎にかけるという方式の〝新政式の山廃〟を考案したのだ。

2013年の夏、佐藤さんと同年代で、杜氏を兼任する「貴《たか》」や「而今《じこん》」「七本鎗《しちほんやり》」「大那《だいな》」「十旭日《じゅうじあさひ》」の蔵元らと、新政を見学したのだが、〝新政式の山廃〟を説明するのを聞いて、私はすぐには理解できずにみんなの顔を横目で見た。すると頭が柔軟な若い蔵元杜氏のメンバーでさえ、目をシロクロさせながら「知恵熱が出そうだあ」と頭を抱えていた。それほど画期的でもあり、常識を超える方法だったのだ。業界を揺るがすことになったのは

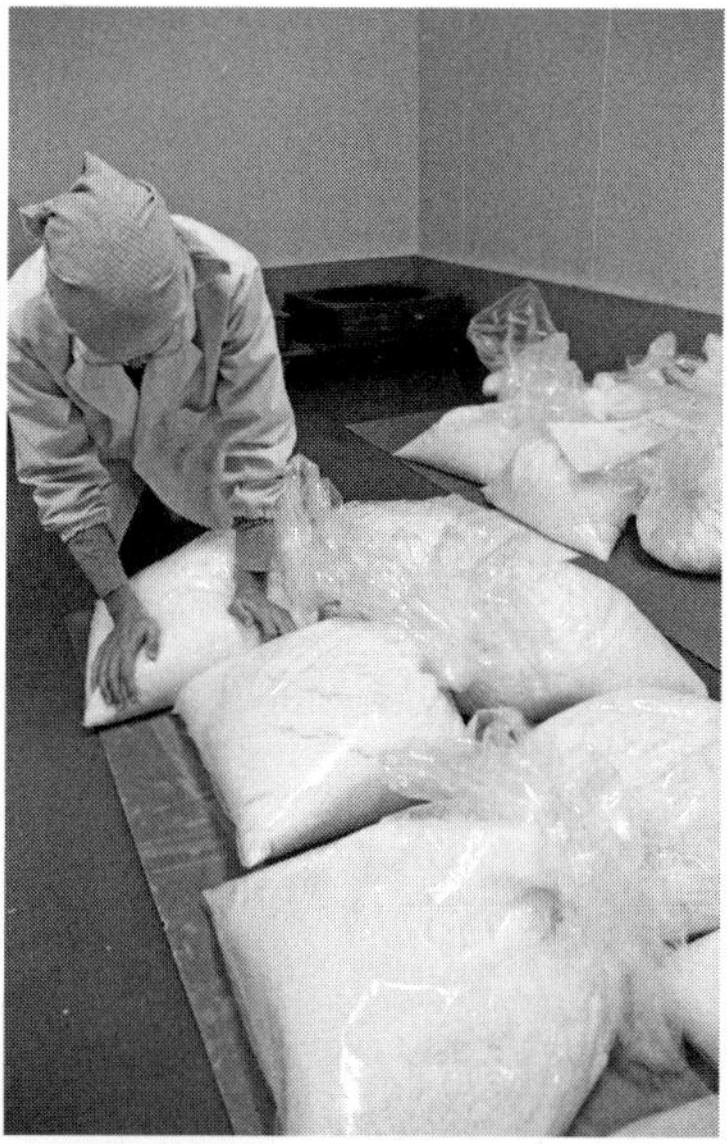

2015年から生酛造りに転換。ただし麹と蒸し米を櫂で擦る「酛すり」は行わず、ポリ袋に入れて手で押し、日数をかけてじっくり酒母を育てるという祐輔オリジナルの手法を行う。

大阪府堺市の桶製作所、ウッドワークに発注した木桶がずらりと並ぶ。

当然なのかもしれない。

その後、佐藤さんは、生酛でも酸化のニュアンスのない製法にたどり着いた。きっかけは「竹鶴」杜氏の石川達也さんが講演で、「生酛は山廃よりも水分が少ないため雑菌が入りにくい」と話したことだった。江戸中期の酒造技術書『寒《かん》元《もと》造《つくり》様《よう》極《ごく》意《い》伝《でん》』に記される〝手酛〟という手法をヒントに、酛すりの代わりに、ポリ袋に麹と蒸し米を入れ、手で揉むという手法を編み出したのだ。こうして2015年からすべてを生酛仕込みに切り替えたのである。

一方で、速醸に代わる酒母として、焼酎の白麹を利用した白麹酒母を発案し、これを用いた「亜麻猫」という酒も造っている。私が惚れ込んだ、あの猫の絵の酒だ。白麹は、クエン酸を大量に出すため、醸造用乳酸を加える必要はない。しかもクエン酸が持つレモンのような爽やかな風味は、それまでの日本酒を敬遠していた人やワインファンにも注目されるきっかけとなった（現在は生酛に移行）。

2014年からは木桶仕込みにも挑戦するようになっている。木桶には多様な微生物が棲みつき、複雑な風味が付加されると、佐藤さんはぞっこん惚れ込んでいる。なにより敬愛する曾祖父は木桶で仕込み、6号酵母は木桶のもろみから採取されたのである。

「微生物と時間が育てていく生酛や、ナチュラルな素材を使う木桶仕込みは、江戸時代に完成した素晴らしい技術であり、日本人らしい知恵。誇るべき文化だと思うんです。効率や生産性を重視したことで、私たち日本人が手放してしまったものを、見直していきたい」

複雑なニュアンスはあるけど、軽い酒

こうして佐藤さんが行ってきたことをたどれば、過去にさかのぼっているように見えるが、単に古い製法をなぞって、クラシックな酒を造るつもりはないと断言する。たとえばフレッシュさ。木桶仕込みや生酛仕込みであっても、昔とは違って、搾《しぼ》ったあとにはすぐに瓶詰めして急冷し、流通段階においても冷蔵管理を徹底して、酒のフレッシュさにこだわる。酒蔵や酒販店などでは冷蔵庫が完備され、クール宅配便が普及した現代だからできることだ。

アルコール度数に関しても、しかり。並行複発酵という方法で造られる日本酒は、醸造酒であるが、原酒で19度ほどの高いアルコールが得られる。そのこと自体は、誇るべき技術だ。ただ度数が高いので、通常は加水して、度数を15度ほどに落として出荷する。一方、無濾過生原酒としてガツンとした飲み応えを楽しむ酒もある。だが佐藤さんの視点はユニークだ。19度ほどまで発酵を進ませた酒は、酵母が糖分を食い切るため、味はドライになる。無濾過生原酒は「濃くて重い酒」、その原酒を水で割った酒は、「辛くて薄い酒」になるというのが、佐藤さんの捉え方だ。

６号酵母を表す６つの輪がデザインされたカラーズ。緻密で、軽やかな味わいは洋風料理に合う（東京・阿佐ヶ谷の日本酒ダイニングバー「MiwaMiya」にて）。

「僕がめざすのは濃いけれど、ふわっと軽い感じの酒。複雑なニュアンスや、旨みはたっぷりとあるけど、さらりと軽いのが醸造酒としては理想だと思う」と佐藤さんは言い、現在の「新政」は、加水しない原酒で多くは15度弱（14度台）で、12度台の酒もある。

私は「悦《よろこび》凱陣《がいじん》」のように濃厚で複雑で、飲み応えのある無濾過生原酒も好きだし、糖を食い切った完全発酵型の「竹鶴」も愛している。「新政」は濃いが軽く、するすると飲める。私の若いころのように〝剛の者〟が一目置かれる時代ではない。軽い酒はいまのご時世にも合っているような気がする。ワインは11度から14度程度で、このぐらいが醸造酒としてはバランスが取れていて、身体にも負担がないという人も少なくない。日本でもワインに馴染む人が増えてきたこともあって、原酒で14度台というスタイルには、「仙禽《せんきん》」をはじめとした若い蔵元を中心に共感する蔵元は増え、14度台の原酒はひとつの潮流になっている。

こうして、佐藤さんの美学や思想を徹底したことで、「新政」は新しい息吹を持ったいまどきの日本酒として、脚光を浴びるようになったのだ。

蔵の変革

製造スタッフの入れ替えもドラスティックだった。これまで長年来ていた杜氏や蔵人とは契約せず、ただ一人、佐藤さんと同い年の鈴木隆さんだけを残して杜氏に据えたのだ。それ以外のメンバーは、日本酒のことが好きで、技術を持った若者たちを秋田県内外から集めた。それまでの中心は50～70代だったのに、当時集めた製造スタッフの平均年齢は32歳というからぐっと若返った。長年勤めた蔵人たちの契約を打ち切ることは、辛い作業だったのではないか。「杜氏や蔵人は、物心ついたときから、遊んでもらった親戚のおじさんのような存在だ」という話を、蔵元からよく聞くが、佐藤さんはどうだったのか。

「杜氏とは毎年、契約を更新するもの。65歳を超えてましたし、翌年に契約しないのは特別のことではありません。蔵人たちは、杜氏が同じ山内村から連れてきていたので、杜氏が代われば、ほかの蔵に行く。それだけのことです」と、意に反してドライな答えが返ってきた。

そうなのだ。佐藤さんの住まいは酒蔵とは離れていた。「遊んでもらったとか、そういう記憶はない」と話していたではないか。

家業や日本酒業界を、外からの視点で見てきたからこそ、思い切った改革ができたのではないか。そのことを再度、実感させられた。

昨今、専業の農業従事者が減っていることと歩調を合わせて、杜氏のなり手が激減。1994年にデビューした「十四代」をはじめ、多くの蔵元が杜氏を兼任するようになっているが、米作がさかんな秋田では、山内杜氏は2010年の段階で32人。ピークより減ったとはいえ、全国では3番目に多い数の組合員がいる。秋田では、杜氏が酒を造り、蔵元は経営を行う、という体制が残る数少ない県で、名だたる優秀な杜氏が活躍している。そんな環境にあって、社員だけで造るのは異例なのではないか。

だが佐藤さんが言うには、江戸期から続く、古い歴史を持つ丹波や但馬《たじま》杜氏（いずれも兵庫県）などとは違って、山内杜氏は花岡正庸と卯三郎のほか「両関」「太平山」「出羽鶴」ら蔵元たちが中心になって、大正末期になってから組織化したもので、他県と比べると歴史は浅い。新政の場合でも祖父が途中までは自ら醸していたが、量産するようになってから、杜氏に任せるようになったという。

「3代前までさかのぼれば、秋田のたいていの蔵が、蔵元が自ら酒を造っていたんです。だから蔵元が現場で造るのは特別のことではないんです。料理屋でもオーナーシェフの店のほうが旨いでしょう？　オーナーが自ら現場で造っていないと、良いものを造ろうとする気持ちを継続させることが難しいんだと思う」

経験の浅い佐藤さんが中心になって、若手のスタッフと共に酒を造ることになる。アドバイザーは不可欠だったのではないか。

それが疑問だったのだが、ある日、私が新政酒造を訪ねたとき、「祐輔いる？」と言いながら、受付も通さず、ずんずんと仕込み蔵に入ってきたのが、秋田市内で「ゆきの美人」を醸す、秋田醸造蔵元の小林忠彦さんだった。小林さんが、自分の蔵のようにスタッフと談笑しているのを見て、膝を打った。小林さんは、秋田における蔵元杜氏の先駆者だ。しかも、小林さんの祖父は、かつて「新政」の杜氏を務め、卯三郎を助けて6号酵母誕生にも貢献したという縁もある。秋田醸造は、大正8（1919）年に創業したものの業績が悪化し、花岡氏と卯三郎のはからいで、優秀な技術者だった小林さんの祖父が今日の基礎を築いた。近年、酒蔵をマンション併設型の鉄筋コンクリート造りに改装。冷房を完備した工房のような小さな仕込み蔵で、2003年から3代目の小林さんが自ら杜氏として酒を醸していた。しかも、新政酒造から車で数分の距離にある。

佐藤さんにとって、14歳年上の小林さんは、頼りがいのある兄貴のような存在に違いない。小林さんに確かめると、読み通りだった。小林さんに遅れること5年。酒を造り始めた佐藤さんは頻繁に小林さんを訪ね、小林さんも新政へ顔を出すようになったという。東京の中央大学理工学部を卒業し、ワインを愛飲していることなどから、佐藤さんとウマが合ったのだろう。

2人の結びつきは、2010年に結成した秋田の若手蔵元グループ「NEXT5」へと繋がる。「春霞《はるかすみ》」の栗林直章さん、「白瀑《しらたき》」の山本友文さん、「一白水成《いっぱくすいせい》」の渡邉康衛《こうえい》さんとの5人は、全員が自ら現場で酒造りを行っている。秋田で行われる蔵元を対象とした研修会などで、製造に関する質問をしたり、最後まで意見を言い合う蔵元は、実際に現場で酒造りに関わるこの5人だけだった。

「NEXT5」に共通するのは、経営の危機に直面した蔵元だったことだ。経営面や酒造技術面、商品設計に関することまで率直に意見を交換し、飲食をしながらの勉強会を定期的に行って

秋田県醸造試験場で、燗酒の研究をする「NEXT5」のメンバー。左から「白瀑」山本友文さん、佐藤さん、「ゆきの美人」小林忠彦さん、「一白水成」渡邉康衛さん、「春霞」栗林直章さん。右端は試験場上席研究員で、渡邉さんの叔父にあたる誠衛さん。

いる。また、毎年、ひとつの蔵に集まって5人で共同醸造するプロジェクトを続け、東京をはじめとした都市部で他県の蔵元杜氏のグループ試飲会を行うなど、意欲的な活動を行っている。秋田の酒がいま、注目されているのは、5人のメンバーが結びついたことも大きな原動力になっている。

話を新政に戻そう。

思い切ってスタッフを替えることができた事情や、身近に良きアドバイザーがいたことはわかった。しかし、会社の方向転換をした当時、社長は父である。ピークより売り上げが下がっているとはいえ、6000石もの売り上げがある会社を方向転換させることに同意してもらうのは、至難の業ではなかったのか。どうやって説得したのだろう。

「まず自分が造りに入ることを許してもらったんです。杜氏の仕事は、経営者にとってはブラックボックス。何をやっているか、見えていなかった。僕はブラックボックスを利用して、造るものを変えていったんです。優秀な杜氏さんたちは、ある意味では、会社をコントロールするのかもしれません」

そういって、具体的にいくつかの銘柄を挙げてみせた。それを許すのも、優秀な経営者ではないか。

「そうですね。父とは何度も衝突しましたが、僕を好きにさせてくれた。納得してくれたんです」

家業に就いた翌年は、それまで製造の中心だった普通酒をほとんど造らず、白麹を使った「亜麻猫」や、「やまユ」など実験的な酒しか造らなかった。3年で、製造量は3分の1にまで減ってしまうが、そのうち在庫は減って、利益も出て現金が入ってくるようになった。2007年に家業に就いた佐藤さんは、2012年、37歳で社長に就任。同年、新政酒造は黒字となった。ものすごいスピードの改革である。

天才蔵元を支える、新しいスタッフ

改革は成功した。だが、すべてが順風満帆だったわけではない。2008年に新体制になったときに、新たに集めた若い従業員は、2015年現在、ほとんど残っていないというのだ。

「僕がいけないんです。思いついたらすぐにでも実行しないといられないので、深夜でも部下にメールを送って変更させたり。それが午前中に言ったこととと、まったく逆の指令なんですよ。まさに朝令暮改。酒造りに関して異常に完璧主義で、麹を出すのが30分遅れただけでも、ぶち切れたり……。普段はテキトウなのにね。こんな経営者、たまんないですよ。僕が、もし僕の部下だったら、辞めてます（笑）。実は、僕と精神性が近いクリエイティブなスタッフを辞めさせてしまったことがあるんです。スティーブ・ジョブズも独裁的で、部下に苛烈だったみたいですね。冷静なときには後悔したり反省したりもするんですが……」

たとえスタッフがついてこられなくても、ただ一人、酒蔵に泊まり込んで、自分の信じる酒造りを徹底的に追求せずにはいられないのだ。その点は卯三郎と共通しているのかもしれない。

「ずっと麹室《こうじむろ》に寝泊まりしていたもんで、体にシラミがついたなんていう逸話も残っているんですよ」と、佐藤さんが曾祖父のエピソードを披露してくれたことがあるのを思い出した。それにしても、妻が妊娠しているときも、1ヵ月近くもの間、家に帰らなかったというから行きすぎではないか。東京で出会って、秋田に嫁いできたたえさんは、秋田には地縁も血縁もない。さぞ心細かったに違いない。いまは、なるべく夕食は一緒に食べるようにして、愛娘の穂《すい》ちゃんとの時間を大切にしているという。

「ついやりすぎちゃうんです。酒造りも一人で変な実験をやっているもんで、タンク1本ダメにしてしまったりして。和醸良酒とはよく言ったもので、日本酒はいろんな工程を同時進行させせなくてはならないから、一人で造ろうと思うのは間違っています。人を信用して全面的に任せることができないと、うまくいかないことはよくわかっているのですが……」

自分の性格をよくわかっていながら、変えられない苦しさがあるのだろう。だが、人員配置を変え、醸造長に古関弘《こせきひろむ》さんを抜擢し、鈴木隆さんを工場長という3トップ体制に変更したところ、スムーズにいくようになったという。

「古関は人を使うのが抜群にうまい。鈴木は実直にこなすタイプ。2人が僕の指示を受け止めてくれるようになって、うまく回るようになりました」

2013年から醸造長を務めるようになった古関さんは、高校から大学まで演劇に打ち込んできたが、日本酒ファンから嵩じて、酒造りの世界へ入った。秋田の福乃友酒造で杜氏を務めていたが、佐藤さんに声をかけられ、2008年4月に新政に入社した。1975年1月生まれなので、生まれ年は佐藤さんの1年下だが、早生まれなので佐藤さんの同級生にあたる。

新政を訪問すると、いつも満面の笑顔で迎えてくれるので、仕込み蔵に入ったら、私は古関さんの姿を探してしまうようになった。あるときは、蒸した米を冷ます放冷機の上で、大きな声を上げて、若いスタッフたちと冗談を言い合っている。ほかのスタッフも楽しげに作業しているが、どうやら放冷機は動いていないようだ。

祐輔さんと妻たえさん、長女の穂（すい）ちゃん。東京出身のたえさんはプロのベリーダンサーで、ジャーナリストをしていたとき知り合ったという。穂ちゃんも踊りが大好き。背後は西郷従道の書。

「あはは、故障して動かないんですよー」と、このときも大きな声で笑顔で答えてくれる。放冷機が動かないという一大事に、笑っていられるとは、肝が据わっている。故障が直ったところを見計らって、古関さんに声をかけた。佐藤さんの下で働くのは大変

「僕の仕事はみんなに笑顔で仕事をしてもらうこと」と、いつも笑顔を絶やさない古関弘さん。2013年から醸造長を務める。

なのではないか。答えにくいことだろうが、どうしても聞きたかったのだ。

「変な酒ばかり造らされるし、突然、やり直しをさせられたり。なんじゃこりゃと思ったこともあります（笑）。実は入社したてのころは、自分のほうが酒造りの経験もあるし、腕は上だと思っていたんです。でも、祐輔さんが造った、改良信交を使った桃やまユを飲んでびっくりしました。綺麗で濃密で、複雑な旨みを持っていてフレッシュで……こんなものは僕には造れない。完敗です。ボスは天才です（笑）。感服したんです」

佐藤さんの出すアイデアやコンセプトは、誰も持っていないユニークなものだ。しかも伝統を踏まえながら、日本酒の将来を見据えて酒造りに臨んでいる。これまで誰も石橋を叩いても渡らなかったような保守的な業界で、前例もないことに果敢に挑戦しようとして、もがいているのが、自分と同年代の上司なのだと気が付いたのだ。

「やらされていると思うと辛くなりますが、ボスのコンセプトを形にするのは、現場の僕らだ。酒造りの経験では自分のほうが長いので、できることもあるはず。どんなアイデアの球が飛んで来ても、飲んだ人が美味しい！　と素直に言える酒にしよう。そう思ったら仕事が楽しくなったんです。僕の仕事は素敵な職場にすること。みんなを笑わせたり、笑顔で気持ちよく仕事してもらうことが第一。日本で一番失敗の多い下手くそ軍団かもしれませんが、あちこち道を踏み外しながらも、天才ドライバーの祐輔さんが運転する車で、どこまでも突っ走っていきますよ」

古関さんの包み込むような笑顔を見ていると、不覚にも涙がこぼれてしまった。

正社員20人、パート・アルバイト15人を抱える経営者でありながら、自分の個人的な趣味とも思える斬新なアイテムを発表し続ける天才蔵元。天才が天才でいられるのは、支えるスタッフがいるからなのだ。

「平凡は悪」

佐藤さんが繰り出すアイデアは、ユニークであり、また非常にアイテムが多い。通常、それぞれの酒蔵が持つ銘柄は、1つから3つ程度だ。たとえば永山本家酒造場では、全国向けの「貴」と地元向けの「男山」があり、そのなかで使う米やその精米歩合による違いなどで展開される。ところが「新政」の場合は、表に「新政」と書いていないシリーズだけでもたくさんある。しかも、同じ名前でも、中身が年々様変わりしていくのだから、飲み手としては、追いかけるのが大変だ。

そこで、全国向けの主なアイテムを整理しながらざっと紹介すると、

「No.6《ナンバーシックス》」……プリント瓶の生酒の定番（精米歩合によってＲタイプとＳタイプ、限定のＸタイプがある）。

「やまユ」……原料の米の品種によって色違いのラベルで出される。毎年、色や造りが変わるのだが、基本的には桃色のラベルが改良信交、白色が秋田酒こまち、青色が美山錦、緑色が美郷錦。平成25酒造年度からは木桶仕込み、平成26酒造年度からは生酛の木桶仕込み。

佐藤さんが〝プライベートラボ〟と呼ぶシリーズ……白麹で仕込んだ甘酸っぱい「亜麻猫」（亜麻猫改、亜麻猫L、亜麻猫スパークなど次々と増殖中）と、熟成させない軽い味の純米造りの貴醸酒（初めは↓「陽乃鳥《ひのとり》」↓「茜孔雀《あかねくじゃく》」↓「陽乃鳥」と改名し、造りも大幅に変更）、低アルコール酒「天蛙《あまがえる》」などがある。

佐藤さんが〝カラーズ〟と呼ぶ火入れの純米でカラーラベルのシリーズ……「クリムゾン」、「ヴィリジアン」などからスタートし、平成26酒造年度は「生成《エクリュ》」（秋田酒こまち）と「瑠璃《ラピス》」（美山錦）「秋桜《コスモス》」（改良信交）、「天鵞絨《ヴィリジアン》」（美郷錦）」などがある。

これまで佐藤さんから何度も話を聞いて、まとめてみたのだが、その度に変わっている。もしかしたらこの本が出版されるころには、またがらりと変わってしまうかもしれない。

こんなふうに、新しい作品が次々と発表されていくので、「ＮＥＸＴ５」では〝びっくり箱〟というあだ名があるそうだが、一度ファンになったら、そのスピード感に圧倒されながらも、すべて飲んでみたくなってしまう。なかでもマニアの心理を突いていると思わせるのが、限定の頒布会シリーズだ。たとえば、「素晴らしき発酵の世界」「素晴らしき酒米の世界」「素晴らしき純米の世界」などと、毎年テーマが変わり、詳しい説明カードやシール（亜麻猫のラベルに描かれた可愛い猫や、輪が6個組み合わさった6号酵母をデザインしたマークなど）がおまけについてきたりする。いわば「新政」フリークだけが知る、秘密のコレクターズアイテムだ。

うーん、こんな仕掛けでファンの心を捉えるとは。小憎らしいほど巧みである。

「僕も業界の外にいたころ、日本酒のコレクターだったので、同じ趣味の人が気に入ってくれたり、楽しんでくれたらいいなと思っているんですよ。アイテム数が多すぎるという人もいるけど、楽しんでくれる人がいればいいじゃん。そっとしておいてくれ、みたいな（笑）」

アイテム数が多くなってしまうのは、酒造りが面白くてたまらなくて、いろいろなアイデアが湧いてくるのを端からやってみているから。マークやデザインを考えて、そのマークっぽい酒ってどんな味だろうとか、設定するのが好きなのだと言う。

左から40％精米生原酒「№6 X-type」2296円、改良信交を木桶で仕込み、袋搾りした別誂「秋桜（コスモス）」3241円、アルコール8度の「天蛙」スパークリング1667円。すべて720mlの税別価格。

そう言って見せてくれたのが、アイデア帳にしているモレスキンの大判のノートだった。なにやらマークのようなものや図形、文字がたくさん描かれている。

「青竜《せいりゅう》、白虎《びゃっこ》、朱雀《すざく》、玄武《げんぶ》

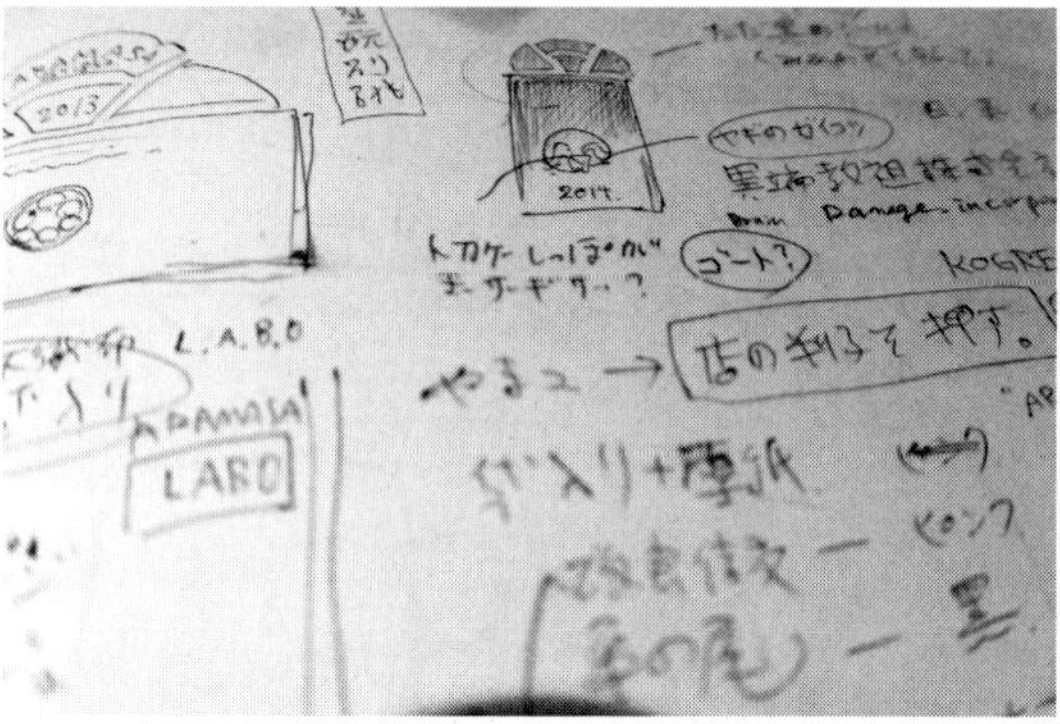

佐藤さんのアイデア帳の１ページ。左のほうには、〝カラーズ〟のラベルデザイン原案が、手前には改良信交―ピンク、亀の尾―黒などというメモが見える。

をイメージした酒を造って、マークで覚えてもらうようにしたいなと思ったんです。それが段々変化していって、青竜は翠竜に、朱雀は陽乃鳥とかになって、白虎は亜麻猫になったんです。なぜ虎ではないか？　亜麻猫の場合は、マークはあとで、酸っぱい酒を造ろうと、まずコンセプトを設定したんです。酸っぱい酒ならイメージとして猫だ、それで亜麻色の猫にしたんです」

　酸っぱい酒なら猫の絵？　わかったような、わからないような。まさに祐輔ワールドであるが、マークで覚えてもらう、という意図は大成功していると言っていいだろう。日本酒バーで「新政の猫」と言って注文する声を聞いたことはあるし、イベントでお目にかかった若い女性が、天蛙の絵柄をラインストーンでキラキラにデコレーションしたスマートフォンを持っていた。

「コンセプト通りの酒ができても、舌にフィットしなければ出しません。実は頻繁に起きるんですよ、これが。味が気に入らないだけじゃなく、平凡でもダメ。平凡は僕にとっては悪。どこにでもあるもの、汎用性のあるものを出すのは、大手の路線です。つまらない酒は、飲む人もつまらないはず。そうなったら出す気が失せてしまうんです。ダメとなったら、途中で格下げしたり、出荷段階で止めたり。経営的にはよくないんですけどね」

平凡を悪とするのはすべてのアイテムではない。秋田限定の「ひやおろし」など、いくつかの酒は、佐藤さんが考える平凡がコンセプトであり、ある意味、秋田らしい酒なのだという。「実はそっちのほうが評価が高かったりするんですけどね」とにやり。

最前線のレースは降りたと言っていた佐藤さんだが、平成26酒造年度の全国新酒鑑評会では、「新政」だけが唯一、6号酵母を使って金賞を受賞する快挙を達成。秋田県産米を使った純米生酛造りであった。

未来に繋げていくこと

「佐藤祐輔さんは、伝統と前衛を融合させながら、酒をプロデュースする奇跡の人。彼が登場して、日本酒は新しい時代に入ったのではないでしょうか」

こう話すのは、東京・下高井戸の居酒屋「おふろ」店長の相良隆行さんだ。厳選した日本酒とワイン、本格焼酎を旬の料理で味わえるので使い勝手がよく、私は10年以上、贔屓《ひいき》にしている。料理との相性を考えて絶妙なタイミングで、最適な酒器を使って、最高に美味しい温度でサービスしてくれる手腕は抜群で、相良さんこそ奇跡のサービスマンだと思う。その相良さんは、佐藤さんが蔵に入った初期からずっと注目しているという。店には2010年「NEXT5」共同醸造の第1回作品の空き瓶がずらりと並んでいる。

「あの軽やかさと奥行き、透明感。こういう日本酒はいままでなかったものです。たとえば生酛。かつて生酛といえば重厚で、酸が際立って、ゴツい感じでしたが、新政は軽くて、飲んだあとに奥行きがある。酸も綺麗ですよね。低温できちんと管理していることが伝わります。僕は料理に合わせるときに一番大切なのは、口に含んだときの香りだと思うのですが、その合わせ方はワインでは基本です。祐輔さんの酒は、フレンチやイタリアン、アメリカのフュージョン料理にも合う」と、私が感じたことと同じ意見を言うので、嬉しくなってしまう。

この酒質は、世界のトップワインにも負けないだろう。その証左に、2014年に、ブルゴーニュで、ワイン生産者と蔵元たちとのディナーが開かれたとき、あのコシュ・デュリのオーナーが、美郷錦で仕込んだ純米吟醸（名称は「ヴィリジアン」）を飲んだ瞬間、「モンラッシェだ！」と、ブルゴーニュの白ワインの最高峰の名を叫んだということを、主催者のヴァンパッシオン川上大介社長から聞いた。

残念なことは、お気に入りを見つけたと思ったら、突然、製法や味をがらりと変えてしまうこと。たとえば「桃やまユ」。木桶仕込みに変わって、飲んだ余韻に木のテイストが感じられるのは、個性として悪くはないが、前の味を熱愛していた者としては、惜しい気がする。

「僕も前のやまユの完成度は高かったと思いますよ。でもそこが祐輔さんらしいですよね。留まっていないで、前を見ているところが」と、にこやかな顔を見せる相良さん。

そうだった。佐藤さんの台詞を思い出した。

「去年と同じことをしない、というのが僕のテーマ。失敗してもいい。少しずつでも新しいことをすることが大事なんです。日本酒は伝統産業だといいますが、昔の人たちも常に新しいことを工夫し、挑戦してきた。だから伝統が繋がってきたんです。僕はそんな先駆者たちを尊敬しています。未来に繋げていくためには、新しいことをしなければいけない。続いてこその伝統です」

2014年10月蔵元と飲食店が組んで、酒と料理で出展するイベント「大江戸日本酒まつり」が神田明神で開かれた。佐藤さんは「おふろ」店長の相良隆行さんとコラボ。雨の中、長蛇の列だった。

銀座のワインバー「シノワ」で、佐藤さんと深夜までワインをたらふく飲んだときのことだ。甘口の貴醸酒の話題になったので、「甘いワインで締めたい」と、オーナーの後藤聡さんに頼んだら、登場したのは黄金に輝く液体。甘口ワインの最高峰、「シャトーイケム」だった。

「イケム！　醸造家として一度は飲んでみたかったんです！　光が凄い！　香りが凄い！」と佐藤さんは興奮している。私は、ボルドーにあるワイナリーを訪ねたことがあるのだが、そのとき醸造責任者が「飲みごろは100年後」と話したことを披露したところ、「うそ！　はったりじゃないの？　あ、でもこれは1995年ヴィンテージだから、19年を経ているけど、まったく老《ひ》ねてませんね。あと80年経ったらどうなるんだろう……」と、つぶやく佐藤さん。するとオーナーが「色はこの3倍濃くなって、もっと味わいは丸くなりますが、それでもフレッシュな印象でした。実は私は１８６０年ヴィンテージのイケムを飲んだことがあるんです」と、佐藤さんの質問に答えた。

「わあぁ、うちの創業が１８５２年なんです。１００年以上前に先祖が仕込んだ酒が飲めるなんてロマンチックですね。曾祖父の造った酒があったら、飲んでみたいなぁ。５代目は52歳で亡くなったんです。若死にですよね。結核だったんです。菌を醸し、最後は菌に身体を醸されてしまったのかな……」と、遠くを見る目をした。と、突然、目を輝かせて、「そうか！　甘いから長持ちするんだ。貴腐ワインはカビで葡萄の水分が飛んで甘さが凝縮するんですよね。日本酒もカビを使って米を甘くしている。システムは違うけど共通点ありますね。可能性あるかもしれない……」

誰に話すでもなくつぶやきながら、例のモレスキンの大判ノートに何やら描き始めた。佐藤さんの頭ではいま、どんなアイデアが巡っているのだろう。

私は長年、真剣に日本酒を愛し、さまざまなタイプの美酒を味わってきたつもりだ。それでも、もっともっと日本酒には可能性がある。ノートに描かれていく文字とも図形ともつかない何かを眺めながら、これから佐藤さんが描いていく日本酒の世界を思い浮かべた。

酒の「**進化**」を追う

酒米ドラマチック

——極上の酒を生む、米の話

その1 「酒米の王様」山田錦を求めて

食べる米（飯米）に、コシヒカリやつや姫などの品種があるように、日本酒を造るために特別に栽培される米にも品種がある。酒造好適米、または酒米《さかまい》といわれ、現在全国で約100品種が登録されている。その代表は、山田錦だ。

ラベルに大きく「山田錦」と記された日本酒を見たことがあるのではないだろうか。大吟醸など高価な酒は山田錦で造られたものも多く、また全国新酒鑑評会で金賞を獲得するためにも、欠かせない酒米だとされている。良質な酒造りをめざす蔵元が増えたことから、年々、山田錦の生産量も増え、2001年には「五百万石」を抜いて、酒米のなかで全国1位になった。山田錦は、知名度、質、量、どれをとってもトップに君臨する〝酒米の王様〟である。

現在、山田錦は、東北から九州まで全国33府県で栽培されているが、最も量が多いのが原産地の兵庫県で、約6割を占める。兵庫県で山田錦が栽培されているのは、神戸市から六甲山地を越えた北西に位置する北播磨地方だ。そのなかでも上質な米ができるとされている地区は、吉川《よかわ》町《ちょう》、口吉川《くちよかわ》町《ちょう》（現・三木市）、旧・東条町、旧・社《やしろ》町《ちょう》米田と上福田の一部（現・加東市）で、これらの地域は「特A-a地区」として別格扱いされている。特A-a地区の山田錦は、大間のマグロや新潟県魚沼産コシヒカリのような、酒米のトップブランド。その分、値段も高く、一般的な飯米の玄米が1俵（60キロ。1等）1万3000～1万4000円のところ、兵庫県の山田錦（同1等）で約2万5000円、吉川や東条など特A－a地区産では3万円を超える場合もある。しかもこれを50％以下に精米して使うのだから原料としては大変高価だ。ラベルに、「兵庫県吉川産山田錦」などと産地名を誇らしげに記したくなるような、全国の醸造家にとっては憧れの存在なのだ。

一方、日本酒は技術力がものをいう酒だといわれる。製造方法が複雑で、しかも大量の仕込み水を使う。葡萄《ぶどう》だけで仕込むワインと比べると、原料の米の差が酒の味に反映されないという話も聞く。それなのに、醸造家たちはなぜ山田錦をこぞって使いたがるのか。なかでも彼らが憧れる兵庫の山田錦は、どれほど優れた米なのだろう。

二十数年、山田錦に恋い焦がれたある東北の蔵元の物語を通じて、兵庫県特A－a地区の山田錦がトップブランドたる所以《ゆえん》を解き明かしていきたい。

みっちりと実った酒米の王様、山田錦。大粒で穂が長く、稲の背丈も高い。収穫時期は10月中旬ごろと晩生（おくて）の品種。温暖な地域が栽培に適している。

※飯米は、平成28年1月農林水産省発表の平成27年12月相対価格（農協が卸業者などに出す価格）。
※酒米は、平成27年12月発表、JAみのりに聞き取りした生産者価格を基にした酒蔵への販売価格の概算。

酒米を知る①

・山田錦の特徴

「山田穂《やまだぼ》」と「短稈渡船《たんかんわたりぶね》」を掛け合わせて、１９２３年に兵庫県立農事試験場で交配し、１９３６年に命名された酒米で、今年（２０１６年）誕生80年にあたる。飯米の代表的な品種コシヒカリが１０００粒で約22gであるところ、山田錦は27〜28グラムと大粒。心白（米の中心にあるデンプン質の組織が粗く隙間がある部分）の大きさ、形状や出現率なども最適。低タンパクで、しかも酒に苦みをもたらすアルギニン成分が少ない。脂質も少なく、綺麗な香りの酒となり、もろみでよく溶けるデンプンの質を持つなど、あらゆる面で酒造りに理想的とされている。

山田錦（右）とコシヒカリの玄米。山田錦には中心に白濁した心白が見える。心白サイズに個体差があると溶ける時間に差が出るため良いとされる。山田錦は理想的（池上勝氏提供）。

憧れの山田錦を求めて

「僕が家業に就いた１９８７年当時、山田錦は宮城にほとんど入ってきていませんでした。ただ憧れるだけの遠い存在だったんです」

山田錦に対する思い入れの強さを語るのは、宮城県石巻市で「日髙見《ひたかみ》」を醸す平孝酒造5代目の平井孝浩さんだ。1987年当時、山田錦が栽培されていたのは原産地の兵庫県をはじめとした西日本を中心に限定され、生産量は現在の約3割の約8880トン（農林水産省統計より）にすぎなかった。遠い宮城県で入手できなかったのは仕方がないことかもしれない。

そのころ、平孝酒造では、主に地元や隣県の岩手県で栽培されている飯米品種トヨニシキで酒を造っていた。杜氏《とうじ》は南部（岩手県）出身で、地元産のトヨニシキを扱うことに慣れていたこともあり、「そこそこ良い酒ができていたと思う」と平井さんは言う。日常的に楽しむ地酒はそれでいい。だが、平井さんは、〝そこそこ〟の酒だけではなく、全国で評価される上質な酒も醸すことができる酒蔵をめざした。そのためには、杜氏任せの酒造りから脱却して、経営者も醸造の知識と技術を身に付けるべきだと考え、1995年に、国税庁醸造研究所（現在の独立行政法人・酒類総合研究所）に入った。研究所では、「貴《たか》」や「喜久酔《きくよい》」「天狗舞《てんぐまい》」など年下の蔵元たちと共に、酒造りの基礎をしっかりと学ぶ。研修を終えたあと酒蔵に戻り、1年間、酒造りの現場で陣頭指揮に立った。そのときに、わずかな量ではあったが入手できた山田錦で、酒を仕込んでみた。

「造りやすい米で、驚きました。たとえば、米を蒸す前の吸水時間が多少ずれてしまっても、うまく蒸し上がる。麴造りのときも同様で、米が柔軟に対応してくれるんです。しかもできた酒は、なんとも艶っぽい。惚れ惚れしてしまいました。そのうえ、搾《しぼ》ってから数ヵ月経った秋には味が乗ってきて、圧倒的な旨さになる。秋上がりするんです。値段は高いけれどさすがは王様。凄い米だと感服しました」

実際に酒造りに使ってみて、なお一層、平井さんは山田錦に憧憬を抱くようになっていく。もっと量を仕入れたいと思い、主に酒米を仕入れている宮城県酒造協同組合を通じて購入しようとしたのだが、組合にはほとんど入荷していなかった。生産量が限られていたこともあるが、山田錦に対して、主に鑑評会に出品するための特殊な米と捉える蔵元が多い時代であった。

鑑評会に出品するためではなく、自分が納得する上質な酒を造ってお客さんに喜んでもらうために、どうしても山田錦が欲しかったが、米商社を通してわずかに入手できる山田錦を使うしかなかった。そんなとき、耳に入ってきたのは「宮城に入っている山田錦は、ホンモノではない」という噂だった。「ホンモノではないとはどういうことなんだ。他県の山田錦には見向きもせず、本家本元の兵庫県の山田錦だけを買っているのに……」

疑問に思った平井さんは、原産地である兵庫県へ問い質しに行きたかったが、コネクションもなく、誰に会って話を聞けばいいのか見えなかった。情報を集めた結果、兵庫県の山田錦のなかでも、産地によってランク付けされていることがわかる。上質な米ができる産地は、山田錦が誕生するはるか前の江戸期にはすでに米の集荷業者によって、格付けされていたという。さらに1964年から、吉川町、口吉川町（現・三木市）、旧・東条町、旧・社町の一部集落（現・加東市）は、「特A-a地区」と指定され、特別視されていることを知った。これらの地区で上質な山田錦を栽培する集落では、生産者が県内の灘五郷《なだごごう》の蔵元と「村米制度《むらまい》」という契約を結んでいる場合が多いという。村米制度とは、特定の集落と特定の蔵元が契約する制度で、1890年ごろから始まって、百数十年にもわたって連綿と続いているということだった。つまり、これまで平井さんが手に入れていた山田錦は、どこの地区で作られたものか、特定できない米だったのだ。

手に入れていたのは兵庫県産であり、偽物だったわけではない。だが、上があることがわかれば、上の品が欲しくなる。しかし、定評ある産地の農家たちと灘の蔵元たちは、固い絆で結ばれている。村米制度は、単なる酒米の取引だけの関係にとどまらない親戚関係にも似た関係なのだという。よそものの宮城の酒蔵が、間に割って入ることは絶対に不可能だといわれた。分厚い壁が立ちはだかって、手も足も出せない状態だったのだ。

「地区を特定できなくても、入手できる山田錦は、山田錦であることは間違いない。いまはただ、目の前の山田錦で、できる限り良い酒を造り続けていくしかないと、自分に言い聞かせました」

本醸造や純米酒など日常酒は、地元の酒米「蔵の華」や、飯米「ひとめぼれ」を使いながら、大吟醸などの高級酒は、手に入った山田錦で造り続けた。その一方で、村米制度に加わることができる糸口がないかと、模索を続けていた。諦めない男なのである。寝ても覚めても山田錦のことを考え続ける日々。ある日、山田錦の系譜図を何気なく、手に取った。人間の家系図のように、品種を掛け

麹の出来具合を確かめる平孝酒造社長の平井孝浩さん。若手蔵元から兄貴と慕われる爽やかな男前だが、強い信念の持ち主だ。

合わせたときの親と子を記した系譜図が、本に掲載されていたのだ。

「ぼんやりと眺めているうちに、山田錦の母にあたる山田穂と父の短稈渡船で酒を造ったら、どんな味になるんだろう。山田錦は、どちらに似てるんだろう。飲んで比べてみたいという好奇心が湧いてきたんです。同時に、日本酒ファンなら、自分と同じ気持ちを抱くんじゃないかと気付いた。そうだ、親品種と子の山田錦、この3種の酒米で、それぞれ酒を仕込もう。3つのお酒を比べ飲みすることで、山田錦が誕生するまでの系譜を楽しんでもらおうと考えたんです」

自分の思いつきを、神のお告げだと信じた平井さんは、すぐに行動を開始した。早速、山田錦を購入している米商社に問い合わせたところ、「山田穂」は入手できるが、「短稈渡船」は持ち合わせがないという。とりあえず山田穂は確保しておいて、短稈渡船は方々へ問い合わせたが、見つからなかった。そこで、宮城県酒造協同組合の参事で、技術担当の伊藤謙治さんに相談したところ、山田錦の専門家として池上勝さんを紹介された。池上さんは、日本唯一の酒米だけに特化した兵庫県立の研究所である農林水産技術総合センター・酒米試験地で、主任研究員をしているという（現在、同センター主席研究員兼研究主幹）。このセンターこそ、山田錦を交配した農事試験場の後身。本家本元の〝山田錦博士〟と、繋がったのだ。

ところが返事は芳しいものではなく、兵庫県からは出す短稈渡船の種もみはないという回答だった。代わりに紹介されたのが、種子を研究している国立研究開発法人・農業生物資源ジーンバンク（茨城県つくば市）で、そこなら種があるかもしれないという。問い合わせた結果、短稈渡船は保管されていた。正式に登録を行って、14グラムの種もみを入手することができた。

だが、短稈渡船はもともと温暖な西日本の米。寒冷な宮城では育たない。そこで、醸造総合研究所のときの同期で、弟のように可愛がっている「貴」蔵元の永山貴博さんに種もみを託し、温暖な山口県で栽培はいったんは成功した。しかし、収穫した米を、そのまま翌年の種として使っていくと、品種特性が失われてしまう。種は更新していく必要があることを平井さんは勉強して知っていたのだ。再び、酒米試験地の池上さんに連絡を取った。

「先生のアドバイス通り種もみを入手して収穫まで至りましたが、まだ量はわずかしかありません。もっと量が欲しいのですが、翌年はどんな方法で栽培すれば良いのでしょうか。どうしても、短稈渡船で酒を仕込みたいんです」と、思いを訴えたのだ。

「そういうことなんですか。それならば、酒米試験地にある種もみを使って、兵庫県で栽培すればいい。協力します」と、今度は快諾してくれたのだ。兵庫県では短稈渡船は奨励品種からはずれていたため、種もみがなかったのだが、同種とされる「渡船2号」の種もみがなかったわけではない。池上さんが、それまで種もみがあることを明かしてくれなかったのは、宮城で栽培すると思っていたから。兵庫県外に大事な種もみを持ち出されて、性質が違った米ができてしまうことを恐れていたのだった。もともと平井さんは県外に持ち出すつもりはなく、短稈渡船が欲しかっただけなのだが、説明不足だったのだろう。永山さんの協力で山口で栽培した短稈渡船はあきらめ、翌年からは兵庫県が保管していた種もみを、兵庫県内の農家が栽培した短稈渡船（渡船2号）で、酒を仕込むことができた。

この経緯から、平井さんは兵庫県が厳重に種もみの管理を行っていることを知り、山田錦をはじめとした兵庫県が育成する酒米への信頼感が高まっていくことになった。

酒米を知る②

・短稈渡船

現在、短稈渡船という品種名の登録はなく、正式の品種名は「渡船2号」である。短稈渡船は、山田錦を交配したときの親品種であることは間違いないのだが、兵庫県の奨励品種からはずされたため、名称が消えてしまった。それを兵庫県が復活させ、「渡船2号」という名で登録したのである。そこで「日高見」のラベルにも、「短稈渡船（渡船2号）」と正式な品種名が併記されている。ちなみに短稈とは、丈が短いという意味。丈が短いほうが栽培しやすいため、「渡船」から丈が短い品種を選抜したのが、短稈渡船（渡船2号）というわけだ。

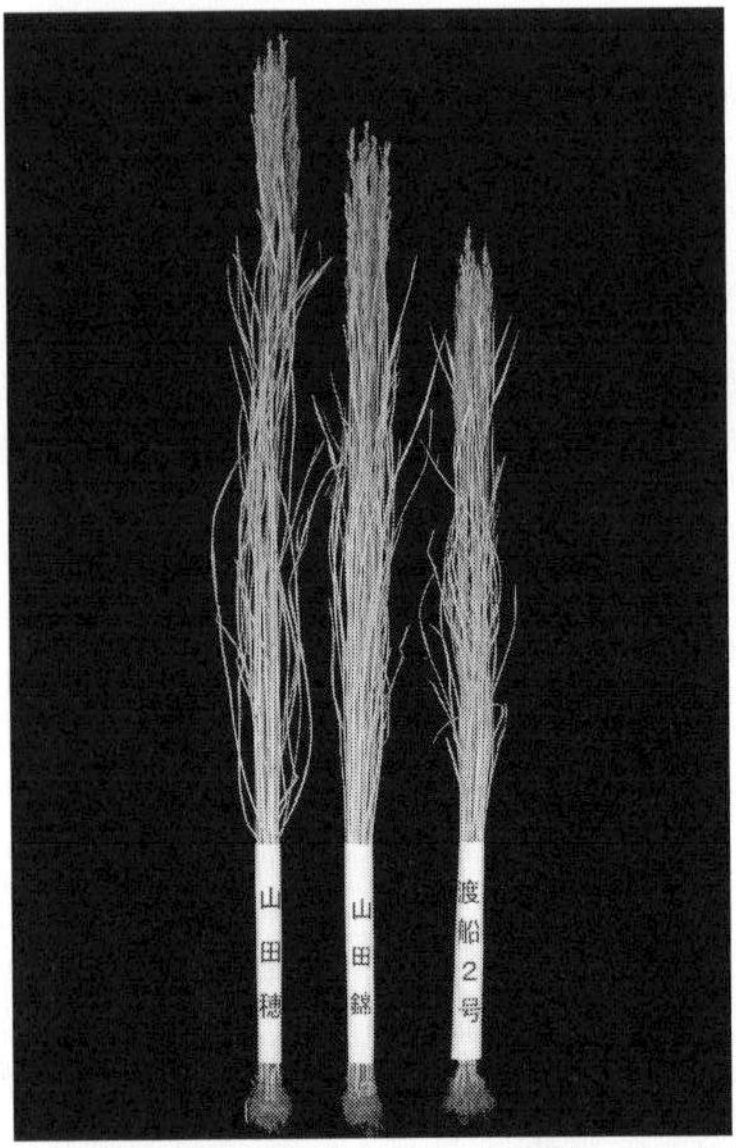

左から、母の山田穂、子の山田錦、父の短稈渡船（渡船2号）。山田穂は酒造適性があり、兵庫県で酒米として人気があったが背丈が高いのが難点だった（池上勝氏提供）。

なお、この「渡船」は「雄町《おまち》」と同じ品種であるとする説が有力だ。滋賀県農業試験場（現・滋賀県農業技術振興センター）が、福岡県から取り寄せた種もみを、琵琶湖の小舟の上で水洗いしていたときに、ラベルを落としたため、名称がわからなくなってしまい、一時的に「渡船」と命名。あとから「雄町」であったことがわかったというエピソードがある。

一方の山田穂は、2年待って米商社から入手できたので、短稈渡船より早く仕込みを始めることができた。ところがその米は、本来の山田穂とは、性質が異なる可能性が高いという情報が、親交のある兵庫県の蔵元、本田龍祐《りゅうすけ》さんからもたらされたのだ。寝耳に水であった。本田さんは「龍力《たつりき》」を造る本田商店の専務で5代目。姫路市に位置し、小規模であるが吟醸造りで知られ、使う酒米の85%が山田錦という酒蔵だ。祖父の武義会長が、20年前から私費で山田錦の栽培地の土壌研究を行ってきたことから、農家や農協職員、研究者からも信頼を集めている。孫の龍祐さんも地元の酒米について詳しく、信憑性は高い情報であった。

本田商店の本田武義会長（右）と孫の龍祐さん。武義さんは私費で土壌を調べてきたが、68歳で京都大学大学院の研究生となってまで研究に取り組む。

短稈渡船（右）と母親品種の山田穂で醸した純米吟醸。「父はがっちりタイプ、母は綺麗で上品」と平井さん。1.8l 2800円（税別）

本田龍祐さんは「山田穂から選抜して育成した品種を、白鶴酒造が復活させ、新山田穂1号として登録している米に違いない。大変優れた米ではあることは間違いないが、性質は山田錦に近い」と言う。もし、本田さんが言う通り、手にした山田穂が山田錦に似た米だったとしたら、両親と子の品種で酒を仕込んで、比べ飲みしてみたいという平井さんの本来の目的とははずれてしまう。翌年からは仕込みを断念せざるを得なかった。どうしても山田穂が欲しい平井さんは、本田さんにアドバイスを求めたところ、「龍力」では、京都大学が保存していた種を、兵庫県立の酒米試験地で育種してもらって、農家と契約栽培して使っていると教えてくれた。それこそが山田錦の親品種の本来の山田穂であるという。短稈渡船のときと同様、またもや酒米試験地の池上さんに協力を依頼したところ、今回は誤解が解けていたので快諾してもらえた。種もみを兵庫県内の農家に栽培してもらえることになったのだ。

こうして平井さんが構想してから、12年経ってようやく、山田錦、短稈渡船、山田穂、3種類の米で造った酒が揃ったのである。数多くの失敗もあったが、これまで培ってきた人の縁を生かし、粘り強く交渉を繰り返した末の結実であった。

ところで3種の酒米で仕込んで飲み比べしてみた結果、それぞれ酒の味はどうだったのか。

「母の山田穂は、ふっくらと優しくて綺麗で上品。父の短稈渡船は、がっちりと太いイメージ。子には母の品種特性が出やすいといわれているようですが、確かに山田錦には母の山田穂に共通した品の良さを感じます。ただ、山田穂より線が太く、味の幅もあるところは父親の短稈渡船譲りでしょう。両親の特徴を絶妙なバランスで受け継いでいるのが、山田錦という米なんだと、改めて実感しました」

酒米を知る③

・原種の保管

米は、稲の種子である。育てた稲から収穫した米を植えれば、また米は収穫できる。しかし、その方法を続けていくと、品種が持つ特性が次第に変化していく危険性がある。そこで、品種の元となる原種を各県の農業試験場などが管理している。兵庫県の場合は、酒米専門の研究所として1928年に開設された酒米試験地で、原種の管理を行っている。その際、単に種子をそのまま保存しておくだけでは発芽しなくなる。そこで、種子の保管と、栽培とを並行して行っている。その際、山田錦らしい特徴を持つ稲の種だけを選抜し、5世代目の種子を酒蔵に届けるというシステムを徹底。厳格な方法で、山田錦の質も量も確保しているのだ。

念願の村米契約

ようやく平井さんは、山田錦とその親の2品種で酒を仕込むことができた。だが、これはゴールではない。平井さんは、特A-a地区と村米契約を行うという20年来の思いを諦めてはいなかったのだ。

短稈渡船と山田穂を確保するために紆余曲折はあったが、何度も兵庫県へ足を運んだことで、山田錦の生みの親の直系ともいうべき兵庫県の酒米研究者や、農家と太いパイプを持つ農協のメンバーと、親しく会話することができるようになっていた。これは大きな前進であった。

志を同じくする蔵元仲間ができたことも、平井さんの心の支えになっていた。村米制度は、その地区の山田錦をすべて買い取るという契約だが、平孝酒造ではそれだけの量の米を買い取る力はない。1社だけでは使える米の量は少なく、村米契約の実現は難しいのだ。そこで、親しい蔵元に声をかけたところ、「田酒《でんしゅ》」の西田司さんが話に乗ってくれた。また、短稈渡船の栽培を1年間、請け負ってくれた「貴」の永山さんや、「蒼空《そうくう》」の藤岡正章さんら、平井さんを兄貴と慕う蔵元にも声をかけ、4人で兵庫県立酒米試験地や農協、田んぼへの訪問を繰り返してきたのだ。短稈渡船や山田穂を手に入れることができたのちは、参加者を増やすべく声をかけ、「くどき上手」の今井俊典さん、「飛露喜《ひろき》」の廣木健司さん、「会津娘」の髙橋亘さん、「大那《だいな》」の阿久津信《まこと》さんも、メンバーに加わった。さらに永山さんが親しい「七本鎗《しちほんやり》」冨田泰伸さん、「而今《じこん》」の大西唯克《ただよし》さんも加わり、小規模ながらも人気の蔵元たちが顔を揃えるグループになっていった。

そんなおり、兵庫県の特A-a地区のなかでも定評ある旧・東条町松沢地区との村米契約の話が、みのり農協の窓口担当者からもたらされた。それまで契約を結んでいた灘のある蔵が廃業し、その後、別の酒蔵が受け継いだが、売り上げが減ってきたことから権利を手放すことになったのだという。これまで足しげく通って、思いを伝え続けてきたのは無駄ではなかった。平井さんの粘り勝ちである。こうして2012年、念願の特A-a地区と村米契約を結ぶことができたのである。

「決まったとき一番喜んでくれたのは、ターボ(「貴」蔵元の永山さん)でした。あいつ、『平井さん、お手柄でしたね』なんて、頭を撫でてくれそうな口調なんですよ(笑)。お手柄だなんて、年上の者に言う言葉じゃないでしょ? でもあいつなりに、最大の賛辞を送ってくれたようで、『この田圃で、この生産者が栽培している、と訴えられるのは、海外へ進出するためにも強みになる』なんて言ってました。実は最初のころ、兵庫県の人たちにまったく相手にされなかったもんで、ターボの奴、尻込みしてしまって、『平井さん、無理ですよ、諦めましょうよ』なんて言ってたんです。奴は気が優しいからね。僕は絶対に引かない。打たれ強いんですよ。あいつにしたら、まさかの交渉成立だったのかもしれません。でもね、僕のほうこそターボに感謝しているんです。短稈渡船の栽培をしてくれなんて無茶ぶりしても、文句を言わずに引き受けてくれた。藤岡君にも、お前は京都で、兵庫に一番近いんだから、もっと動けとか無理なことばかり言ってしまったのに、一緒に兵庫へついてきてくれた。地酒として知名度のある『田酒』の西田さんがメンバーに入っていることも強みだったと思います。成功したのは、協力してくれた初期メンバーのおかげなんです」

村米契約に至ったのは、確かにグループで行動したことが大きかっただろう。だが、十数年もの間、遠く宮城県から兵庫県まで通い続けた平井さんの山田錦に対する情熱がなければ、成功はなかっただろう。なんとしても成し遂げたいという強い意志が、厚くて硬い壁に風穴を開けることができたのだ。

旧・東条町松沢地区と村米契約した２０１２年は、平井さんにとって特別な年であった。前年3月、東日本大震災により、宮城県石巻市にある平孝酒造では、仕込み蔵が大きく損傷。大量の酒が割れ、酒ともろみ合計で5万リットル近くが流失。津波も押し寄せたが、奇跡的に膝の高さでとどまったこともあって、家族や従業員は命に別状はなかったが、多くの知人が命を落とした。しかも2週間もの間、電気や水道がストップして不便な暮らしを強いられたのだ。そんな状況でも平井さんは、意気軒昂であった。メディアに積極的に出演し、復興へ力を貸してほしいと訴えると同時に、生き残ったもろみを搾って、「絶対負けない石巻」とのラベルを瓶に貼って売り出し、その売り上げの一部を石巻市に寄付したのだ（詳しくは拙著『極上の酒を生む土と人大地を醸す』〈講談社〉をご高覧ください）。

被害の大きかった仕込み蔵は修繕にとどまることなく、大きな借金をして思い切って改築し、麹室《こうじむろ》も新しく建て替えた。こうして迎えた翌年、新しい仕込み蔵に村米契約した山田錦が届けられ、初仕込みを行うことができたのだ。

「村米契約は、もしかしたら兵庫県の方々から僕ら東北の蔵へのエールだったのかもしれませんね。送られてきた山田錦は、ふっくらとした美しい米でした。松沢地区の農家の方々や、農協で窓口になってくれている竹内さん、池上先生、アドバイスしてくれた本田君……いろんな人の顔が浮かんできて、胸がいっぱいになってしまって……」

現在、兵庫県旧・東条町松沢地区の山田錦は、平孝酒造の最高峰、「日高見」純米大吟醸ブルーボトルや、ガラスのひょうたんボトル入り「日高見　弥助」純米大吟醸に使われている。

たくましく、エネルギッシュな吉川の山田錦

長年の夢はかなった。だが、ここで満足しないのが平井さんだ。

「松沢の米は素晴らしいけれどまだまだ僕たちは山田錦の量が足りない。もっと数量も欲しいのですが、東条産は手に入らなくて……そんなおり、東条と並び称される吉川のキーマンと知り合うことができました。吉川は特Aのなかでも灘の蔵元との村米契約で固められているから無理だと言われてきたんです。今年の視察は勝負。最強の仲間たちと一緒に乗り込んでいって、思いをぶつけるつもりです」と、2015年春に会ったときには、秋の視察に向けて、すでに武者震いしているのだった。

数ある特A-a地区のなかでも、吉川と東条はツートップの産地である。異論もあるだろうが、私がこれまでに聞いた多くの蔵元や兵庫県で山田錦を栽培している農家が、この2地区については別格だと口を揃えるのだ。私は収穫のときに、吉川も東条も視察に行ったことがある。吉川は、丘にいくつもの棚田が設けられた山がちの里だった。田んぼに入ると土はとろとろの粘土

質で、稲の姿はたくましく、エネルギッシュだった。東条は、なだらかな傾斜に、見渡す限りの黄金色の稲がなびく美しい田園地帯であった。

「どちらも優れた米であることは間違いありませんが、個性は異なっています」と言うのは、みのり農協・吉川営農経済センター長の有賀勝さんだ。有賀さんは東条でも勤務した経験があり、一目でその違いを感じたという。

「吉川の山田錦は野性的です。稲の丈も長く、粒は特に大ぶりで、一般的な山田錦が1000粒で27〜28gのところ29gほどある。色は飴色を帯びていて、真ん中がふっくらとしたラグビーボールのような形をしているんですよ。対して、東条の山田錦は、淡くて綺麗な色をしていて、見た目も綺麗。べっぴんさんの米なんです」と話してくれた。

酒にしたときも、これまで私が飲んだ印象では、吉川は男性的、東条は優雅な酒が多かったので、共通しているのが面白い。上質な酒造りをめざす蔵元が、東条と吉川、両方で仕込んでみたいという野望を抱くのは、ごく自然なことだろう。

コラム

・特A-a地区の特徴

兵庫県立農林水産技術総合センター主席研究員兼研究主幹　池上勝さんに聞いた。

「最も特徴的なのは土壌です。神戸・大阪層群と呼ばれるミネラル豊富

27年間酒米の研究を続ける池上勝さん。

な土壌を持ち、稲の生育に適しています。なかでも吉川町近辺はとろとろの粘土質土壌で、肥料の持ちが良く、根が土深くまで張りますし、ゆっくりと実り、大粒の米ができるとされています。

山田錦を栽培する北播磨地方の気候は温暖で、しかも、六甲山系が暖かい空気を遮るので夜温が下がるため、収穫時期が遅い晩生《おくて》品種の山田錦に適した気象条件です。なかでも特A-a地区は標高が高い谷《たに》間《あい》に棚状に田が広がるところが多く、朝晩の温度差が大きい。上質な酒米を栽培するために優位です。また東西に谷が開けた場所は、日照時間が長く、良質な酒米を生むと言われていますが、特A-a地区にはそういった地形が多いのも特徴です。

灘五郷の酒蔵が近いということも優位で、江戸期から六甲山系の傾斜を利用して水車で米を精米する技術も進んでいました。土壌、気候、地形、立地など、上質な山田錦作りのために良い条件がすべて揃った産地が、特A-a地区だといえるでしょう」

吉川の誇り

平井さんにとって勝負のときがやってきた。2015年9月の視察に集まったメンバーを蔵の所在地で北から紹介すると、「田酒」(青森)、「一白水成《いっぱくすいせい》」(秋田)、「くどき上手」(山形)、「日高見」(宮城)、「飛露喜」「会津娘」「寫樂《しゃらく》」(福島)、「大那」(栃木)、「七本鎗」(滋賀)、「蒼空」(京都)、「貴」(山口)。「而今」(三重)が、海外でのイベントに参加するために急遽不参加となったのは残念であったが、現代を代表する銘酒の蔵元たち11人が揃った。何年も通っている蔵元と、初参加の蔵元が混在していたが、いずれも酒米に対して深い思いを抱くメンバーばかりである。

まずは、みのり農協の会議室で、地域を担当する農協職員の前でプレゼンテーションである。最初に挨拶したのは、JA全農兵庫の運営委員会会長で、みのり農協代表理事組合長の上羅堯己《うえらたかし》さん。眼光鋭く、威厳のある風貌の人物で、平井さんは私に「あの方が、僕が話していた吉川のキーマンです。上羅さんに僕らの思いをわかってもらいたいんです」と耳元でささやいた。

上羅さん……、平井さんの思い人とは、あの上羅さんだったのか。上羅さんは、かつて吉川町の組合長をしていたとき、初めて兵庫県外の石川県の蔵元、「菊姫」と村米契約を結ぶことに力を尽くした人物である。5年前、私は上羅さんとの手紙のやりとりを通じて、そのことを知ったのだ。

当時、私は「日本農業新聞」の小説欄で、『大地を醸す』というルポを連載執筆していた。するとある日、新聞社を経由して、読者からの手紙が転送されてきた。封筒の差出人には達筆な毛筆で、上羅堯己とあった。ファンレターかなと気軽に読み始めると、「記事を毎日愛読しているが、山田錦について間違った文章が数多くありました。山田錦を生産する者として意見を申し上げます」と、冒頭から弾劾する口調なのである。

間違いだと指摘されたのは、大阪の蔵元、秋鹿酒造が取り組む山田錦栽培について紹介した記事に対するものであった。「記事で山田錦の種もみは簡単に入手できたとあるが、蔵元は種子をどこで手に入れたのか。兵庫県では厳重に原種を管理して、山田錦の特性を守っている」「永谷正治先生の指導で山田錦は痩せた土で作るとあるが、とんでもないことだ。特A-a地区では明治時代から酒米を作るために、代々農家が気を配ってきたことで、ほかの水田とは比べようもないほど、チッソ、リン酸、カリなどを含んで熟成させた素晴らしい土である」……等々、記事に紹介した秋鹿の栽培方法を間違いであると指摘すると共に、特A－a地区の山田錦の栽培について詳細に書いてきたのである。

「間違った文章」という言葉に私は当惑した。記事は蔵元の奮闘記であり、正しい山田錦の栽培方法を紹介することを目的としたものではない。改めて手紙を読み返して、文面から伝わってきたのは、日本一の産地としての、山田錦の栽培方法に対する自信とプライドであった。この手紙の主はどんな人物なんだろう。ベテランの生産者であることは想像できたが、所属は記してはいなかった。

そこで私は、新聞社に問い合わせると、みのり農協吉川の組合長であることがわかったのだ。上羅さんに兵庫の山田錦農家に対する敬意を伝えると共に、この記事の意図を伝える手紙を送った。するとすぐに上羅さんから返信が来た。その冒頭に、失礼な手紙を送ったとの謝辞があり、そこから続く文は地元吉川と、山田錦に対する思いを訴えるものだった。

「私は農業高校卒業後に農協に就職し、今日まで農協一筋、山田錦一筋に生きてきました。父

「山田錦一筋に生きてきた」という、みのり農協代表理事組合長の上羅堯己さん。日本一の山田錦の産地として、郷土をこよなく愛し、誇りに思う熱血漢だ。

は1町8反の山田錦を栽培し、よく倒伏《とうふく》させていました。すべてが手作業のため、母は夜になると腰が痛いと嘆いていました。自分が山田錦を作るようになって数年経ち、母から稲が倒れなくなったと言われたとき、やっとひとつ恩返しができたと大変嬉しい思いをいたしました。

あるとき、菊姫大吟醸をいただく機会がありました。今まで飲んでいた日本酒とはまったく違う、天にも昇るような香り、深い味わいに虜になりました。当時は、特A地区にあっても、蔵元からお声がかからない集落も多くありました。村米制度のない山田錦の将来に対して危惧していたとき、菊姫が吉川町で村米契約をしたいと考えていることを知りました。菊姫は石川の酒です。特Aの米をそれまで一度も県外に出したことはありません。『お断りしたらどうか』と紹介してくれた人は言ってくれましたが、私が石川を担当します。やりましょうと答えました。酒米は優秀な酒蔵があって生きる。私たちの作る米のことを考えれば、将来性のある素晴らしい蔵に嫁がせるべきだと考えたんです。菊姫は、吉川町の山田錦を全国にPRしてくださった唯一の酒造会社です。また、生産者と酒蔵との交流会も熱心で、精米のときに出る糠《ぬか》を翌年の土造りに生かすなどの努力もされています。村米を結んで、良かったと思っています」

手紙ではこのあと、田植えに参加しないかと誘ってくれたのだが、私は所用があり、参加できなかった。その後、上羅さんと交流が途絶えてしまったことが長年、心残りであった。

手紙では触れられていなかったが、聞いた話では、当時、山田錦を県外の酒蔵に出荷することは絶対のタブーであり、村米契約を結んだことで上羅さんは強い非難を浴びたそうだ。それでもやり遂げた。約20年を経た現在でも、吉川町の山田錦の評価は高く、菊姫は圧倒的な存在感を放っている。上羅さんの英断が、菊姫と吉川の評価を引き上げたのだろう。

平井さんが、上羅さんを吉川町と繋ぐキーマンと考えるのは、そういった経緯があってのことだったのだ。その上羅さんが、いま勢いのある地方の蔵元たちを前にしているのである。

上羅さんは、冒頭の挨拶で、兵庫県の山田錦生産者の栽培技術の素晴らしさや熱意を称賛すると共に、農協グループが扱う山田錦の質は、5段階の等級検査で、最上位の「特上」と「特等」を合わせて93％であることなどを発表。日本一の生産地で山田錦を扱う有力者としての誇りが伝わるスピーチであった。

さて、いよいよ平井さんのプレゼンテーションである。平井さんは、旧・東条町松沢地区と契約できたことに対する感謝を丁寧に述べ、次には吉川に対する思いを切々と語り始めた。

農協の会議室で、「兵庫の山田錦をもっと私たちに分けてください」と訴える、平孝酒造の平井さん。

「明治に始まった村米制度は、農家と灘の蔵元たちとの絆によって支えられてきたものです。100年以上にもわたる両者の絆に心から敬意を払います。酒米の産地の名声は、米の生産者と醸造家が、車の両輪として獲得したものでしょう。これからも兵庫県特A地区の山田錦がトップでいるためには、地方の中小の酒蔵と手を組むことも、ひとつの選択肢ではないでしょうか。我々は規模は小さいかもしれませんが、市場に与える影響力では大手に負けていません。最高の山田錦の産地、吉川を維持するためにも、どうか我々に山田錦をください」と演説したのだ。

次いで廣木さんは、静かな語り口で話し始めた。

「確かに、灘は先進的な銘醸地ですが、最近20年で見た場合、我々地方の酒蔵の進化のスピードは目覚ましいものがあります。驕《おご》った言い方かもしれませんが、今日、ここに集まったメンバーの酒は飲み手にも評価されていると、自負しています。灘の酒蔵の方々との関係を承知の上で、お願いします。20年後、30年後、そして100年後も、産地としての名声を維持するためには、私たちにも目を向けていただけないでしょうか。私たちは、素晴らしい産地を守っていきたいんです。そして、世界で知られる産地として、いま以上の評価を得られるよう、力を尽くしたいと思っています。未来の発展のために、どうか、パートナーを組む酒蔵をじっくり選んでください。どうかよろしくお願いします」

こうして次々と、蔵元たちが最高の山田錦を使わせてほしいと、思いをぶつけていったのである。上羅さんは微笑みながらその話を聞いていたが、終わり際に挨拶にきた平井さんに「夜、また交流会で会いましょう」とだけ言って、会合は終了した。夜は、生産者たちとの宴会が開かれるのである。

移動する車の中で、平井さんは「思いは伝えられたと思います。皆もフォローしてくれました。結果はどうなるかわからないけど、やり切ったと思います」と頬を上気させていた。

夕刻、蔵元たちが旧・東条町にある宿泊施設へ入ったところに、松沢地区の農家7人と、農協の担当者や加東市農林課の担当者らが集合。農家と蔵元11人が膝をつきあわせて酒食を楽しむ交流会となった。畳敷きの宴会場は、蔵元と農家が向かい合わせに座り、テーブルには参加した蔵元たちが山田錦で造った日本酒が並べられている。平井さんほか初期からのメンバーは何度も田んぼの視察をしてきたので、何人かの農家と顔見知りになっていたが、宴会は初めてである。また、今回、初参加の蔵元もいる。蔵元は30〜50代、農家は50〜70代。世代は離れ、初対面同士も多いとあって、初めは硬いムードだったが、目の前の酒をさしつさされつするうちに、あちこちで笑い声が上がり始めた。

「(名刺を見ながら)ほお、社長さんなんか。若いなあ。息子か孫のようや」

「酒も自分で造っているんですよ。さあ、飲んでみてください」

「すいすい入る。ぎょうさん飲める酒やなー」

「ありがとうございます」

「ソフトやな。この酒やったら、若い娘にも飲ませることできるなあ」

「そうやな、きっとモテるでー(笑)」

「今度わしらに酒蔵を見学させてくれへんか。蔵だけじゃのうて、ええところへも案内せえよ」

「ぜひいらしてください。いいところへご案内しますよ」

「なんの話や? ワシも誘ってくれへんかー」

こんなふうにして、人の輪がいくつもできていった。それをにこやかに見ていた上羅さんが、

松沢地区の生産者と談笑する若手蔵元たち。左から２人目「くどき上手」今井俊典さん、右隣は「一白水成」渡邉康衛さん。

平井さんを探して手招きした。近寄ってきた平井さんの耳元で、「来年、楽しみにしてください」とささやいた。平井さんが満面に笑みを浮かべながら「よろしくお願いします！」と上羅さんの手を握った。「吉川ですか!?」と思わず口走った私に、上羅さんは「良い報告ができると思いますよ。来年また来てください」と、はぐらかした。上羅さんだけで決められることではない。現時点では、まだ口にできることではないのだろう。だが、確信したのか、上羅さんのグラスに酒を注ぐ平井さんの目には、光るものが見えた。

翌日、蔵元たちは、農家の皆さんの案内で、松沢地区の田んぼを見学した。参加した蔵元は、地元で農家と契約栽培を進めたり、自ら酒米を育てたりと、稲に対する知識も豊富に持っている。土壌や肥料、水の管理など、専門的な質問も出るが、昨夜、酒食を共にし、気心が知れた同士。表情は柔和で、会話もはずむ。

山間の緩やかな傾斜に沿って田んぼが広がっている。青々とした山田錦の稲は太く、たくましい。ふと見ると、小さな白い花が咲いている！　稲の花が咲くのは一日だけ、しかも朝のうちの

松沢地区の田圃を視察する生産者と蔵元たち。元気に育つ山田錦を前にして、農家たちは誇らしげだ。

わずかな時間でしぼんでしまう。視察に来た日に、花を見ることができたのは奇跡だ。

「私たち運がついてますね。きっと、いいことありますよ」と平井さんに話しかけると、気持ちのいい笑顔を返してくれた。この山田錦の花が受粉し、米が実るまで、あと45日。晩秋には、それぞれの酒蔵に収められ、厳寒期にはここに集う凄腕の醸造家たちによって、銘酒に生まれ変わるのだ。

これまで私は、彼らの美酒を味わうときには、蔵元の姿を思い浮かべていた。今日からは、この景色や空や風、農家の皆さんの顔、多くのシーンが浮かんでくることだろう。

「大那」菊の里酒造（栃木県大田原市）　　　　8代目　阿久津信さん

酒米は品種より、土地の気候条件や風土に合っているかが大切。うちでは使う米の95%が地元農家との契約栽培によるものです。距離が近く、農家と思いを共有しやすいんです。これからも飲み手に、生産者の顔を伝えていきたいと思います。兵庫の米は4年前からいただいています。山田錦はお客さんの反応はすごくいい。味の魅力と知名度もあるかもしれません。酒蔵としての幅が出たように思います。松沢地区の農家の皆さんと酒食を共にしたり、田圃見学をするのはよい勉強になっています。これからも意識の高い農家の方々と意見を交換して、地元にフィードバックしていきたいと思っています。

「会津娘」髙橋庄作酒造店（福島県会津若松市）　　6代目　髙橋亘さん

農家でもあり、自社でも五百万石を栽培しています。兵庫県特Ａの山田錦を使うのは、最上たるものを知るため。山田錦を知ることで、より一層、地元の五百万石の良さを表現できると信じているからです。初めて山田錦のサンプルが届いたとき張りと艶に感嘆しました。醸していてもテンションが上がります。五百万石とは発酵経過も、もろみの香りもまったく違うんです。山田錦は、発酵をグラフ化したとき、山のピークが高くて、後寄りで、綺麗な曲線を描いて下がっていくんです。ゆっくり熟す長熟型で、ボリューム感があって、後味がきれいだという、味のイメージと同じなんです。面白いでしょう？　毎年、スペックを変えて醸造しているところですが、僕の酒に使われることが農家の皆さんにとってステイタスになるよう、技術を上げていきたいと思います。

「七本鎗」冨田酒造（滋賀県長浜市）

15代目（継承予定）冨田泰伸さん

北近江から発信する酒がテーマなので、米は滋賀県産が98%です。玉栄も渡船も心白の位置が不揃いで、造る難しさはありますが、個性を楽しむ気持ちで扱っています。メンバーに加えていただき、2014年から山田錦の視察にうかがうようになりましたが、農家のレベルの高さ、探究心に感銘を受けました。もの造りに関わる人間として、最上級のものに触れることは重要なことだと思っています。山田錦の魅力はなんといっても上品な味になること。濃すぎず、軽すぎず、ほどがいいように思います。うちの酒は、関西特有の味で西のお客さんは喜んでくれますが、東北の方々には重い、濃いとか言われてしまうこともあります。山田錦を使って、うちのやり方で仕込んだ酒で、まずは受け入れてもらう、という提案もあるかもしれません。

「而今」木屋正酒造（三重県名張市）　　　　6代目　大西唯克さん

山田錦は力のある米です。定番の特別純米酒は、掛米は五百万石や八反錦、千本錦などのバージョンがありますが、麹米には山田錦を使っています。酒造りはすべてが思い通りにいくわけではなく、もっと麹を乾かし気味にすればよかった、発酵が鈍ってきた、どうしよう……ということもある。でも山田錦の場合は搾ってみたら上出来だった！　ということもよくある。米に助けられるんです。山田錦で造った酒は味のバランスが良く、立体感が出ますし、貯蔵に耐えます。いまは主に地元の伊賀産を使っていて、兵庫産は試行錯誤の途中ですが、熟成させることでぐんと味が伸びて驚きました。ものすごいポテンシャルです。今後は、三重、兵庫の東条、吉川と、産地別に分けて仕込んでいきたいと思います。而今の世界が広がると期待しています。

コラム 造り手たちに聞く、「あなたにとっての山田錦」

「貴」永山本家酒造場（山口県宇部市） 5代目 永山貴博さん

特A-a地区の山田錦には、白い花のような特別の香りを感じることがあります。低温発酵で吟醸造りをするのに向き、できた酒は高級ワインのように強いエネルギーがあり、3～5年の熟成に耐えられるパワーを持っています。米の持つポテンシャルが高いのでしょう。それは土壌の力でもあり、農家の意識の高さでもある。農家同士で競争し、負けないという思いが良い米になるんでしょう。その結果、9割の米が等級検査で「特上」と「特等」を獲ると聞きました。他県ではありえない。素晴らしいことです。蔵元として、産地のブランド価値を下げないよう、その名にふさわしい品質のお酒を造りたいと思います。

「飛露喜」廣木酒造本店（福島県会津坂下町） 9代目 廣木健司さん

山田錦はふくよかな酒にも、すっきりとした酒にもなる。色、艶、弾力、麹にしたときのさばけの良さ、技をカバーしてくれる柔軟さ。懐が深く、完璧、と言っていいほど優秀だと思います。さすが酒米の王様です。一方で複雑な思いもある。地元会津の五百万石は大切にしていますが、山田錦のようなふっくらとしたニュアンスは出せません。僕の思い描く理想の味にはならないのです。地元の米を地酒として昇華させたいという思いと、山田錦を使って自分の描く味に一歩でも近づきたいという気持ちのはざまで揺れています。そこでたどりついたのは、五百万石を中心にして、山田錦も使うという方法。山田錦は、日本人中心のメンバーに入っている、強力な助っ人外国人みたいな役割と考えています。

「蒼空」藤岡酒造（京都府伏見区） 5代目 藤岡正章さん

「米には勝てない。良い米を使いなさい」。私が師事した、能登杜氏四天王と言われる腕を持つ三盃幸一《さんばいこういち》さんの言葉です。富山の「満寿泉《ますいずみ》」の杜氏さんですが、私の酒蔵が一時、休業していたときに修業させていただきました。当社は、最盛期には8000石を造っていましたが、父親の世代まで蔵元は経営だけを行い、製造は杜氏に任せていました。ところが1994年に父が早逝し、翌年には阪神・淡路大震災に遭い、休業を余儀なくさせられたんです。2002年に蔵を復活させ、私が杜氏を兼任して、現場に入っています。ものを造る現場にいる人間として、三盃さんの教えを胸に刻み、良い米をいただいて、良い酒を造っていきたい。山田錦は良い米の象徴的な存在だと思います。

「くどき上手」亀の井酒造（山形県鶴岡市） 専務 今井俊典さん

僕にとって良質な酒米は、農家さんの顔がわかるもの。あの人のお米だから、いいモノを造ろうと相乗効果で士気が上がり、酒質も向上すると考えています。使う品種は、東北の美山錦、西の山田錦を2本柱に、この2品種と血統的に親族関係の米です。例えば、山田錦の母の山田穂、父の短稈渡船、おばあちゃんとされる伊勢錦、美山錦の親のたかね錦……といった具合です。

山田錦は勉強すればするほど深い米だと思います。山田錦にもいろいろあり、さまざまなルートを経て酒蔵に入ってきます。その間に多数の人が関わっています。人が山田錦を追うのは、良い原料としての魅力はもちろんですが、人々を魅了し、翻弄させる魔力があるような気がします。

その2　酒は田んぼから生まれる

かつて杜氏は、主に米農家が務めてきた。春から夏にかけて米作りを行う農家が、農閑期に現金収入を得るために、ひと冬の間、酒蔵に入って酒造りを行ってきたのだ。しかし近年、専業農家が少なくなり、杜氏のなり手が減ってきたことから、蔵元が杜氏を兼任する「蔵元杜氏」が増えつつある。旨い酒を造りたいという思いは、従来の杜氏も蔵元杜氏も変わらないものであろう。ただ、原料の米に対する考え方という点ではどうだろう。農家である従来の杜氏と、蔵の経営者でもある蔵元杜氏の間に、米に対する捉え方や思い入れに違いはないのだろうか。

地元の米、水、人で醸す「天の戸」醸造元、秋田県横手市にある浅舞酒造の前で、故・柿崎秀衛社長（右）と、杜氏の森谷康市さん。二人は中学校の同級生だ。

そこで、秋田県横手市で代々続く米農家で、冬には杜氏として「天《あま》の戸《と》」を醸す森谷《もりや》康市さんに、酒米に対する思いを語ってもらうことにした。

2015年7月。森谷さんを訪ねて、浅舞《あさまい》酒造へ行く。森谷さんは年間雇用の社員杜氏ではなく、季節雇用の杜氏だが、夏にも頻繁に蔵に顔を出しているという。

「蔵に来たら、酒をみたり、撮った写真をホームページに載せたり、メールを打ったり。いろいろ仕事をしてしまいます。社員でもないのに、一番態度がデカイと言われてます」と豪快に笑う。2013年、社長の柿崎秀衛《ひでもり》さんが56歳で逝去。森谷さんは柿崎社長とは中学校の同級生で、二人三脚で浅舞酒造をつくり上げてきた。それだけに、跡を継いだ弟の常樹さんをサポートしたいという思いが強いのだろう。

森谷さんは昭和32(1957)年生まれ。山形大学の農学部を卒業し、米農家を継いだが、冬の間は仕事がなく困っていたとき、柿崎さんに誘われて酒蔵の仕事を手伝うことになった。24歳で酒蔵の仕事に就き、32歳という若さで蔵人《くらびと》をまとめるリーダー、杜氏に就任している。19人からなる横手市の地元農家グループ、JA秋田ふるさと平鹿町《ひらかまち》酒米研究会の一員として活躍する一方、全国新酒鑑評会では12回連続入賞。また、『夏田冬蔵《なつたふゆぞう》〜新米杜氏の酒造り日記』(無明舎出版)という著作では、夏には田んぼで米を作り、冬は酒蔵で酒を醸す自分の姿を軽妙な筆致で表現している。米栽培や酒造りの技術力はもちろん、知力と統率力も兼ね備えた働き盛りの名杜氏である。

酒米の「常識」を疑う

「さあ、田んぼさ、行きましょう」

酒蔵に到着して、挨拶もそこそこに、森谷さんの軽トラックに乗るよう言われた。乗ったとたん、森谷さんの運転する車は、ぐんぐん山道を登っていく。

「この先は、杜氏の里として知られる山内村《さんないむら》に続く道なんです」という説明を聞きながらたどりついたのは、見晴らしのいい丘の上だった。

――気持ちのいいところですね。

森谷　今日は曇り空ですが、晴れたら鳥海山《ちょうかいさん》まで見渡せるんですよ。眼下に私たち平鹿町酒米研究会の田んぼが、全部見えています。皆瀬川と成瀬川、2つの川の扇状地に開けた肥沃な大地なんです。浅舞酒造は、あの右奥。仕込み水も、稲を育てる水と同じ水源なんですよ。

――上から眺めると、田んぼと酒蔵の位置関係がよくわかります。

森谷　浅舞酒造のモットーは、〝酒は田んぼから生まれる〟。〝酒蔵から半径5キロメートルの範囲内で収穫された酒米だけで、純米酒を仕込む〟がキャッチフレーズ。この景色を瓶に詰めたいと思って、酒造りをしているんです。

――酒米研究会では、どんな品種を栽培しているのでしょう。

森谷　1987年から栽培している「美山錦《みやまにしき》」が最も多くて、ほかに秋田県が育成した「秋田酒こまち」「吟の精」「美郷錦《みさとにしき》」、明治に山形で育成された「亀の尾」、近年、宮城で開発された「星あかり」などです。美山錦は、基幹商品の「天の戸　美稲《うましね》」や「天の戸　醇辛《じゅんから》」の掛米に使っています。

――森谷さんは稲を育てて何年になりますか？

森谷　36年です。酒米は、30年になります。酒米は、ずっと美山錦だけを栽培しています。酒米研究会のスタートは、「美稲」の稲を育てることがきっかけで、当初は麹米用の吟の精と、掛米用の美山錦の2品種だけを栽培していたんです。私はそのころから美山錦、一筋。増えた品種は会のほかの方に作ってもらっています。

——日本の酒米で最も栽培量が多いのは山田錦、2番目が五百万石。美山錦は3番目に多い品種ですよね。

森谷　美山錦の原産地は長野県で、寒冷地に向く品種で、秋田県でも多く栽培されています。

——美山錦を使ったお酒は、甘さが控えめで、あっさりとしています。綺麗だけど派手さがなくて、ちょっととっつきにくい印象があります。

森谷　私が美山錦につけたキャッチフレーズは、〝気難しい麗人〟。

——まさに！　そんな感じです。雑誌『dancyu』で酒米の食べ比べという企画に参加したとき、森谷さんが育てた美山錦も蒸して食べましたが、ドライでシャープな味でした。食べたあとに苦みや渋みを感じて、余韻に青いハーブのような香りを感じられたのが印象的でした。

森谷　そうなんです。お酒にしたときも、美山錦は苦みや渋みが出やすいんですが、私は酒にニガ、シブがほどよくあるのは、決して欠点ではないと捉えています。何か料理を食べてから、美山錦の酒を飲む、飲んでは食べる。繰り返しながら息を吸ったり吐いたり、スーハーする。そのときに苦みや渋みがくるので、口がリフレッシュする。

——ハーブキャンディーのように。

森谷　そうなんです！　食事のあとが、ほんのり苦く終わるので、口の中がすっきりとして、次の料理が欲しくなる。甘く終わるよりも、料理が生きるんです。後口が甘い酒や旨すぎる酒は、

農作業と酒造りで鍛えた逞しい肢体を持つ森谷さん。文章も巧みで、達筆、料理上手で、ユーモア精神もたっぷり。

飲みながら酒に気持ちがいってしまうでしょう？　私の理想は、酒を意識しないで、食べたり、会話していくうちに、時間が過ぎてしまって、あー楽しかったね。そういう酒。美山錦だけで造った「天の戸　ランド・オブ・ウォーター」を飲んだことありますか？

——あります！　名前の通り、湧き水のようにすうっと身体になじむ味わいでした。爽やかで、すいすい飲めて、あっという間に瓶が空になってしまいました。

森谷　嬉しいっすね。私は、米の特徴を生かした酒造りをしたいので、麹を造りこみすぎないようにしています。

——麹を造りこむ？

森谷　糖度の高い麹を造ることです。造りこんで出した甘みで、米の持つ苦みなどをマスキングするやり方もありますが、私は糖を出しすぎないよう、あっさりと造る。そうすると米が持つ本来の味が、ぽっと出てくるんです。美山錦の場合なら、苦さや渋さを生かすということです。

——ワインの世界でも、苦さや渋さはマイナスではありません。

森谷　でもいまは、苦みや渋みを感じない甘い酒に人気があります。

——確かに、甘さを軸としたメリハリがある派手なお酒は受けていますね。

森谷　そういった酒を造るときに有利なのが、山田錦なんです。山田錦には苦みや渋みが出る成分が少ないそうです。

——山田錦にアルギニンなど苦み成分が少ないという話は、種麹《たねこうじ》メーカーの秋田今野《こんの》商店でも聞きました。

森谷　山田錦で造れば、全国新酒鑑評会で金賞を取るにも優位です。鑑定官の先生たちは、ニガ、シブを欠点と捉えますから。

——山田錦はマイナス要素が出にくい、いわば優等生タイプなんでしょう。

森谷　確かに山田錦は優れた米なんだと思います。でも米は品種ごとに違った個性を持っている。みんなそれぞれ魅力がある。全員が山田錦をめざさなくてもいい。「さあ、みんな！　山田錦のようないい子になりなさい、苦さ、渋さは隠しておきなさい。出しちゃいけませんよ」という考え方には疑問を持ってるんです。そもそも良い酒米とは、米の

浅舞酒造の看板酒。吟の精と美山錦を使った「天の戸　美稲《うましね》」（右）720ml 1400円と、秋田酒こまちを使ったソフトな旨味が魅力ある天の戸・純米大吟醸35〈出品酒仕様〉720ml 3333円。価格は税別。

中心に線状に心白が出ているものだと言われていますが、果たしてそうなのか。酒米の王様の山田錦に綺麗な心白があるから、そう言われるのではないか。私は常識自体を疑ってしまったりするんです。天邪鬼《あまのじゃく》なんですよ、「天の戸」の杜氏やってますからね（笑）。

――確かに全国新酒鑑評会では、ほとんどの蔵が山田錦で出品していますが、「天の戸」は、山田錦ではなく、秋田の米で金賞を取っていますよね。

森谷　はい、11回取ってます。美山錦で2回、吟の精で3回、近年では秋田酒こまちに変えて6回取っています。出品酒を秋田酒こまちに変えたのは、いまの評価基準では美山錦では金賞は取れないからです。1998年に秋田酒こまちが開発されたことで、秋田の酒蔵は救われました。

――秋田酒こまちで造ったお酒は、ほんわかと丸くて、柔らかい印象ですね。

森谷　同感です。「天の戸　純米大吟醸35」や「夏田冬蔵　酒こまち」などで使っています。

――森谷さん流、秋田酒こまちのキャッチフレーズは？

森谷　〝ちょっと天然、良妻賢母〟。

――あはは、ぴったりですね。じゃあ、吟の精は？

森谷　〝田んぼの室伏広治〟。

――ハンマー投げの？　お酒の味は、そんなにマッチョではないような気がします。秋田では、大吟醸の麹米として使う蔵元さんも多くいますよね。

森谷　稲の姿がガッチリしていて粒が大きい。頑強なのでマッチョ。大吟醸に使うのは、高精米にも耐えるからです。うちでも「醇辛」と「美稲」の麹米に使っています。

——田んぼの……なんていう命名は、農家ならではの視点ですね。どんな稲なんでしょう。

森谷　では丘を下りて、田んぼの近くに行って稲を見ながら続きの話をしましょう。

——広々として気持ちがいいところですね。下界に下りるとさらに広さを実感します。横手盆地といっても、見渡す限りの田園地帯なんですね。

森谷　これが吟の精。この稲は特に立派に育っています。株の元を見てください。太いでしょう？

——確かに稲の姿がガッチリとして、ボリューム感があります。〝田んぼの室伏広治〟とはよく名付けましたね。

森谷　この稲を育てている方は81歳なんですよ。農家に定年はありません。体力と気力が続く限り仕事をするんです。この方は特に熱心で毎日、田んぼを見回りにくる。稲が可愛くてしょうがないんです。わああ！　噂の81歳がやってきましたよ！　武内竹蔵さーーーん！

——毎日、田んぼにいらっしゃるのですか？

武内　一日に3回は来てますかのぉ。稲が気がかりで、気がかりで。60年、米作りやってますが、農業は毎年、1年生。天気も違いますから。もっとよく育ててやりたいと思うんですが、なかなかねえー。

——素人目にも田んぼが綺麗です。手入れが行き届いている感じです。

森谷　そうでしょう!?　昔の人は「人の足跡がたくさんついている田んぼはよく米がとれる」と言いましたが、それは足しげく田んぼに通っているということなんです。

——酒造りも同じですね。清潔感のある綺麗な酒蔵は、酒質も良い場合が多い。仕事が丁寧で目配りが利いているんですね。麹のはぜ方が不揃いだったり、もろみの面が綺麗に揃っていなかったり、大ざっぱな仕事をしている蔵の酒は、やはり雑な味がします。

森谷　料理も同じ。きめ細かく目が行き届いているかどうかで、決まりますね。

——武内さん、食べる米と酒米とで、育て方に何か違いはありますか？

武内　酒米のほうが難しいかにゃぁ。丈も長いしねぇ。70歳過ぎてからは、酒米だけやってます。やりがいがあります。

森谷　飯米だと農協に出しておしまいなので、どんな人が食べているのかわからない。酒米は自分でも飲めるし、飲んでいる人の顔も見える。農家にとって張り合いになるんです。武内さん、ありがとうございました。次は私の美山錦を見にいきましょう。

——わあ、風が気持ちいいですね。

森谷　このあたりは秋には朝霧が立つんです。

「稲が心配で、心配で……」と、一日三回は田圃を見回るという、81歳で現役農家の武内竹蔵さん。なんて素敵な笑顔！

――兵庫県の特A-a地区と共通していますね。

森谷　山田錦に詳しい兵庫県の「龍力《たつりき》」会長の本田さんも、稲刈りの時期に朝霧がかかって、昼前に消える田んぼは良いとおっしゃってました。日中と夜間の温度差があって、川が近いから霧が立つのでしょうね。内陸の山間部は、酒米を育てる気象条件として良いのかもしれません。本田会長の言葉で、ここで稲を作ってきたことを誇りとしていいんだと自信になりました。

――稲としてはずいぶん背丈が高いんですね。山田錦よりは低いようですが。

森谷　このあともぐんぐん伸びて110センチぐらいになります。山田錦は120センチぐらいになるので山田錦よりは低いけれど、背丈は高い品種です。背丈がある稲は肥料の量を加減しないと、倒れてしまうんです。ただ、あまり少なくしてしまったら栄養失調になって米の質が悪くなってしまいます。以前、農業試験場に、米のタンパクを抑えるために、窒素肥料を控えましょうと指導されました。山田錦並みの低タンパクをめざそうとしたんです。ところが美山錦や吟の精の場合、その方法では質の悪い米しかできなかった。米は稲の子供ですから、母体である稲を健康に育てることが大切なんだと思います。

――米は稲の子供……。

森谷　米は稲の種子です。次の代を残すために、稲は頑張っているんです。それなのに我々人間の都合で、タンパクを減らして、デンプンだけを作れといっても、米にとっては酷な話なんです。その稲の特性を持った、健康で良い米を育ててやるのが、農家の仕事だと思うんです。

――森谷さんは、良い酒米とはどんな米だと考えますか。

森谷　胴割れしていないこと。整粒歩合が良いことです。

——米粒が割れずに、大きさが揃っているということですか。

森谷　そうです。たくさん粒をつけた立派な稲を作りたがるのが農家の性です。ですが、私たち研究会は、1つの穂に数多く米粒が実ることより、実った米粒を充実させることに力を入れることをテーマに取り組んでいます。肥料は総量を決めています。しかも有機肥料主体です。農薬の使用回数も決めています。化学肥料も農薬もこの地域の平均的な量の半分ほどです。

——ガイドラインをクリアーした印としてラベルに「特別栽培米」と表示されていますね。

森谷　土壌による差もありますから、こと細かな栽培方法は個人に任されています。19人、それぞれが工夫しますよ。そこで年に4回程度、会員19人全員で田んぼまわりをします。

——メンバーみんなの田んぼをお互いにチェックするんですね。

森谷　一人だと1年に1作しか経験できないところ、この方法だと1年で19作分の経験ができる。勉強になるし、牽制にもなる。変なことはできません。収穫したら、皆で等級検査場へ行って見守ります。見た目はみすぼらしかった田んぼの米が、特等を取ったりすることもあるから勉強になる。検査が終わったら、検査官からデータをもらって、皆で反省会をする。良い米には賞状も出るんですよ。反省会には奥さんたちも呼ぶようにしてるんですが、奥さん方は「おとーさん！　あの人は特等なのに、なんでうちの米はこんなに貧弱なの!!」って発破をかけます（笑）。

——それは励みになるでしょうねえ（笑）。

森谷　規模は小さいグループですが、特等と1等を出す比率が県内ではトップクラスなんですよ。視察旅行へも行きます。山田錦の田んぼを見るために兵庫にも行きましたし、ヒントをもらいに焼酎の原料のサツマイモを見に鹿児島へも行きました。

――研究会の会員はお互い同志でもあり、良いライバルでもあるのでしょう。収穫量も決めているのでしょうか？

森谷　品種によって違いますが、一反あたり9俵を目標にしています。

――酒米としては、反あたりの収量は多いほうなのではないでしょうか。蔵元さんの自営田では、もっと反収が少ない例が多いようです。

森谷　農家は生活がかかっていますから。蔵元さんが自営田で作る酒米とはその点が違います。蔵元さんの自営田なら、採算は度外視して質だけを求めることができるかもしれませんが、我々農家は、ある程度の量も収穫しないとやっていけません。浅舞酒造ではその点をよく理解してくれていて、農家を応援するために、かなりの額を農家に支払っています。育てた米は等級をよくするために選別したくず米の売り先まで考えます。そして、農協を通じて払う米の代金とは別に、農家に田んぼ一枚あたり何円といったように補助金を払っているんです。どんな年であっても飯米より、絶対に金額が低くならないようにしているんです。

――酒米は飯米より栽培が難しいということですが、支払いをプラスしてもらえるなら、モチベーションになりますね。

森谷　品種による差も考慮しています。たとえば亀の尾は反収が少ない品種で、最高によくできても一反あたり7俵しかとれない。でも農家には美山錦並みの金額を払う。収穫量で払うのではなくて、田んぼに対して払われるんです。農家は難儀して育てても、いいものができたら評価されて、しかもいいお金で売れたら頑張るっすべ？

――当然ですよね。金額はどうやって決めるのでしょう。

森谷　毎年11月に、農家と蔵元が顔を合わせて、次の年の栽培法法や目標品質、買い取り金額なども含めて話し合って、契約を交わします。お互い真摯な態度で臨みましょうという調印式みたいなものです。そのあとは一杯やる。会員が育てた米で醸した酒を酌み交わす宴会です。

――森谷さんは農家として参加するんですよね。

森谷　もちろんです。亡くなった秀衛社長が「森谷は夏から秋までは、農家サイドでものを言うからなあ」なんてよくぼやいてましたね。でも社長は、設備投資に回したいところを、田んぼへ多く払ってきた。毎年、取締役の給料分以上の金額を酒米に投入してきたのではないでしょうか。よく我慢してやってくださいました。

――森谷さん、米農家と杜氏、どちらの仕事が好きですか？

森谷　どちらも、ですね。もし一年間、酒造りだけをする仕事なら、きっとすぐに辞めていたと思います。一年間米作りだけでも、それも大変です。半年で切り替えができるのがいいんです。春に種を撒いて、夏の間、米を育てて、秋に収穫して、冬に酒を造って、瓶詰めする。一貫してもの造りに関わって、しかも切り替えがあるから、気分も変わる。

――森谷さんの著書のタイトル通り、〝夏田冬蔵〟ですね。

森谷　しかも、飲むところまでできる(笑)。そんな仕事、なかなかないいんじゃないっすかねぇ？

こんな楽しいことやってて、社長から給料もらって、いいのかなとときどき思ってるんですよ。嫁さんには、「社長さんには、そんないらんこと言わんでね」、なんて釘を刺されてます（笑）。

――浅舞酒造のモットーである「酒は田んぼから生まれる」は、先代蔵元と森谷さん、お2人で築いてきたということを改めて感じました。

森谷　あ、雨が降ってきましたね。ここのところ日照り続きだったので恵みの雨です。雨を連れてきてくれたんですね。また来てくださいね、稲も待ってます。

後日談――。

平鹿町酒米研究会のメンバーでは12年前から、農薬や化学肥料を通常の半分に減らした栽培法を実践し、手間のかかる除草や防虫にも取り組んできた。メンバーの一部は、化学肥料の代わりに、値段の張る市販の有機質主体の肥料を使っていた。ラベルにある「特別栽培米」は、その証である。ところが、２０１５年の秋、秋田市の肥料メーカー「太平物産」の偽装が発覚した。有機質肥料の成分表示が虚偽であったのだ。この肥料を使って栽培した米では、「特別栽培米」にはならない。浅舞酒造では、ラベルに記された「特別栽培米」の文字を一枚ずつ、修正ペンで消して出荷する作業をしなくてはならなかった。農家のメンバーはもちろん、蔵元や蔵人たちはどんなに悔しかっただろう。

だが、森谷さんはホームページに「今回の件について残念とは言いません。くじけたりするわけにはいきません」と記した。そして、年末に毎年、送ってくれる「天の戸」カレンダーに、以下のような言葉を添えていた。

「肥料成分偽装問題は私たちにいろいろなことを教えてくれました。国や県のガイドラインをクリアーしていればいいという安易な考えで、特別栽培米に取り組んできたのではないのか。そもそも特別の意味さえ、不確かなものではないのか。この土地に根ざした自主基準を設けて、初めて自分たちのものになるのではないのかと、酒米研究会の反省会で、話題になりました。

高い理想を持って減農薬や減化学肥料に進むのではなく、自分の子や孫の口に入るコメは、できるだけ農薬を減らしたい。土を肥やして『やっぱり違うね。おいしいね』って言ってもらいたい。その延長線上にあっていいのではないかと思い始めました。

先輩から後輩へ。先生から生徒へ。親から子へ。渡すタスキは、取り組む姿勢であり、心意気なのかもしれない。愚痴って言い訳していてはレースは終わってしまう。何年か後に、『あのことがきっかけで、かえって発奮しました』とインタビューで答えたいんだ。

私たち蔵人は、農家からの米を受け取って、酒というタスキに変えて酒屋さんに渡します。お店の方は、我々の思いを愛飲家の皆さんに手渡してくれます。

だからこそ、私たちはそれぞれの思いが、心に残るお酒を造らなければなりません。

森谷康市」

造り手の「熱狂」

貴

永山本家酒造場（山口県宇部市）**永山貴博**

人と人を繋ぐ癒やしの米味

杜氏　永山貴博

ひと口飲んで、酒が放つエネルギーに圧倒された。若い命が躍動するような潑剌とした魅力に満ち溢れていたのだ。味わいの記憶は徐々におぼろげになっているのだが、そのとき感じた胸の高鳴りは、十数年を経た今でも、はっきりと覚えている。

それは平成14(2002)年の年末、食の雑誌『dancyu』2003年3月号で予定している日本酒特集に掲載する酒を選ぶために開かれた試飲会の場で、「貴」は「隠れた地方の名酒」というテーマの候補として集めたうちの1本だった。執筆を担当した私は、試飲する酒を選ぶにあたって、地酒に力を入れている地方の酒販店や、日本酒に造詣の深い地方在住の専門家に、今後期待される無名な造り手の酒を推薦してもらった。かねてから親交のある広島市の酒販店「酒商山田」には、地元広島の酒を挙げてほしいと頼んだ。広島県は吟醸発祥の地であり、1980年ごろまでは製造量でも全国上位の酒処で、全国で知られる銘酒が数多くある。古豪の名醸地から、新たなスターを発掘する狙いだったのだ。ところが店主の山田淳仁さんが挙げたのは、お隣の山口県の酒「貴」であった。「できれば広島の酒で」と再度、お願いしたのだが、「一押しだから、飲んでみてほしい」といつも以上に、熱がこもっている。山田さんによると、杜氏《とうじ》の永山貴博さんは蔵元の次男として昭和50(1975)年に生まれた27歳(当時)の若者で、銘柄は名前から一字とって名付けたものだという。試飲会用に送ってもらった特別純米酒は、杜氏として2年目の作品とのことだった。

このとき集められた日本酒は、将来のスター候補ばかり。試飲する前に「貴」に思い入れがあったわけではない。だが、一口で魅了された。味の緻密さには欠け、余韻も短く、決して完成度が高かったわけではない。だが、ただひたすらに、米の旨みを表現しようとする、若い造り手のひたむきな姿勢が心に響いてきたのだ。甲子園の熱戦で、きらりと輝くスケールの大きな球児を見つけたような気分だった。こいつ、将来、大物になるぞ。これからの時代を牽引していく酒になると予感した私は、コメントシートに「素直な旨さが弾ける若々しい酒。粗削りだが、発展途上の魅力あり」と記入し、高得点をつけた。これこそ、テーマにぴったり合う隠れた名酒だと確信したのだ。

すると隣の席で「おおこれは……俺の酒だ!」と小さな声が上がった。声の主は、審査員中最年少、31歳の居酒屋店員、石橋正之さんだ。「貴」のボトルを手にして、頬が紅潮している。厳正な評価を行う場であり、私語はなるべく発しないことを原則としているのだが、思い余って声が出てしまったようなのだ。同志を得て嬉しくなった私は、石橋さんが持っているボトルを指さしながら、無言で笑いかけた。石橋さんは、黙って何度も頷き、ボトルを凝視しながら、さらにもう一杯口に含んで、味を確かめていた。

ほかの審査員の「貴」のコメントも、「芯が一本通った旨い酒」(工藤卓也さん・当時「五穀家」店長、現在「井のなか」店主)などと好評で、最終的に審査員12人の評価を集計した結果、「貴特別純米60」は、「隠れた地方の名酒」部門で、1番人気に輝いた。ちなみに、このときの2番人気は、名杜氏、高橋藤一《とういち》さんがいる秋田県の「雪の茅舎《ぼうしゃ》」、3番人気は宮城県の「伯楽星」であった。「伯楽星」蔵元杜氏の新澤巖夫《にいざわいわお》さんは、奇しくも永山さんと同い年である。

人の心を和ませる酒

試飲が終わっても、まだ興奮状態が続いている様子の石橋さんに、なぜ俺の酒だと発言したのか、真意を尋ねてみた。

「強くて、優しくて、エネルギーに満ちていて……。たまらなく魅力があるけど、足りないところもいっぱいある。この酒に未来への期待値を感じた、と同時に自分自身のことを思ったんです。男だろ、頑張れよと、励まされた気がしたんです」

居酒屋店員として日本酒の担当を務めながら、いつかは店を持つことを夢見ている石橋さん。やる気は十分あるが、未熟な今の自分の姿と、この酒を重ねてしまうのだという。

自家栽培した山田錦を持っておどける永山貴博さん。2008年の訪問時に撮影。

「この酒を造っている男に、すぐにでも会ってみたい。男らしさとは何か、語り合ってみたい」と話した石橋さんは、その言葉の通り、その2週間後に永山さんに会うために、山口県宇部市の酒蔵を訪ねた。2人は、夜通し飲み明かし、意気投合したのだと、その後報告を受けた。思いを込めて造った酒は、強いメッセージを放ち、飲み手の心にダイレクトに伝わる。ましてや年齢の近い者同士、共鳴し合うのだろう。石橋さんのフットワークの軽さがうらやましかった。私もすぐに宇部へ飛んで、永山さんに会ってみたかったが、予定が詰まっていてままならなかったのだ。

だが、思いは通じるものだ。かねてから親交のある宮城県「日髙見《ひたかみ》」蔵元の平井孝浩さんの紹介で、まもなく永山さんと酒席を共にする機会に恵まれ、蔵へも訪問できた。「ゴリさん」という綽名《あだな》で呼ばれていると聞いていたが、会ってみて納得した。柔道家のようながっしりとした体格、イガグリ頭に髭を蓄えた野性的な風貌ながら、眼差しは優しい。まさにゴリさんである。

話をしてみると、純情な青年で、初対面から打ち解けた。自分の考えを、自分の言葉で伝えようとする姿勢が、気持ちが良かった。視野の広さにも感心した。このとき執筆中だった拙著『愛と情熱の日本酒〜魂をゆさぶる造り酒屋たち』のなかで、「十四代」の髙木顕統《あきつな》さんの登場を、ビル・ゲイツになぞらえて、「ビフォーG」「アフターG」ならぬ、「ビフォーT」「アフターT」と表現したくだりは、実は永山さんとの会話がヒントになっている。言葉の引き出しが豊富なのだ。そうかといって、論破して相手を打ち負かしてやろうという攻撃性は見えない。ひょうきんなしぐさや無邪気な冗談で、相手の気持ちをほぐし、心を和ませてくれる。他人に警戒心を抱かせないのは、永山さん自身が人を好きで、人を信じているからではないか。のちに〝日本酒界のゆるキャラ〟として、多くのファンに愛されるようになるのは、永山さんの人となりだろう。そしてそれは、人の心を和ませる酒「貴」の持ち味でもあると思う。

「貴」との出会いで刺激を受けた石橋さんは、その1年4ヵ月後の2004年5月に、生まれ育った町、東京・大森で居酒屋「吟吟《ぎんぎん》」を開業した。日本酒の品揃えは、メインに「貴」を据え、料理は酒蔵の地元、宇部の魚介類を売りに設定した。永山さんとの縁で知り合った漁師と親しくなり、朝獲りの新鮮な魚介を空輸してもらう体制を整えたのだという。試飲会のときは、自分の店を持つことを漠然とした夢として話していたのに、1年4ヵ月後に実現するとは驚くべきスピードだ。それにしても、新開店した店の看板となる酒に、無名の新人の造った作品を選ぶとは、いくら惚れ込んだとはいえ、無謀ではないのか。

「可能性に満ちた酒『貴』と共に、俺も成長していきたいと思ったんです。開業が早まったのは、永山さんを囲む会を早く実現したいということが、モチベーションになったと思います。永山さんに出会えて良かった。縁に感謝したいと思います」

石橋さんは迷いがなかった。そして周囲の心配をよそに、開店して間もなく日本酒ファンに知られる存在になった「吟吟」。石橋さん念願の、永山さんを囲む会はすぐに実現。10月1日の「日本酒の日」に、永山さんをゲストに呼んで、「ひやおろし」の解禁日として、「貴」をオールナイトで楽しむイベントは、恒例行事となった。

「貴」との出会いで開業が早まったという、東京・大森の人気居酒屋「吟吟」店主の石橋正之さん。

2010年、新宿のレゲエクラブで開かれた第11回「スマイル日本酒」。若い男女や外国人がひしめいて、山手線並みの混雑だった。

さらにこの会から派生して、2008年10月1日からは居酒屋28軒が合同で、来店客に「ひやおろし」1杯と酒肴を無料サービスするイベントや、3月3日には全国116軒の居酒屋で、ひな祭りの白酒にあやかり、来店した女性客に発泡する活性にごり酒などの1杯と酒肴をサービスするなど、旬の日本酒を味わうイベントも発信し続ける中心メンバーに、石橋さんはいる。

「吟吟」がオープンした2004年ごろ、日本酒の会といえば、ほとんどが各県の酒造組合や蔵元組織が主催するものであり、集まるメンバーの中心は中年男性。日本酒はオヤジの酒の代名詞だったのだ。ところが約10年を経たいま、若手の蔵元や居酒屋、酒販店が主催するカジュアルな日本酒のイベントが全国各地で盛況で、そこに集まるのは主催者と同世代の20代から40代前半の男女が中心だ。そんなお洒落で気軽な集まりで、何気なく口にした日本酒が美味しかったことからファンになり、〝俺たちの酒、私たちのお酒〟として、日常的にも日本酒を楽しむようになってきているのだ。こういった若者による、若者のための新しい取り組みは、最初は小さなさざ波であったかもしれない。だが、多くの人の熱意で生じた小さな波が、やがて各地で生まれ、数が増えるに従って次第に大きなうねりとなり、いま日本酒ビッグウエイブがやってきたのだ。

その最初の小さな波のひとつは、2002年の冬に永山貴博さんと石橋正之さんという、2人の若者が出会ったエネルギーが引き起こしたのではないだろうか。試飲会で「貴」を飲んで感じた新時代の息吹、石橋さんの情熱。試飲会から十数年を経た現在の日本酒の熱狂ぶりを見ながら、そんなことを考えてしまう。

「貴」と出会ったことは、人生をチャレンジするきっかけとなったと話す石橋さん。永山さんの醸造家としての人生もその頃まさにスタートしたばかりであった。

人生を変えた「醸造研究所」

醸造元の永山本家酒造場は、明治21（1888）年に山口県宇部市で創業し、代々「男山」銘柄の酒を造ってきた。当時のたいていの酒蔵がそうであったように、大きな7トンタンクで2トンの米を仕込み、アルコールを添加し、糖類や酸味料で味つけした普通酒が中心である。販路は、地元の宇部市や山口市と、北九州。貴博さんの父、4代目の義毅《よしき》さんの母が、北九州にある酒類卸会社から嫁いできた縁で、販売量の3割は、北九州の酒類卸へ販売していた。

「昭和30年代から40年代の高度成長時代は景気が良く、販売量もうなぎのぼりだったんです」と、社長（当時）の義毅さんは言う。

「特に北九州の直方《のおがた》や筑豊などの炭鉱では、よう酒が売れました。日本全体が飲めや、歌えやという状態でしたからなあ。うちでも1000石（一升瓶10万本）ぐらいは造っておったんです。ところが、貴博が生まれたころから、酒がだんだん売れなくなってきてね。幸いアサヒビールの二次特約もやっとったもんで、スーパードライがどんどん売れて、ビール専用の倉庫も造って、トラック5台で売りさばいてたんじゃ。気が付いたら売り上げの85％がビールなんてことになっていた。酒は300石ほどに減ってしまった最悪なころに、貴博が学業を終えて帰ってきたんじゃ」

貴博さんは、1975年生まれ。兄弟は兄と姉、妹がいる。母の千寿子さんによると貴博さんは気が優しい弱虫で、小学校のころはよくいじめられ、泣かされて帰ってきたこともしばしばあったという。柔道の道場へ通うようになると、みるみるうちに身体はがっちり大きくなってきた。気の優しいのは変わらなかったが、いじめられることはなくなった。中学生で腕にモジャモジャと毛が生えて毛深くなり、ゴリという綽名がつき、高校では柔道部のキャプテンを務めた。初対面のとき、その体格から、柔道家のようだと思ったのは、あながちはずれていなかったのだ。

高校卒業後は、カナダへ語学留学するが、酒蔵の仕事に生かそうと考えたのではない。

「跡継ぎには兄がいる。僕は酒蔵には居場所がない。もともと外国への憧れもありましたが、まずは海外へ行って自分の道を見つけるつもりだったんです」

18歳の貴博さんには、将来に対するはっきりとした目標は見えなかった。だが、2年間の留学生活で、知らず知らずのうちに世界のなかでの日本という視点を養っていた。それは貴博さんの酒造りの指針となるのだが、それに気が付くのは後になってのことだ。日本に帰ってみると、家業は振るわず、日本酒の売り上げは落ち、ビールを売るしかない状況であった。兄は福岡の大学を卒業して、そのまま福岡で就職していたため、人手が足りなかった。貴博さんはほかの仕事に就く選択肢をさぐりつつも、毎日2トントラックを運転してビールを配送する日々を送っていた。

「タイミングをはかって、いつか家を出ようと思っていたんですが、バイト代をもらえるし、まだ20歳だしーなんて思って、なんとなくだらだらと家にいたんです」

永山ファミリー。左から、貴博さん、父の義毅さん、母千寿子さん、長男の将之さん。2007年1月の訪問時に撮影。

そんなおり、税務署から、広島にある国税庁醸造研究所（旧・国税庁醸造試験所、現在の独立行政法人酒類総合研究所）で、研修する制度があるという話がもたらされた。蔵元の子息を対象に、数ヵ月単位で、泊まり込みながら、酒造りに関して基礎から学べる機関だという。

「父としても、留学までさせた息子が、ぐーたら家にいて、配送の仕事しかしていないんじゃ、どうしようもない。なにか学んできてくれたらいいんじゃないか、と軽い気持ちで送り出したんじゃないでしょうか。僕も同様で、家にいるよりいいな、となんとなく参加したんです」

ところが研究所での数ヵ月が、永山貴博という人間を大きく変えることになる。

研究所で、永山さんの同期生には、「喜《き》久《く》酔《よい》」（静岡）、「日髙見」（宮城）、「天狗舞《てんぐまい》」（石川）、「天寶一《てんぽういち》」（広島）、「屋守《おくのかみ》」（東京）、「白岳仙《はくがくせん》」（福井）、焼酎の「小牧」（鹿児島）らがいた。なんと豪華なメンバーだろう。これほどの銘酒の担い手が一堂に会して、共に学んでいたとは、奇跡である。だが当時は「天狗舞」以外は、全国ではほとんど無名であったと言っていいだろう。

研究生は、永山さんのように学業を終えて間もない若者ばかりではなく、なかには経営者として数年の経験を積んだのちに、酒造りを学びにくる場合もあった。「天狗舞」の車多《しゃた》一成さんのように、銀行マンであったが、跡継ぎ娘と結婚したことから、将来の社長候補となった場合もある（2015年10月1日に社長就任）。年齢もまちまちであったが、概して年かさのほうが真剣であったようだ。若者は、父親から送り出されてくる場合が多いが、年かさのメンバーは、自らの意志で学びにくるからだろう。なかでも、32歳の「喜久醉」青島孝さんと、34歳の「日髙見」の平井孝浩さん、この永山さんより10歳以上年上の2人の真剣さは群を抜いていた。

「日髙見」の平井さんは、24歳の若さで蔵を継いだが、地元、宮城県石巻市では値下げの要求ばかりされ、苦戦を強いられていた。上質な酒を造って、首都圏で認知度を上げるべきだと考えた。それまでの「新関《しんぜき》」とは代わる新しい銘柄を立ち上げ、杜氏に吟醸酒を造らせる。できた酒は満足のいくものではなかったが、醸造の知識のない平井さんは、自分が造りたい酒を杜氏に説明できず、もどかしい思いだった。製造の基礎を身に付けたうえで、製造現場から改革しなければならないと、すがるような思いで、研究所へ学びにきていた。

「喜久醉」の青島さんは、家業の酒造りには未来はないと考え、早稲田大学を卒業したのち金融業に身を投じ、ニューヨークでセレブの生活を送っていた。だが、自分の生きる場所は故郷、静岡県藤枝市の大地にあると気が付き、酒造りを一から学ぶために研究所へ入った。大学を卒業してすぐに家業に就く跡継ぎと比べると、10年遅れのスタートだけに、短期間でできる限り学ぼうと必死だったのだ。

「目的意識もなく、部屋でたらたらとゲームをしている僕と2人とでは、目の輝きが全然違ってました。その気迫に圧倒されてしまって……」と、初めは恐る恐る遠巻きに対していた永山さんだったが、次第に面倒見のいい「日高見」の平井さんを〝兄貴〟と慕うようになる。また、「喜久酔」の青島さんのことは〝師匠〟と尊敬する、かけがえのない特別な存在になっていく。

永山さんは、カナダ留学の間、海の外から小さな日本という国を見つめながら、斜陽産業と言われる酒造業に就く意義を見出せず、帰国しても漫然とした日々を送っていた。片や、青島さんは、異業種に就き、ニューヨークでリッチな暮らしを謳歌していたのに、故郷の小さな酒蔵を継ぐことを決意して、死にもの狂いで酒造りを学んでいる。毎晩、宿舎の部屋で、青島さんの熱弁を聞き、読むべき本を薦められたりしたことは大いに刺激になったのに違いない。

「教わったのは志を持つことです。青島さんは青雲の志を持って海を渡り、トップにまでたどり着いたからこそ、日本の良さが見えた。日本人の暮らしを支えてきた米と水が造りだす日本酒の魅力や、故郷の大地で営む酒造りという仕事の価値に気が付いたと言います。青島さんの覚悟に触れ、外国帰りだなんていう僕の小さなプライドは吹っ飛びました。僕も自分のめざすところを探求し、伝えたいことを酒という形で世に問いたいと思うようになりました。自分の生きる道が見えたんです。〝Think Globally, Act Locally〟世界視野でものを捉え、地に足をつけて行動する〟。青島師匠から学んだ僕の生き る指針です」

家業に対して光明を見出した永山さんの決意をさらに後押ししたのは、そのころ全国デビューし、一躍スターとして躍り出た山形の酒「十四代」の存在だ。当時、酒は杜氏が造るのが常識だったが、「十四代」は20代の若い跡継ぎが自ら杜氏となって造りだしたものだった。

「飲んで衝撃を受けました。その酒は、これまでほかの酒を飲んで感じたことのない世界観を持っていたんです。新しい時代が来ている……。高木顕統《あきつな》さんによって新しい時代が幕開けした。〝アフターT〟です。蔵元の息子は、酒造りを通して、自分の世界を表現できる立場にいるということを、十四代という存在が示してくれたのです」

9ヵ月間の研修ののち、蔵に戻った貴博さんは、跡を継ぐことを表明する。両親の喜びは予想以上であった。

「そりゃあ、嬉しかったですよ。ぐーたらしていた奴が、研究所から帰ってきたら目の輝きが変わっていたんですから」と義毅さん。

「そのころつきあいのあった東京の酒類卸の方に、おたくの酒質は全国レベルに達していないと指摘されていたんです。だがワシは営業畑で来た人間で、どうすれば質を上げられるかわからなかった。貴博がその気になってくれたのなら、こいつに賭けよう。蔵の将来を託そうと思ったんです」

義毅さんは林業関係の仕事の退職金を投じて、麹室《こうじむろ》を改装し、新型の蒸し米機を購入。さっそく貴博さんは、蔵に入って酒造りを始めるが、杜氏や蔵人《くらびと》と衝突してしまう。

杜氏たちはこれまでのやり方で支障なくやっていたところに、現場の経験がないのに、理論や思いばかりが強くて頭でっかちになった跡継ぎが入ってきたのだ。うまくいくはずがなかった。有能な若者が辞めていったり、コミュニケーションがとれずぶつかりながらも3年間、杜氏のもとで、共に酒を造った。だが物足りなさを感じていたところ、父が地元山口の大津杜氏のなかでも名人と呼ばれた野中脩史さんを、アドバイザーとして招聘してくれた。野中さんは、かつて近隣の蔵で「秋芳《しゅうほう》美人」を醸す名杜氏として、山口県内では知られた存在であったが、その蔵が廃業し、広島の酒蔵で蔵人を務めていたのだ。

蔵に戻って4年目の2001年、26歳で貴博さんは杜氏に就任。2001年の冬から2002年春までの酒造りの1期間、野中さんに助言をもらいながら酒を造った。

杜氏に就任した年から、従来の「男山」と並行して、自らの名前から一字とって「貴」銘柄を立ち上げた。原料の米は、山田錦など品質の良い酒米を使って、上質な酒を造ろうとしたのだ。ラベルの文字は、自ら筆をとって描いた。筆跡は人柄をあらわすと言うが、ラベルをじーっと見ていると、ひょうきん者の貴博さんが歩いている姿に見えてくる。

野中さんは高齢で、持病が悪化したこともあり、「来季からは俺なしでも大丈夫だ。お前なら杜氏として立派な酒ができる」と太鼓判を押してくれた。『dancyu』試飲会で選ばれた酒は、貴博さんが杜氏に就任して2年目の作品であるが、杜氏本来の意味である醸造責任者として取り組んだ初年度の作品と言っていいかもしれない。

酒販店との交流で得た哲学

酒はできた。だが、どうやって売ればいいのか。そのアドバイスをしてくれたのが、〝兄貴〟こと「日高見」の平井さんである。

「平井兄貴は僕のことをターボ、と呼ぶんですが、『ターボはいきなり東京をめざすより、近隣の地酒専門店さんとの信頼関係をつくることが大切だ』というんです。東京や大阪をめざすのは、まず地固めしてからのほうがいい。そう言って最初に行くように薦められたのは広島の『酒商山田』さんでした。山田さんに酒を認めてもらって、可愛がってもらって、お宅に泊まれるぐらいの間柄にならなくてはいけない。俺たち蔵元は毎年、全国新酒鑑評会の成績発表のときに広島へ行くが、そのときには山田さんの店にも寄る。店では、お前が蔵元たちにお茶を出すぐらいの関係になっていないとだめだぞと念を押されました。僕、兄貴の言う通り、そのまま きちんと実践したんです」

この話は、のちに山田社長からも裏付けをとっている。永山さんがデビューしたてのころのことを聞きたいというと、顔をほころばせ、とろけるような笑顔で話し始めた。

「意欲がある若者だと思ったし、素直だし、酒もいままでのほかの酒にはない魅力があったので、目をかけるようになりましたよ。ただね、貴の奴、夜になっても帰らないんですよー(笑)。じゃあ、飯でも食うかと聞くと、にっこり笑う。ところが家で飯食っても、帰るそぶりを見せないんです。ごっつい身体を縮めるように丸くして、食卓に座ってニコニコしているんです。遅くなったし、じゃあ、泊まっていくかというと、ハイ！　と元気に答える。可愛くなってきちゃってね。ただアイツ毛深いでしょ？　貴が入ったあとの風呂には、『ゴリ毛』がいっぱい浮いているんだよー、あはは。まいっちゃうよ。仕方がないから、すくって入ってさー。でも、あの屈託のない笑顔を見たら、何にも言えなくてね。甘え上手なんだよね。翌朝にはまた来いよって言ってしまうんだ。いつのまにか家族みたいになって、店にいるのが当たり前のような存在になってしまいましたよ」

永山さんを家族のように迎えた、広島市の酒販店「酒商山田」社長の山田淳仁さん。

　山田さんが、『ｄａｎｃｙｕ』の隠れた地方の名酒として、「貴」を推薦したのは、酒の魅力を認めたことが第一だが、電話口でのあの熱心さは、永山さんのことを可愛いと思う気持ちもあったのだろう。持ち前の純情さ、屈託のなさで、すいっと他人との心の垣根を越えてしまう、貴博さんらしいエピソードだ。

「酒商山田」に通い続けることで他府県の酒販店との出会いもあった。地域が離れた酒販店同士、情報交換の意味もあって互いに表敬訪問しあうのは珍しいことではないのだ。たとえば名古屋「酒泉洞堀一《しゅせんどうほりいち》」の小久保喜宣さんや、福岡「とどろき酒店」の轟《とどろ》木《き》渡《わたる》さんなど、貴博さんと年の近い酒販店の跡継ぎたちとも知り合うことができたのは、山田さんとの縁だ。その後、この2人は社長となり、力をつけて全国でも有数の実力店になり、貴博さんを支える存在になっていく。

「酒商山田」と信頼関係ができたころから、平井兄貴のアドバイス通り、東京や大阪の酒販店に挨拶へ出かけていく。

大阪には、広島で開かれた全国新酒鑑評会のあとで、平井さんと、「田酒《でんしゅ》」（青森）西田司さん、「南部美人」久慈さんらが、大国町の「山中酒の店」に挨拶に行くときに、お供の形でついていった。そのときは、店主の山中基康さんと話はしてもらえなかったのだが、平井兄貴が「1週間後に、もう一度、サンプルを持って挨拶に行け」とアドバイスをくれたので、その通り、山田錦を使った純米吟醸と雄町《おまち》の純米吟醸、特別純米の3本を持って、大阪の店を訪ねたのだ。すると、店の向かいの路地裏にある離れ（現在は日本酒と季節のコース料理を味わえる「へっつい」として営業）に案内された。

差し出した3種類の「貴」を試飲して、山中さんが発した言葉は、ただ一言、「メシに合わん」。自信作を持ってきただけに永山さんは、大きなショックを受ける。盃を置いてしまった山中さんの表情は硬いままで、そのあとの説明もない。強面《こわもて》のわりには弱気の虫が出てしまう永山さんは、質問もできず、気まずい時間が流れる。すると、すうっと席を立った山中さんは厨房に立ち、手早く調理した数品の料理を食卓に出しながら、次々と一升瓶の栓を開けて、盃に注いでくれる。一杯、二杯と飲んでいくうちに、気が付いたことがあった。薦めてくれた酒はどれも、吟醸造りであることが伝わる上質なものであったが、穏やかな印象で、酒だけ飲むと地味にさえ感じる。ところが、料理と一緒に飲むと、料理も酒も美味しく引き立てるのである。それに対して、自分が持参した酒は、香りがプンプン、甘みはムンムンだ。

「自分は、香りが高い酒こそが上質な酒の証であると思っていました。一般的にはそう考えられていたと思います。全国新酒鑑評会などのコンテストでは、華やかで強い香りの出る酵母を使った酒が評価されますから。ところが、山中社長が作った料理と一緒に飲んでみると、強い香りの立つ自分の酒は料理と合わない。香りが浮いてしまって、山中社長がおっしゃるように確かにメシが進まないんです」

思ったままを口にすると、山中さんも「そうやなぁ」と相槌をうってくれて、気を強くした永山さんは、疑問点や考えを言葉にする。夜が更けるに従って、山中さんも饒舌になっていった。

「日本酒はなあ、料理と一緒に楽しんでこそのもんなんや。酒だけ飲んで、ようできてるなあというもんより、ちょっと物足りん、ぐらいのほうがええ。そういう酒は、食卓で光る。そんな酒がええ酒なんと違うやろか」

山中さんの話に目を開かされた。だが一方で、華やかな香りがある酒を上質な酒だと捉える人も少なくないはずだ。山中さんの「メシに合わん」という一言は常に頭の中で反響していたものの、全面的に変更する気持ちにはなれずにいた。気持ちが揺れているときに、山中酒の店から、山田錦と雄町の純米吟醸、特別純米酒、それぞれ3ケースずつの注文が入った。ダメ出ししながらも、応援してくれている。その気持ちがありがたかった。

朝、蒸し上がった米は、仕込み蔵2階に設えた神棚へ供える。いつもはひょうきんな永山さんも、このときの表情は真剣だ。

翌年の酒造りが始まるまで数ヵ月。来期はどんな酒を造るのか。そのために、どんな酵母を使ったら良いのか。悩みぬいた結果、カジュアルに飲んでもらいたい特別純米酒には、香りが穏やかな山口県で培養する9号系酵母を使い、純米吟醸には従来のままの華やかな香りの立つ酵母を使うことにしたのだ。こうして、『dancyu』試飲会にエントリーされた「貴」特別純米60は、穏やかな9号系の酵母を使い、「隠れた地方の名酒」部門で1位を獲得するのである。

そして翌年、杜氏就任3年目の2004年に、〝脱・香り系酵母宣言〟をする。

2004年の3月、特約する酒販店あてに送った手紙の冒頭には、注文に生産が追い付かないことに対する詫びが述べられている。雑誌掲載1年を経ても人気は衰えず、対処に追われている様子が浮かんでくる。同時に「貴」のコンセプトとして、「料理を助演する脇役をめざすこと」、そのために、「いま流行している香り高い酵母ではなく、9号系酵母（山口9E）を選択すること」「醸造アルコールを入れない純米造りにすること」が、明確に書かれている。

それまでは大吟醸も造り、評判が良かったのにもかかわらず、なぜ純米造りに徹することを決めたのか。理由を尋ねると、〝Think Globally, Act Locally. 世界視野でものを捉え、地に足をつけて行動する〟の意味を再度、自分なりに見つめ直した結果だという。

「世界を視野にもの造りをするならば、日本酒は、本来の姿である米と水の酒であるべきだ。さらに、地に足をつけて行動するならば、西日本らしさを追求すべきだと考えました。西日本は旨みの文化です。旨みを出したいなら、アルコール添加で軽さを出すよりは、純米酒のほうが有利であるという結論です」

永山さんが決断したのは、東京・中野の酒販店「味ノマチダヤ」とのつきあいも大きいという。「カップ酒」や「スーパー晩酌酒」など、さまざまな企画で日本酒業界を活性化させ、新しいマーケットを創造し続ける「味ノマチダヤ」。熱血店長の印丸佐知雄さんと膝詰めで語り合う中で気が付いたのは、流行を追うこと、売れている酒を真似することの無意味さであり、酒造家は確固とした哲学を持つべきだということだった。永山さんは心を決めた。こうして「貴」は、料理と共にある酒へ、純米造りの酒へと、まっすぐ進んでいくことになる。

癒やしと米味

全国の地酒専門の酒販店から取引を打診する問い合わせは、日に日に多くなってくるが、酒販店が関心を持つ「貴」はわずかタンク数本分しかない。売り上げのほとんどをビールが占め、日本酒「男山」の製造のほとんどは、アルコールを大量に添加した安価な普通酒であった。利益は薄く、残るものは少なかった。社長（当時）の義毅さんは当時を振り返っていう。

「確かに、貴博も頑張ったし、まあまあ良い酒はできるようになってきたと思うんじゃが、経営的には最も厳しい時代だったんです」

期待に応えるには、いままで以上に上質な酒を造り続けなければならない。そのためには、冷蔵庫を導入したり、麹室を改装するなど、設備投資は不可欠だ。純米酒の比率を上げるためには、良質な酒米も購入しなければならない。資金が必要であった。

「『ｄａｎｃｙｕ』を抱えて、父と一緒に地元の金融機関へ行ったんです。うちの経営が厳しいことは決算書を見て銀行は知っていると思いますが、記事を読めば、若い跡継ぎがいて、いま成長しようとしていることがわかる。しかも経営者なら知っているプレジデント社が発行する全国誌が、１位として取り上げているんです。必ず結果を出すから信用してほしいという思いだったんです。彼らも鬼ではありません。可能性があると踏んで、もう少し繋いでみようかという気持ちになったのではないでしょうか」と永山さん。

金融機関の判断は間違いではなかった。年々、日本酒の売り上げは上がり、平成26酒造年度の製造は１０００石。12年前と比べて、製造量が３倍強。しかも永山さんがめざした通り、醸造アルコールの購入がゼロになった。地元向けの「男山」、全国の特約店が扱う「貴」、両方の銘柄を含めて、すべてが純米造りになったのだ。安価な普通酒がメインだったころとは単価がまったく異なり、利益が出るようになった。地元や北九州に限られていた商圏もぐんと広がり、現在「貴」銘柄を扱う特約酒販店は、北海道から鹿児島までの77軒。人気と実力を兼ね備えた銘柄に成長したのである。

いま、ここを書きながら改めて『dancyu』2003年3月号を開いてみたら、「隠れた地方の名酒」部門の前に、「毎日飲みたい酒」部門が掲載されていた。その1位は、永山さんの師匠、青島さんが造る「喜久醉」特別本醸造であった。師匠と弟子がダブル受賞していたことに気が付いて、嬉しくなってしまった。2位は「天の戸」(秋田)、3位は「竹鶴」(広島)で、兄貴の酒「日高見」辛口本醸造も紹介されている。このページも執筆者は私なのだが、すっかり失念していた。2003年当時、これらの銘柄は、まだ一部のファンだけが知る存在だった。だが、いずれの酒も、いま日本酒ファンで知らない人はいない人気銘柄になっていることは、執筆担当としても心から嬉しく思う。だがメディアで紹介されたことは、全国デビューのきっかけにすぎない。蔵元たちが悩みながら、揺れながらも、ひたむきに向上しようと現場で汗を流し、結果を出してきたからこそ、勝ち得ている評価なのだ。

「貴」の定番酒、落ち着きのある味わいの特別純米60(右)720ml 1250円と、洗練された純米吟醸山田錦720ml 1250円。価格は税別

「貴」に話を戻そう。ビジョンが明確になっただけではなく、味わいも大きくステップアップしている。初めて飲んだ2002年の

冬、弾けるような米の味わいと共に、肌理《きめ》の粗さや、旨みが強すぎるがゆえのバランスの悪さに、技の拙《つたな》さを感じたものだが、年々、タッチは軽く、味わいのバランスは良くなり、短かった余韻は、長く綺麗になっていく。その進化のスピードには驚くばかりであった。飲んでわくわくと興奮するような躍動感ある酒から、飲んでほっと癒やされるような、穏やかな米の味のする酒に成長してきた。若々しさが魅力だった酒「貴」が、落ち着きのある大人の味わいになったのだ。このころから永山さんも、自分の酒のテーマを「癒やしと米味」と表現するようになっていくが、まさにそんな味になっていったと思う。

杜氏3年目に、料理と共に楽しむ酒をめざし、脱・香り系を宣言しただけでなく、味わいについての酒質設計も変えていたのだ。その結果、以前は米の旨さが、口に含んだ瞬間に弾けるような印象だったが、後半に魅力的な甘さや旨みが盛り上がって、フェイドアウトするように消えていくようになった。消え方が綺麗だから、口がリセットされ、次の一杯、次の一口に手が伸びるのだ。

進化はさらに進み、2008年ごろから酒の味わいに立体感を感じるようになってきた。酒だけをじっくりとテイスティングしてみると、それまで味の中心だったソフトな旨みや甘みに、シャープさが加わっている。モダンな印象になっているのだ。蔵を訪問したときに、永山さんに尋ねると、にんまり笑って、ポイントは酸なのだと言う。

「米の旨みを追求することは変わらないのですが、旨みだけでは味がぼやけてしまう。そこでいきついたのは酸なんです。酸というと酢を連想しがちですが、僕は出汁《だし》に入れる塩のようなものだと捉えています。酸は、味の輪郭を際立たせ、メリハリをつける。大切な存在なんです」

酸が大事だとはいっても、酸化して劣化したことが原因で起こる酸っぱい酒は、論外である。いままで以上に、搾《しぼ》ったあとに冷蔵保存することを徹底して、透明感のある綺麗な酸だけを生かすようにしていると言う。

「優しい旨みのあるほっくり感と、輪郭のはっきりとした透明感。相反したイメージを共存させたいんです」

なるほど。癒やされる旨みがあるが、穏やかな酸が陰で旨みを支えているから、優しい印象なのに、味が平板ではないのだ。この日は、培養酵母を添加せず、蔵付き天然酵母で仕込んだ「山廃純米　雄町」も試飲させてもらったのだが、山田錦を使った速醸の純米や純米吟醸に比べると、張りのある、くっきりとした酸が効いている。

「雄町は軟質の米で、味が濃く出やすいんです。だから、若干、酸を効かせ気味にしています。とりわけ山廃の場合は、自然に湧き出る乳酸から由来する旨みがたっぷりとあるので、酸を効かせないと、でっぷりとした酒になってし

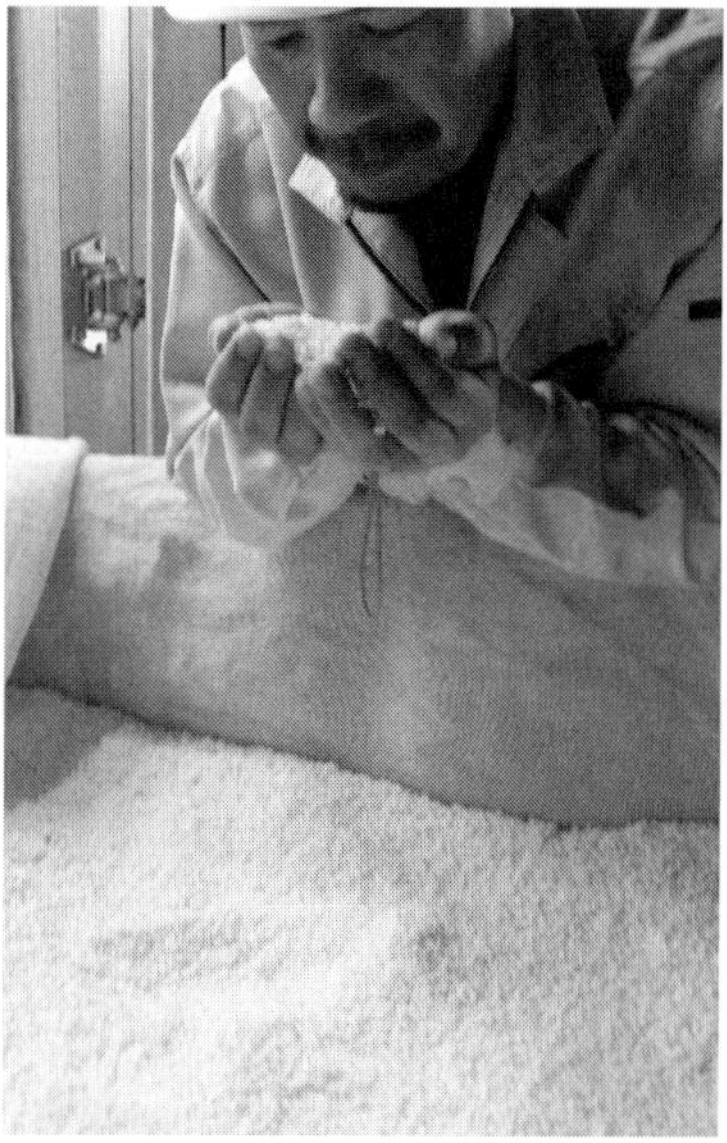

麹の手触りを確かめる。永山さんのイメージは「さらっとしているけど、パリパリではなくふんわりめ」。

まうんです」

旨さのボリュームを支えるだけの、しっかりとした酸がないと、メリハリのない濃いだけの酒になってしまうというのだ。この山廃純米酒を燗にして飲んでみたところ、すべての味が、ひとつの旨みの塊になったようで、酒だけでも、たまらなく旨いのに、何か無性に食べたくなる。思わず「おでんが食べたい！」と叫んだ。食卓で光るとは、こういう世界観を持った酒なのではないか。山中社長に指摘された「メシに合わん」酒から、完全に脱却したと思った瞬間であった。

人気居酒屋の店主として風格を身に付けた石橋さんも、「出会ったときは発展途上の魅力だと思いましたが、年々バランスも良くなりましたね。え？　という酒を出してきたこともあったけど、それも思い切ったチャレンジをしているから。いまでは最強の食中酒です」と手放しでほめる。

長期ビジョンを持って取り組む

永山さんの指針〝Act Locally.〟（地に足をつけて行動する）を実践する一環として、自営田で、山田錦の栽培にも着手している。

もともと食米を栽培していた1・5ヘクタールの自営田があった。永山さんが帰郷してから、酒米の王様、山田錦に植え替え、父母と共に栽培していたが、収穫量はわずかで、純米吟醸の原料の一部を賄えるだけだった。

2015年現在、自営田は3ヘクタールに広がり、今期から100％自営田の山田錦で造った純米吟醸「ドメーヌ　貴」を限定発売することになったという。永山さんの強い信念があって成し遂げられたものだが、実現できたのは、人材に恵まれたこともあるだろう。春に酒造期が終わり、翌年の酒造りが始まる晩秋までの間、永山さんは全国の酒販店や飲食店を回りながら、情報を収集したり、翌年の準備をしなければならない。２０１３年には父を継いで、５代目社長に就任し、経営者としての業務もこなす必要もある。かつてのように、家族と一緒に米の栽培をする時間的余裕はなくなっていた。そんなおり、ハローワークを通じて、松崎顕一さんが入社する。永山さんより５歳年下の１９８０年生まれで、コンピュータ関係の仕事に就いていたが、父は食米を栽培する農家であり、週末には農業を手伝う兼業農家であった。

２０１５年３月に、酒蔵を訪ねたら、松崎さんは米を蒸す現場で働いていた。引き締まった肉体をしているので、スポーツをしていたのかと尋ねたら、農業と酒造りで鍛えていると答える。冬は、永山さんの右腕として、醸造全般の仕事をこなし、酒造りが終われば田圃の仕事を中心になってこなしているという。酒造りの仕事が一段落した午後に、松崎さんの案内で、酒蔵の隣に広がる自営

スポーツ選手のように引き締まった身体の松崎顕一さん。夏は田圃で米を栽培し、冬は酒蔵で主に米を蒸す担当をしている。

田に向かった。歩いていると、近隣の高齢の農家たちが声をかけてきた。

「僕がまだ農家として経験が浅いので心配してくれて、いろいろ助言してくれているんです」

と、気持ちのいい笑顔で話す松崎さん。

「日本酒は飲んでなくて、まったく興味もなかったのですが、募集要項にあった〝米から酒までの一貫づくりをめざす〟という言葉に惹かれて面接に行ったんです。即、採用となったので、その日に貴の純米吟醸を買って帰ったのですが、美味しくてびっくりしました。やりがいのある仕事だと思って、改めて嬉しくなりました。しかも社長が、今年からは自営田の米だけの酒を造ると言ってくださった。自分で育てた米だけで造った酒ができるなんて、最高です」

社長と聞いて、義毅さんを思い浮かべてしまったが、貴博さんのことであった。

現在、自営田で収穫できる量は、酒蔵全体で使う米の一部で、〝一貫づくり〟には程遠いかもしれない。だが、使う米は西日本産に限定し、山口県内の農家と契約栽培を行ったり、山田錦のトップ産地として知られる兵庫県旧・東条町松沢地区の農家たちと交流し、「村米《むらまい》制度」契約で酒米を仕入れるなど、米に対する意識は高い。理想に向かって着実に歩を進めているのだ。

2015年は泊まりがけでの訪問だったので、夕食を共にしようと声をかけられた。何やら仕掛けがあるという。

誘われたのは、宇部市内の欧風鉄板焼きレストラン「CAPTAIN」だった。この店には2008年の冬にも連れていってもらったことがある。到着すると、1年前に結婚した妻、幸子さんと一緒に待っていてくれた。すらりと長身で、大輪の花のように美しく、快活な妻をめとって、幸せそうな姿を見ると、安堵の気持ちが湧いてくる。実は、純情な永山さんが愛の告白をできたのも、平井兄貴や「天狗舞」車多さん、酒販店「いまでや」小倉秀一さんのお膳立てがあったのだ。東京生まれ、東京育ちの娘が遠方に嫁ぐことをご両親は反対したのではないかと、以前、幸子さんに尋ねたことがあるのだが、「まったく反対されませんでした。母は酒造りという未知の世界でうまくやれるのかと心配していましたが、会わせたらすぐに貴さんのことを気に入ってくれました。特に父が貴さんのもの造りの姿勢に惚れてしまったんです。実家に帰ったときなんか、私がいなくても3人でテレビを見たりご飯を食べたり。仲がいいんですよ」と嬉しそうだ。ところで幸子さん自身は、永山さんのどこに惚れたのか尋ねると「まずは見た目。ゴッツイ人が好きなんです」と答えたのには笑ってしまった。

鉄板焼きのカウンターにはずらりと4合瓶の「貴」が並んでいる。よく見ると、どれも山田錦で造った山廃純米大吟醸で、2006年から2012年までのヴィンテージ違いである。仕掛けとは、このことだったのか。

永山さんは、自然派ワインにも造詣の深い福岡の酒販店「とどろき酒店」や、スター級のプレミアムワインを扱うワイン輸入会社「ヴァンパッシオン」代表の川上大介さんとのつきあいを通じて、これまでに3回、フランスのワイナリーを視察している。現地のワイン醸造家たちと意見交換をしたり、2014年には川上さんと、酒販店「いまでや」のアテンドで、「新政」「山形正宗」「而今」「澤屋まつもと」の蔵元たちとブルゴーニュの醸造家たちと夕食を共にしながら、語り合ったそうだ。こういった体験を経て、ワインに対する知識量も急激に増している。最近、会

美しく快活な妻、幸子さん。日本橋の和食店で雇われ女将をしているとき、二人は出会った。お互い一目惚れだったとか。

話の中に、たびたびワインの専門用語が混じる様子を見て、25年ほど前に私がソムリエ試験を受けるために夢中になっていたころのことを思い出していた。永山さんが個人的にワインファンになるのはいいが、ワインかぶれになってしまったら、「貴」のファンはどう思うんだろう。などと余計な心配をしたりしていたのだが、ヴィンテージ違いで試飲させてくれるとは思わなかった。永山さんは、もう少し深いところでワインを捉えようとしているようなのだ。

海外のワイナリーを訪ねたときには、テイスティングルームに案内され、垂直（ヴィンテージ違い）、水平（畑違い）の試飲をするのが常であるが、日本酒で7年分もの垂直試飲ができるのは珍しい。日本酒は、できた年に飲みきってしまう文化なので、年度の違うものを酒蔵でキープしてある例は少ない。古い年度の酒がある場合も、意図して保管してあるのではなく、売れ残ってしまって、なんとなく蔵にある〝できちゃった古酒〟であることが多いのだ。並んでいる「貴」が、すべてが同じ山廃純米大吟醸ということから見て、熟成させて味わってもらいたいというビジョンを持って造られていることがうかがえる。

ワイングラスに注がれた山廃純米大吟醸を、ゆっくりと試飲してみる。いずれも、山廃造りらしい濃厚な旨みと深いコク、シャープな酸が生きていて、余韻が長い。大きめのワイングラスで試飲すると、味わいの構成要素が分解されるせいか、「貴」らしいソフトな旨みの芯に、骨格の強さも感じられる。ワインでいうところの〝ストラクチャーがある〟のだ。そういえば宇部はセメントの産地だ。酒蔵の井戸から汲みあげられるのは、石灰質を含んだ中硬水であることを思い出し、納得した。

特に印象的だったのが、２０１０年と２００７年である。２０１０年は、旨みがたっぷりと濃くて、豊かな甘みも感じながら、後味の消え方の美しさではナンバーワンだと思った。２００７年は、まず、すでに7年が経過しているとは思えない若々しさに驚いた。低温で保管していることもあって、ほとんど色もついていないし、古酒特有の紹興酒のような酸化した匂いはまったく感じられない。そのうえで、スケールの大きさと熟成した酒特有のこなれた魅力を感じる。古いというより、年輪を経た艶と複雑味があるのだ。このお酒は、まだまだ熟成が効くだろう。そんな私のコメントを聞いてにんまりした永山さん。

「２００７年と２０１０年は、天候不順で米が硬かった年なんですよ。そんな悪いと言われる年は、実は良い年なのかもしれないと思っているんです」と、禅問答のようなことを言う。

そうだ、思い出した。２００７年は、夏の記録的な猛暑で、高温障害を起こした米が多かった年だ。発酵の段階でよく溶けず、味の乗らない、辛くて薄い酒になりがちで、全国の蔵元が苦労したと言われる年だ。２００７年の大吟醸に使う山田錦に触れて、ケタはずれの硬さを察知した

2006～2012年まで、米の収穫年の違う「貴」山廃純米大吟醸がずらり。右端は、雄町で造った純米吟醸。

「喜久醉」の青島さんは、通常では7分の米の吸水時間で、誤差10秒単位で行うところ、常識はずれの11分間の吸水を敢行した。そんな思い切った挑戦が功を奏し、銘酒揃いで知られる静岡県の新酒鑑評会で、初めて首席を獲得。ほかの蔵の腕利き杜氏から、どんな方法で、あの味を出したのかと尋ねられたという伝説の年である。

永山さんも、この年の米の扱いには苦労した。青島さんほど思い切った挑戦は行わず、搾った酒は硬くて、なかなか味が開かなかったのだという。ところが7年経って飲んでみたら、大化けしていた。良いとされる年よりもスケールの大きな酒になっていたのだ。

「柔らかくてよく溶ける、良い米ができたと言われる年は、その年のうちに飲みきる早飲み型の年。硬くて難しいと言われる年は、長期熟成型の酒に向くのではないか。そんな仮説を立ててみたんですよ。どう思いますか?」

ワインの場合は、天候に恵まれたビッグ・ヴィンテージとは、葡萄《ぶどう》のポテンシャルが高い年のことだ。そんな年のワインは味の要素のスケールが大きいため、バランスが取れて、飲みごろがくるまでに、数年から数十年を要する。対して天候には恵まれなかったスモール・ヴィンテージは、味の要素が単純なので、すぐ飲んで美味しいが、長熟には耐えられない。そういったことを米に替えて説明したかったのだろうが、米と葡萄を同じく語るのは、無理があると思う。ましてや単発酵のワインとは違って、並行複発酵で技術力が大きくものをいう日本酒の場合は、青島さんが試みたように、醸造の段階で、マイナス要因もある程度は克服できる。

一方で、永山さんの思いも理解できる。ワインの世界ではボジョレのように、短いスパンで楽しむものは、安価でカジュアルで、味わいの軽いデイリーワインだ。長期熟成させて楽しむものこそプレミアムワインであり、複雑で高い次元でバランスが取れた、スケールの大きな味わいを有するというのが常識だ。対して現在の日本酒は、その年に飲みきるのが基本で、大吟醸など高級酒は、米を磨いて醸すので、味わいは洗練されるが、軽く、淡泊な印象になる。最高の米を使って、技の限りを尽くして造った大吟醸でも、味わいが軽くて淡泊で、単年で消費されるものである以上、世界ではプレミアム品として捉えないのではないか。そんな危惧を持っているのだろう。

「そう。ワインを真似するということではないんです。ただ日本酒が、世界のマーケットの中で、きちんとした価値を認められるためには、エージングという考えも取り入れるべきなのではないか。そのためには酒造りのときから、その年の米の作柄や持ち味を考慮に入れ、単年で飲む酒と、エージングさせる酒とを意識し、長期ビジョンを持って取り組むべきだと考えるようになったんです」

ワインの価値観を当てはめることに、違和感を覚える日本酒ファンもいるかもしれない。ワインかぶれだと非難され、理解してくれない日本のお客さんもいると永山さんは言う。私の案じた通りである。だが、世界ではまぎれもなくワインの価値観がグローバルスタンダードだ。ヴィンテージ、熟成といった視点を取り入れることは、永山さんの哲学〝Think Globally〟に沿っているのだろう。

そんなことを考えながら、今度は「CAPTAIN」の料理と、合わせてみることにした。ソーテルヌ（ボルドーの貴腐ワイン）に漬けこんだあん肝や、蝦蛄《しゃこ》でとったコンソメスープ、「長萩牛《ちょうしゅうぎゅう》」のブルーチーズソースかけなど、繊細な大吟醸なら負けてしまいそうな風味の豊かな料理が次々と登場した。私はワインもこよなく愛している。こういった料理の場合は、日本酒ではどうしても酸が足りないと思ってしまうのだが、熟成した山廃純米大吟醸とのマリアージュは素晴らしかった。無理して合わせている感じがしなかったのだ。

「瓶に夢を詰めたい」

広島の醸造研究所（現在の酒類総合研究所）を卒業して約20年。この10年、慣例としていることは、同研究所が主催し、広島で行われる5月の全国新酒鑑評会の公開日の前日に、青島さんと酒を酌み交わすこと。1年間の成果について、意見交換をする大事な時間なのだという。永山さんとしては、青島さんに恥じないよう、真摯に取り組んできたつもりだが、軌道のずれや、物事の捉え方の甘さに気が付くことも少なくないのだという。

「青島さんは、夏には農家と共に無農薬で米を栽培し、冬は酒造りに勤しむ〝栽培醸造家〟の道を邁進しています。青島さんの醸造哲学は、研究所で一緒だった19年前も、5年前も、そして先日会って話したときも、見事に一貫している。筋が通っているのです。たとえ世の中のトレンドが変わったとしても、青島さんの姿勢は変わらないでしょう。どんなことにもいい加減な点がなくて、気持ちがいい。心から尊敬する素晴らしい師匠です。出会えてよかった」

研究所での出会いがすべてのターニングポイントになったと永山さんは言う。あの数ヵ月がなかったら、「貴」はない、そしていまの自分はないと、いつになくしみじみと話す。

「これまでの人生を振り返って、僕は本当に縁に恵まれていると思います。研究所の同期の蔵元たち、酒販店の方々、石橋さん、同世代の蔵元たち。そして川上さん、幸子……節目、節目にたくさんの素敵な人に会ったからこそ、いまの自分がある。縁は人の努力で得られるものではない。運命だと言ってもいいのかもしれない。この運命を神様からの贈り物だと思って大切にしていきたいと思っています」

翌朝の朝礼で、従業員を前にして、その日の業務についてきびきびと指示を出す永山さんを見ながら、立派になったなあと感慨深かった。この13年間、成長ぶりを見守ってきたが、知り合ったとき27歳だった純情な若者は、いつのまにか40歳の堂々とした蔵元になっていた。成長などと、おこがましい言い方なのだが、何度となく蔵を訪れ、機会があれば宇部で、あるいは私の住む東京で飲食を共にしてきた。「而今」「七本鎗《しちほんやり》」ら、永山さんの同年輩の蔵元たちと、全国を旅し、その度に深夜まで語り合ってきただけに、姉のような、母のような気持ちになってしまうのだ。

2015年に改装して冷蔵完備された仕込み蔵。手前の数字はタンク番号。以前より広くなって仕事がしやすそうだ。

おせじにも綺麗だとは言えなかった酒蔵も、この年、改装して見違えるようになっていた。仕込み蔵は冷房が完備され、大型の冷蔵倉庫も新築したことで、さらに品質アップが期待できるだろう。

住まいもグレードアップしている。独身時代は、〝ゴリ部屋〟と称する、酒蔵の中で生活をしていた。炬燵《こたつ》から手を伸ばせばスーツやパソコンなど、すべてのものが届く狭い部屋で寝起きし、スーパー銭湯通いが、なによりの息抜きと言っていたものだが、東京から新妻を迎えるにあたって、敷地の中に、ウッドデッキを配した酒落た住まいを新築。毎晩、新妻の手料理で、日本酒やワインで晩酌するのが幸せな時間だと言う。

「僕が造りたいのは、単なる飲み物ではない。瓶に夢を詰めたい」と語る永山さん。仕事も私生活もぐんと充実度がアップしたこれからは、世界に向けて夢を届けてほしい。初めて飲んだときに感じたスケールの大きさは間違いではなかった。世界に向けて、デッカイことをやってくれる。そう期待してしまうのは、姉バカ、親バカだろうか。

木桶をめぐる、日本酒温故知新

酒の「**進化**」を追う

木桶製作
上芝《うえしば》雄史《たけし》さん
藤井製桶所・株式会社ウッドワーク（大阪府堺市）
大正年間に創業した桶屋の次男として、昭和25（1950）年、堺市に生まれる。桃山学院大学経済学部卒業後、流通業や出版業を経て、家業に就く。仕込み桶の需要は年々減少の一途をたどるなかで、広い視野で木桶の可能性を追求し続けてきた。近年、日本酒や醤油、味噌、酢など発酵食品の分野で木桶仕込みが見直されるようになり、仕込み用の大桶の製造、補修ができる数少ない製桶所として信頼を集めている。桶造りの技をデータとして残す活動にも、精力的に取り組んでいる。

酒蔵の中にずらりと並ぶ大きな木桶……。そんな光景は、酒造博物館か時代劇の中でしか見ることができなくなってしまった。日本酒は、琺瑯《ほうろう》やステンレス製のタンクで仕込むのが現代の常識だ。これらのタンクは清掃しやすく、温度管理が容易で、耐久性があり、もろみに影響を与えることもない。微生物の働きをコントロールしやすく、安定した品質を造りだす容器として、幅広く使われている。さらに平成に入ると、周りに冷媒液やガスなどを循環させることで精密に温度管理できるタンクを目にすることが多くなった。タンクの技術革新も進んでいるのだ。

一方で、10年ほど前から、木桶で発酵させる「木桶仕込み」が見直されるようになってきた。木製の桶は、金属やガラス質のタンクに比べて清掃しにくく、中身が染みだしたり漏れたりする心配や、香味などを付加することもあり、メンテナンスに人手もコストもかかる。近代的なタンクとは対照的な時代遅れともいえる道具だが、「木桶でしか出せない味がある」との信念で、仕込み用の木桶を入手し、あえて手間のかかる方法に挑戦する醸造家たちがいる。その熱意を支えるのが、大阪・堺市で木桶の製造、修理を行う「藤井製桶所」（株式会社ウッドワーク）である。

なぜ醸造家たちは、木桶で仕込もうとするのか。その結果、日本酒はどんな味わいになるのか。醸造家たちから絶大な信頼を集める製桶所を訪ねた。

堺市西区にある製桶所を訪ねると、人の背丈をはるかに超える大きな木桶が出迎えてくれた。工場では数人の職人が、鉋《かんな》をかける作業に没頭している。爽快な木の香りが漂い、思わず深呼吸してしまう。

事務所で待っていると、作業服に身を包んだ痩身の男性が入ってきた。見事な白髪で、顔には深く皺が刻まれているが、動作は俊敏で、目に力がある。行動し、思索する人——そんな人柄がうかがえる風貌だ。

——最近、木桶仕込みを復活させる蔵が増えています。私が尋ねたところ、そのほとんどの蔵元さんが藤井製桶所に修理してもらったり、新しく造ってもらったと答えます。

上芝　ここ数年、注文は増えています。大きな桶を造る桶屋が見つからなくて、うちに話が来るんやと思います。同業者がほとんどおらん仕事なんです。

――浮世絵には桶屋が描かれ、「風が吹けば桶屋が儲かる」という諺《ことわざ》もあります。かつて日本では、桶屋は身近な存在だったのでしょうね。

上芝　桶や樽に関わる仕事に従事する人間は、大工の2倍いた、と記す文献もあります。手桶など小物を造る職人から、大物専門、木材を仕入れる業者まで多岐にわたり、それぞれ専門で仕事をしていたようですな。なかでも最も高収入だったのは、酒蔵に出入りしていた桶屋です。酒蔵に出向いて、その場で桶を仕上げる請け負い仕事で、桶に使う杉や箍《たが》に使う竹など、材料はすべて蔵元が調達しますし、酒蔵が廃業することは滅多になかった。割のいい仕事として、ずっと同じ酒蔵へ出入りして、子から孫へと代々引き継がれ、財を蓄えた家も少なくなかったんです。

――藤井家も酒蔵に出入りしてきたのでしょうか。

上芝　いいえ、私の祖父にあたる初代、藤井清春は、兵庫県から堺に出て創業した新参です。1921年には、堺市役所に近い新町の二十軒長屋で、桶屋を営んでいたようですわ。修理が主で、多かったのは醤油蔵の仕事。使い古してどろどろになった桶を綺麗にする汚れ仕事で、新参者でも参入できたんやろうね。

――ところで桶と樽の違いは何ですか。

上芝　蓋のある、なしです。蓋がなかったり、取り外しができたりするのは桶。蓋で密封されているのは樽です。蓋のことは鏡板と呼ぶこともあります。

――お祝いのときに、鏡開きで割る、あの板ですね。あの容器は、ぴったり蓋が閉まっているか

ら樽、でいいのですね？

上芝　そうです。樽酒は、できた日本酒を短期間詰めておくものです。対して、日本酒を仕込むときは、蓋がないので桶なんです。大樽仕込み、などと言う蔵元さんがいらっしゃいますが、言葉としてはおかしいんです。うちは桶屋、それも大きな桶の専門でやってきました。

井戸水を汲む手桶から風呂桶、棺桶まで、日々桶に触れて暮らしてきた日本人。桶は生活に欠かせない道具として全国各地で造られてきた。なかでも堺は盛んだった。良質な杉林がある吉野に近く、桶を造るときに欠かせない優れた利器、「堺刃物」（登録商標）があり、日本酒の二大産地である灘や伏見も近い。１９１２年に発行された桶樽業に従事する組合員の名簿には、49社もの名前が記されている。だが、時代とともに桶の需要は減り、桶屋の数も少なくなっていく。

「8年前から、堺では、とうとううちだけになりました」

——なぜ、木桶は使われなくなったのでしょう。

上芝　味噌の場合は、昭和40年代に味噌にダニが混入していると新聞で大々的に報道されたんです。仕込みに使っていた木桶が悪者にされ、5年ぐらいの間にステンレスに替わってしもた。醤油の場合は昭和50年代に、木桶は不衛生だという保健所の指導で、多くの小規模な醤油蔵が、ポリエチレンタンクに替えた。日本人は何百年もの間、木桶で仕込んだ味噌や醤油を口にしてきたけど、身体に害があったという話は聞いたことがない。電子顕微鏡など計測機器の精度が上がり、それまで見えんかったもんが見えるようになって過敏になったんやろな。見えへんまま、「?」のままのほうが良かったこともあると私は思うんやけど。

——日本酒の場合はいかがでしょう。

上芝　昭和24年ごろから昭和30年ぐらいまでの間にすべて琺瑯タンクに替わったと、灘の「菊正宗」で杜氏を務めた小島喜逸《おじまきいつ》さんの著書『醸技《かもしわざ》』（リブロ社刊）にあります。ほかの酒蔵も同様のようです。

——なぜ琺瑯に替わったのでしょう。

上芝　まず材料。戦争で焼け野原になった日本では、建物を造るために大量に木材が必要やった。木が不足していたんです。対して鉄は武器や軍艦を造るために溜めこんでて余ってた。そこで戦後、鉄を扱う会社がこぞって琺瑯タンクを造りはじめたんです。

——酒蔵にはメリットがあったのでしょうか。

上芝　効率面がいいことやろね。木桶は仕込みに使ったら、木肌に目に見えない微生物が染みこむ。これは完全には洗い落とされへん。だから酒を熟成させるために別の桶を準備せんといかん。それに対して琺瑯は、鉄に高熱でガラスを吹きつけた素材なので、簡単に洗えて、そのまま熟成に使える。単純計算では、木桶を使う場合の3分の1の敷地で、同じ量の酒が造れることになります。

——タンクを使い回せるから、狭いスペースでも大量のお酒が造れるということですか。

上芝　そういうわけです。戦争が終わって兵士が復員してくる、どんどん酒を造れ、造れば売れるという時代です。質より量が求められていた。だから蔵元はこぞって効率のいい琺瑯に切り替えたんです。そのあおりで昭和25年ごろから桶屋が消えていきました。財力のある桶屋は、儲からない仕事に見切りをつけてほかの業種に転身していったんですな。

琺瑯タンクは大正末期ごろに誕生し、酒蔵では昭和初期から使われはじめていた。１９３２年9月に、灘琺瑯タンク製作所が作った広告に、北海道酒造組合連合会会長が発表した琺瑯と木桶の比較が載っている。それによると、「欠減がほとんどない、洗浄費がかからない、人件費3割減、永久耐久性」などと書かれている。

——仕込み桶の需要が減るなかで、藤井製桶所ではどうしたのでしょう。

上芝　うちみたいな零細企業は、桶屋にしがみつくしかなかったんです。ただ、納め先を新規開拓しようと堺の化学工場に目をつけた。木は酸性に強く、高温でも変形せず、保温が利く。染料や薬品を反応させるのに木桶は向いていたんです。昭和30年代には２００トン入りの巨大な桶がバンバン売れて、昭和40年に現在の場所に移りました。桶の底をはめこむときの振動と音に苦情が出て、市街地から離れたんです。

——子供のころから家業を継ぐつもりでしたか。

上芝　いいえ、私は次男なので外に出る人間。家業は長男が継ぐのが、商人の常識です。ただし幼いときから仕事は手伝ってましたよ。商いの家で子供と妻は無償の労働力です。飯食って、家に居させてもらうには仕事を手伝うのが常識。同級生もみんな同じような境遇やったから、つらいとも思わんかった。

――どんな仕事を手伝ったのでしょうか。

上芝　昭和30年代は地方の酒蔵で不要になった木桶を買い取って、修理して醬油工場へ売る仕事が多かったんです。夜中に大型トラックが桶を載せて帰ってきたら、作業員たちが倉庫に積み上げる。私ら兄弟は、たたき起こされて作業員の足元を作業灯で照らす係をやらされましたわぁ。暗い中で人を追いかけて照らし続けるんです。眠かったなあ（笑）。

木桶の価値の再発見

独立心旺盛な上芝さんは、学生時代に新素材タンクの製造販売会社を営んだり、駐車場を経営したり、経営手腕を発揮する。いずれは起業するつもりで、桃山学院大学経済学部を卒業した後、ＤＩＹ店を皮切りに、出版社、リサーチ会社など勤め先を変える。当時、桶の注文は減る一方で、桶屋の廃業も考えたが、28歳で3代目を継ぐ。桶の技術で何か転用できないかと、思いつく限りの業界に売り込みをかけるが、3年目の１９８１年、一度廃業。そのうち飲食店のディスプレイ用として、あるいは酒蔵の資料館に木桶を置きたいと注文が入りはじめる。また、京都の「すぐき」の漬物店は、いったんプラスチックに替えたものの、木桶を使わないと伝統の味にならないことがわかり、桶を注文するようになる。こうして注文が増えていった。

「世の中の流れが変わってきたと思いました」

日本酒業界が木桶の価値に気が付いたのは、アメリカ人女性、セーラ・マリ・カミングスさんの活動がきっかけだった。彼女は当時、桝《ます》一《いち》市村《いちむら》酒造《しゅぞう》場《じょう》（長野）取締役（現在、株式会社文化事業部代表取締役、NPO法人桶仕込み保存会代表理事）で、「桶は飾るものではなく使うものだ、日本古来の技術を伝承するべきだ」と、木桶仕込みの経験がある杜氏と50年ぶりに木桶仕込みを行ったのだ。このニュースを知った上芝さんは酒蔵を訪問。上芝さんの話で桶職人の世界の深刻さを知ったセーラさんの発案で、2002年に「桶仕込み保存会」が発足し、多くの蔵元が賛同したのだ。

上芝　会の発足を契機に、50軒ぐらいの蔵に木桶を納めたと思います。発足当初から、いままでずっと続けている熱心な蔵元さんもいますが、すぐに止めた蔵も多いんです。パフォーマンスだけの酒蔵は続かんかったんでしょう。ただ5〜6年たったころから個別に、20石（3600ℓ）とか30石（5400ℓ）とかのデカイ桶を複数注文する蔵が出てきました。しかもなぜ木桶を使うんか、理路整然と説明しはる。鋭い質問もされるから私も調べて返す。するとまた質問がくる。勉強になりますわ。

――上芝さんと出会ったことがきっかけで、桶について深く考えるようになったという醸造家も少なくありません。竹鶴酒造（広島）杜氏の石川達也さんはなぜ木桶を使うかについては「人間がコントロールして酒を造るのではなく、酒を自然からの授かりものとして捉えたい」と哲学的

な話をします。新政《あらまさ》酒造（秋田）蔵元の佐藤祐輔さんは「綺麗な酒が造れるようになった反面、表層的なものに思えてきた。複合発酵を可能にする木桶に注目した」と言います。業界切っての知性派たちが、上芝さんの影響で、木桶に夢中です（笑）。

上芝　私には醸造の難しいことはわかりませんが、本腰を入れて取り組もうという気持ちが、ビンビン伝わってくる。そういう酒は売れる。

——飲み手にも蔵元の思いが伝わるからでしょう。山口県の酒井酒造では、毎年、桶を買い足して、いまでは4本の大桶で、「五橋《ごきょう》　木桶造り　生酛純米酒」を仕込んでいるけれど、すぐに売り切れてしまうそうで、今年もさらに1本の桶を注文したと聞きました。ファンが出資して木桶を購入し、大阪の秋鹿酒造が仕込んだ「朴《ぼく》」も話題になりました。小豆島のヤマロク醤油や福岡のミツル醤油醸造元など、小規模な醤油蔵の若い醸造家たちが、木桶仕込みを復活させたことも、注目を集めています。

上芝　世代交代のタイミングに、木桶仕込みに挑戦してくれてる。嬉しいことです。

木桶仕込みの酒は、樽酒と違って、強い木の香りを感じることはない。では何が変わるのだろう。

上芝　奈良の「春鹿」さん（今西清兵衛商店）は、それまで「辛口」という商品名で出していた酒を桶で仕込んだら、味がまろやかになって、辛口じゃなくなってしまった、なんて言うてましたね（笑）。数値ではちゃんと辛口なのに、辛く感じないらしいんです。

古い桶と新桶で仕込む「五橋」蔵元の酒井秀希さんは「酸が豊かになるが、とがっていなくて口当たりが丸くなる」と言う。「五橋　木桶造り　生酛純米酒」を私が飲んだ印象は、五味豊かで、熟成させた酒ならではの深みを感じた。お燗で飲みたい〝大人の酒〟だ。

古い大桶で仕込む「竹鶴」杜氏の石川達也さんは「多面的、重層的な印象を受ける。特別な風味が宿る」と言う。「小笹屋竹鶴《おざさやたけつる》　生酛純米　原酒」の印象は、酸味と旨みが漲《みなぎ》る、堂々とした辛口で、お燗にして、肉と食べたくなる迫力の酒だ。

小型の新桶で仕込む「新政」の佐藤祐輔さんは「味が複雑になる。酒のエネルギーが強くなる気がする」と言う。木桶で仕込んだ「やまユ」や頒布会限定の実験酒と、琺瑯で仕込んだ酒を比べると、「新政」らしい軽やかさはそのままに、わずかにアールがかかったようなニュアンスを感じた。

「酸化させずに、複雑味だけは加える。木桶で仕込むことで、伝統の技と現代の醸造の〝いいとこどり〟をめざす」と言うのは、人気酒造（福島）蔵元の遊佐勇人《ゆさゆうじん》さんだ。

「ワインでもウイスキーでも世界のトップクラスの酒は、どれも木製の容器で発酵させていますが、日本酒は日常酒も高級酒もホーローかステンレス製の容器を使っています。その結果、欧米では、日本酒の味が軽い、綺麗とは言われるけど、深みがないと言われ、安く見られるのが悔しいんです。そうかといって、生酛《きもと》仕込みの酒のような、重い味の酒は造りたくないんです」

そこで遊佐さんは、木桶で仕込んで、搾ったら一度火入れして瓶詰めし、酸化させずに熟成させるという方法を考えた。また、今年、新しい桶を上芝さんに造ってもらって、純米吟醸酒に挑

新政酒造では、藤井製桶所が製作した桶を使って「カラーズ」「やまユ」シリーズなどを仕込んでいる。「桶を使うと酒のエネルギーが強くなる気がする」と蔵元の佐藤祐輔さんは言う。

戦しはじめたばかりで、1本目はもろみの温度が上がりすぎて、酸が出てしまったという。2本目は温度コントロールがうまくいって、綺麗な酒になったが、熟成させると今までとは違う味になると期待していると遊佐さんは言う。

「思いのほか、木は保温性があるんです。これから使いなれていけば極意も身に付くように思います。木桶仕込みの酒で、海外にもっと日本酒の価値をわからせてみせます」

　東日本大震災で酒蔵が倒壊するという被害にあったが、思い切って、蔵全体を冷房管理のできる設備に変えたからこそできる挑戦だという。

——なぜ、まろやかになるのでしょうか。

上芝　木の繊維からわずかに空気が通って、ゆっくりと酸化が進むため、味がまろやかになるん違うかな。特に桶が新しいうちは、杉の成分の特徴であるリグニンなどの精油成分や、「白太《しらた》」といわれる部分に含まれるデンプンやオリゴ糖などがごく少量流れ出ることで、甘くなると考えられます。でも実はよくわかってないことも多いんですよ。学者さんの研究発表を聞いても、わからないということが、わかった、という段階でして。どうも分子の手のつながり方が変わるらしいいんですが。

――醤油の場合は、断然、甘くなると聞きます。日本酒より差が出ると言われますね。

上芝　木桶に入っている期間の差でしょう。日本酒ではせいぜい45日程度、醤油は1年半ほど入っています。熟成にも木桶を使えば、色がついたり、風味がつくやろうけど、酒に色や香りがつくことを嫌う蔵元さんも多いんです。

――香味や色については、ファンも二分されるように思います。

ここで、先に紹介した『醸技』（小島喜逸著）の中で、木桶から琺瑯に替わったことを描いた部分で、味について書かれた箇所を紹介する。

「殆ど木桶がホーローに変わり、僅かな期間に酒の品質の上で大きな変革を見た。ホーロー造りの酒、ホーロー囲の酒は、雑味の少ない、アルコール度数は変わらないのに薄い酒に利け、木桶（造り、入口、囲）の酒に馴らされた消費者から苦情が来た。（中略）

酒蔵への見学者の中に古老の人あり、昔の酒はとろりと粘っこく、山吹色で口の中で馥郁と味の広がり有、長年に亘り磨き、磨き抜かれた杉桶の木香は酒の香りと解け合い、解け合った何とも言えぬ上品な木香の乗りだった。ことさらに木香を付けようとした香りはえぐい苦味がある。昔の木香はもっと上品であり、自然の醸す芸術品だったと言う。ただの郷愁だけだろうか。」

（※筆者注／造り＝仕込み、入口＝搾った酒を入れる桶、囲＝熟成させる意味）

「ホーローを使うと雑味が少なく、薄い」とあるところから見て、木桶の酒はその逆の「複雑で、濃い」酒だったと推測できるだろう。仮に、この時代に、木桶で仕込んで、木桶で常温熟成させた〝とろりと粘っこく、山吹色で口の中で馥郁《ふくいく》と味の広がりあり、磨き抜かれた杉桶の木香は酒の香りと解け合った酒〟が、いま、ここにあったとして、飲んだ現代人はどう感じるだろう。著者の小島氏のように郷愁を感じるだろうか。低温発酵、低温管理されたクリーンな味の日本酒を飲み慣れた世代には、たまり醬油にも似た酸化熟成香を苦手だと感じるかもしれないし、逆にいままで味わったことのない風味を新鮮に感じるかもしれない。

美味しさは、個人の好みによることはもちろん、時代によって変わっていくものだ。意欲的な醸造家たちが、木桶で造りだす新しい美味しさ。楽しみで仕方がない。

――桶には杉材が良いのですか。

上芝　檜《ひのき》は苦くなる。高野槙は脂気《やにけ》が強い。やはり杉がいい。特に吉野杉はいい甘みが出る。もともと吉野は桶や樽のために植えた専用の杉林です。通常の4倍以上の超密植にするので日当たりが悪く、生長は遅くてなかなか太くならないけど、横に枝が伸びず節のない幹になり、年輪が細かく緻密で、水漏れもしにくい。砂土壌で水が抜けるので木肌が綺麗……など桶材として最高です。うちでは樹齢100年ぐらいの直径60センチほどの吉野杉を桶材として仕入れています。

――そのなかでも日本酒にふさわしい桶材はあるのでしょうか？

上芝　日本酒は「甲付桶《こうづき》」と呼ばれる「白線帯」が入った杉材が向いていますね。

――白線帯とは何でしょうか？

上芝　幹の断面図で説明すると、外側の白いところが「白太」といって、さっきも説明したようにデンプンやオリゴ糖などがごく少量含まれる部分。中心の赤茶色のところが「赤身」、その中間に白い線が入っているでしょう？　これが「白線帯」。植物用語では「移行帯」と呼ぶ、細い繊維の集まりなんや。ほかの部分のように孔が大きくないので、桶にしたときに、白線帯の部分でアルコールの分子が蒸発するのを食い止めてくれる。アルコール度数が高い日本酒の仕込みには向いているんです。ただし、1本の杉で、白線帯が取れる場所は限られているので、「甲付桶」は値段が高くなってしまうんです。

——木桶の寿命は、どのぐらいなのでしょうか。

上芝　150年から180年です。酒蔵で20年から25年使うと、さすがに白線帯のところからも中身が漏れるようになって欠減するようになってくる。ただし、アルコール度数が低いものなら使えるので、醤油蔵や味噌蔵が買い取って100年ほど使う。ボロボロになっても土に埋めて漬物桶として使える。古い桶を壊すと底板に明治の年号や人の名前が書

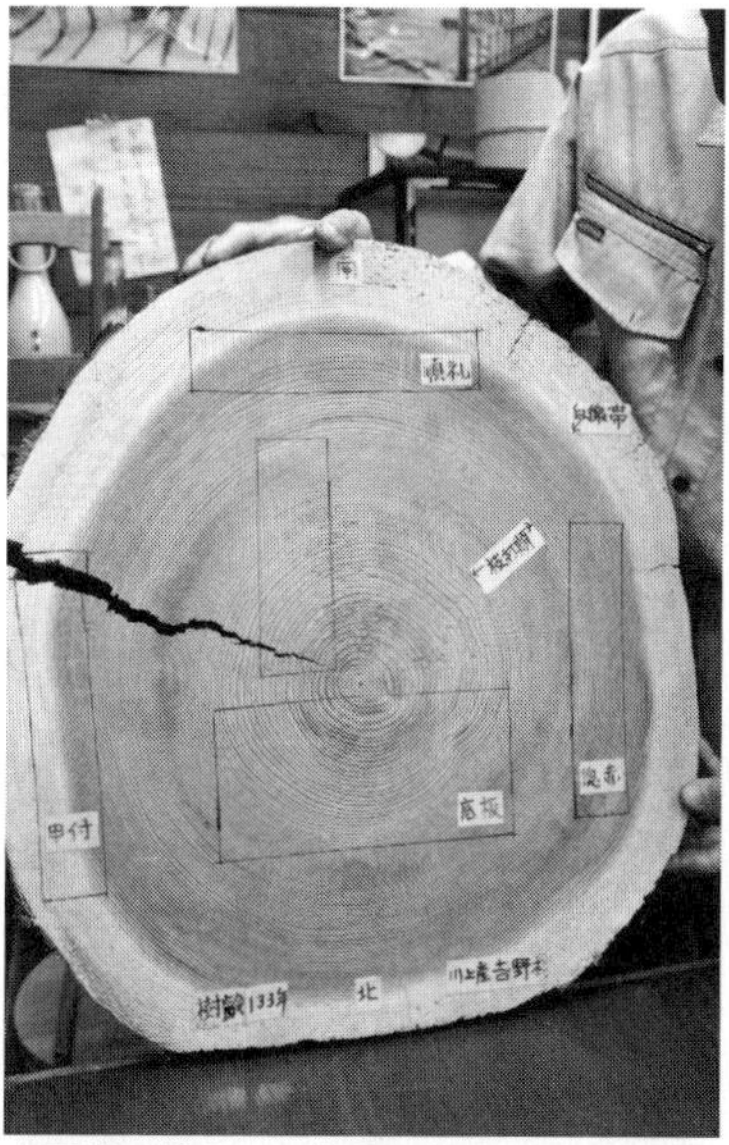

吉野杉の断面。日本酒の仕込みには、外側の白い「白太」と内側の赤茶色の「赤身」の境目にある「白線帯」が入った「甲付桶」が向いている。ただし希少なので値段は高い。

桶のカーブを削る専用の鉋「銑《せん》」。いまは作ることができる職人もいなくなったという。

いてあったりする。桶はタイムカプセルなんです。

――150年もの間、使い回されるのですか。

上芝　そのうえ、最後は薪や薪炭などとして燃やされ、灰になり、肥料にもなる。

――見事なリユース、リサイクルです。

上芝　桶が造られるようになって約500年。その間、無数の人間が携わって改良が重ねられてきました。いま残っているのは、最も早く、綺麗に、優れた桶を造ることができる素晴らしい技術です。ただ、商品寿命が長すぎて、買い替え需要までのスパンが長いことが、桶屋が廃れた理由でもあるんですが……。

――工場には見慣れない道具がたくさんありました。

上芝　桶造りは「曲線を制する仕事」といわれ、カーブを削る作業が多いんです。そのために鉋やら定規やら専門の道具が100点近く必要です。ところが道具を作る職人もいなくなって、このままでは使い方もわからなくなってしまう。そこで職人にセンサーをつけて、道具の持ち方や使い方、視線や作業の動きまでを記録する動作解析という手法で、匠の技をデータに残そうとしてるんです。データ化できたら、たとえ樽職人が消えても未来の人間が再現できるかもしれへん。人型ロボットが工場で一所懸命、桶を造っているなんてことあるかもしれへん。そんな世界もオモロイなあと思うんです（笑）。

――後継者はいないのでしょうか。

上芝　育てようとしてきたんやけど……。初めは単純作業を繰り返しながら、身体に覚え込ませる努力が必要です。桶屋としてモノになるには、最低10年は必要かな……。ところが今の人は教わることに慣れてる。頭で答えを出そうとするんです。まず歴史の中で培われてきた技術を学んで、自分の技能にする。技能が身に付いて初めて、頭で考える技量が必要な世界に入る。そこまで行ったら、よりベターなもんを造ろうと工夫する世界へ入る。ここまでで終わりっちゅうもんがないのが匠の世界です。

桶屋が昔みたいな高給取りなら若い人に薦めるけどな。人の何倍も働いて、人と同じ給料を得られるかどうかという仕事です。うちが残ったのは私が一番若かったから。人一倍努力してきたつもりやけど、頭も白うなってしもた。桶屋はなくなってほしくはないよ。けど私みたいな人生は薦めまへんわ（笑）。

ＮＨＫで放送された朝の連続テレビ小説『マッサン』を視聴していた方もいるだろう。ドラマは、ニッカウヰスキー創業者である竹鶴政孝氏がモデルになっているが、氏の生家は竹鶴酒造である。酒蔵に木桶が並び、酒を仕込む画像が放映された（杜氏の石川達也さんが木桶へ仕込む姿も映し出されていた）ことがきっかけで、木桶仕込みの日本酒に興味を持つようになったと言うファンも少なくない。

竹鶴酒造で木桶を使うようになったのは、平成16酒造年度（２００４年秋〜２００５年春の造り）から。生酛に挑戦することになり、酛すりに使う「半切り桶」（小さな桶）の製造を藤井製桶所に依頼したことが始まりだという。そのとき使った木桶は半切桶だけで、もろみは従来通りタンクで仕込んだ。その5年後の平成21酒造年度には、酒蔵に保存してあった3本の大きな桶（18石）を上芝さんに修理、再生してもらい、さらに5年を経た平成26酒造年度では、三尺桶（酒母《しゅぼ》用）１本も加え、生酛を仕込むようになっている。なぜ、それほど木桶仕込みに情熱を傾けるようになったのか、石川さんに尋ねてみたところ、長文の手紙をいただいた。その一部を紹介してみたい。

◆◆◆

上芝さんとお付き合いするようになり、酒造りは蔵元や杜氏だけの力で成り立ってきたのではないということを意識するようになった。日本酒の世界でも、米作りと酒造りの結びつきについては、徐々に認識されるようになってきた。ところが、伝統的な道具などを作る、昔から酒造りを支えてきた周辺分野の職人さんたちの存在は、残念ながら、まだ影が薄い。桶、桶などに塗る柿渋、樽、樽に巻く菰《こも》、麹蓋、ささら……。またその桶や樽には、それぞれいろいろな種類や大きさがあり、用途もさまざまである。したがって、その昔、酒造りをするには、驚くほど多くの道具類が必要だったのだ。

酒造りの伝統技術はそれらの道具の進化とともに培われたもので、そういった道具を作る職人さんたちは、酒造りの現場でも馴染み深い存在だった。それが今や、伝統的な道具は近代的な設備に取って代わられ、お酒の造り手にとって身近であったはずの道具職人さんたちともすっかり縁が遠くなって、その存在すら意識されにくくなってしまっている。

日本酒業界は、やや上向き加減だとは言われながらも、低迷が続いている。しかし、われわれが自分たちの境遇を嘆くのは甘いと思う。私たちの業界の現状が厳しければ、周辺分野の職人さんたちは、もっと過酷な環境にあり、廃業の憂き目に遭ったり、後継者を育てる余裕もなくなったりしている。ただそれは、日本酒の周辺だけではなく、多くの伝統産業においても同様な状況にある。しかし、伝統文化というものは、後世に名を残すほどの少数の偉い人物に限らず、道具職人のような、多くの名もなき職人によってても支えられているものだ

酒造界の"ゴジラ松井"こと、竹鶴酒造杜氏の石川達也さん。昭和39（1964）年東広島市生まれ。早稲田大学第二文学部在学中から神亀酒造で修業し、1994年竹鶴酒造入社。

と思う。

さて、木桶でお酒を造る意義やメリットなどについて質問を受けることは多いのだが、私は、結果としてのお酒に表れるものにそれを見ようとは思っていない。

もちろん、木桶仕込みのお酒には、琺瑯タンクなどで仕込んだお酒とは違う風味が宿る。とはいえ、ストレートに樽香みたいな木の香りがするというものではなく、ちょっと説明しにくい違いであり、私は「風味」としか表現できない。まあ、それはそれで、木桶でお酒を造るメリットだと言えるだろう。

ただ、そんな風味はあくまで結果であり、私としては、それを目指すつもりはない。というより、そういった表面的な結果だけしか見ないのでは、せっかく木桶を使ってお酒を造るのに、もったいないと思う。私は、木桶を使うこと自体のほうに意味があると考えている。

利便性、効率性を追求するという面だけから見るなら、はっきり言って、木桶は時代遅れの道具である。しかし、視点から変えて、そこに日本文化の財産があると思えるなら、木桶を使うということこそが新しいということに気がつくはずだ。木桶からわれわれが学ぶべきものはたくさんある。木桶とは本来どういう道具なのかということを考えることによって、現代の酒造りについて検証することもできるし、未来へ継承していくべき酒造りの姿も立ち昇ってくる。

伝統的な道具は、いわばタイムマシンである。それらを使い、思いを馳せることで、先人の知恵や精神に触れることができる。たとえば、昔の人がお酒というものをどうとらえていたのか、酒造りにおいてどんなことを目指していたのか、といったことが、伝統的な道具に触れて、それらから感じ、考え続けていれば、おぼろげながらにでも見えてくるのだ。

先人の知恵や精神など、要するに伝統というものは、古くさいものではなく、それが持つ普遍性ゆえに、いつの時代でも新しい。ただし、その伝統を受け継ぎ、次世代へ伝えていこうとするならば、その普遍性を見極めることが必要になる。したがって、木桶など伝統的な道具の継承者は、単にその道具としての有用性を理解するだけでは不足なのである。

また、素晴らしい道具は、それを使う人にも良い影響を与える。木桶があるだけで何か崇高な気分になるし、蔵も洗練された雰囲気になる。木桶の存在感や金属にはない温もりは、実際目の当たりにして感じるしかないものである。蔵の古い建物などもそうだが、そういうことを日々感じながら仕事をできることが、どれだけ自分たちの精神を落ち着かせたり高揚させたりしてくれていることだろう。ありがたいことだと感謝するばかりである。

木桶で仕込んだ「小笹屋竹鶴」生酛純米原酒。燗にして地鶏を塩で食べたら唸る旨さ。

木桶を使うようになったことは、自分の酒造り人生においても、大きな出来事だった。伝統というものについてそれまで以上に考えるようになったし、後世への継承ということも常に意識するようになった。これからも私は、伝統を継承できるよう、そして、その伝統を次代へ伝えられるよう、木桶を使いながら木桶に学んでいきたいと考えている。

＊上芝さんへのメッセージ

上芝さんが遠くない将来の引退を表明されていることは知っております。そのお考えを私如きがとやかく言うのは僭越だということもわかっております。上芝さんは、日本の桶文化の正統な継承者であり、なおかつ、その神髄を人に伝えることのできる稀有な才能をお持ちです。ですから、おこがましいお願いで恐縮ですが、可能な限り桶作りをお続けになって、後継者を何とか育てていただきたいと思います。そして、私たちにも、まだまだいろいろなことをご指導、ご教示くださいますよう、心よりお願い申し上げる次第です。

造り手の「熱狂」

ロ万

花泉酒造（福島県南会津町）星 誠

故郷を愛するピュアな男の甘美な酒

福島県清酒
流通協同
組合所有
福島県の
県の清酒
飛泉
純米酒

２０１０年の夏の日。会津若松市の居酒屋に、親交ある福島県の蔵元９人と酒販店主が集まって、私の到着を待っていた。この日、南相馬の酒販店へ「会津娘」蔵元の髙橋亘さんが運転する車で訪れたのだが、帰り道に、髙橋さんの東京農大時代の同級生、鈴木大介さんが蔵元杜氏《とうじ》を務める浪江町の酒蔵「磐城《いわき》　壽《ことぶき》」へ立ち寄っていたため、会津に到着する時間が大幅に遅くなってしまったのだ。靴を脱ぐのももどかしく座敷へ駆けあがり、遅刻したことをみんなに詫び、乾杯をして、ほっと一息。近況を報告しあっていると、突然、真っ白な酒徳利の被り物を身に着け、顔に派手な隈取りメイクをした人物が乱入してきた。見得を切ったり、歌舞伎の演目「暫《しばらく》」のポーズをしたり、妙な踊りを披露している。誰なのだろう。動きの身軽さからみて、若い男性のようだが、この日集まるはずのメンバーは、目の前に揃っている。幇間《ほうかん》でも呼んだのだろうか？

隣に座っている「奈良萬《ならまん》」蔵元の東海林伸夫さんの横腹をつついて、「あれ誰？　これ余興なの？」と小声で聞くと、「相手にしなくていいよ。さあ、飲もう、飲もう」と、徳利男子のほうには顔を向けない。向かいに座っている「飛露喜《ひろき》」蔵元の廣木健司さんに、助けを乞おうと目を見ても、笑うばかりで答えてくれない。すると、徳利男子がのっしのっしと近づいてきて、私と東海林さんの間に割り込んで座り、無言で酒をグラスに注いでくれた。近くで見ると、白塗りのメイクが汗ではげ落ちていて、にやりと笑った顔が不気味だ。だ、誰、この人……。

私が困惑するところを見て、メンバーを招集した郡山の酒販店「泉屋」の佐藤広隆さんがおもむろに立ち上がり、「はーい。星君。ご苦労さまでした！」と一言。すると、拍手が沸き起こり、これまで無視していた蔵元たちが一斉に、「やっぱり星君、被り物が似合うよね」「夏にその

宴会に徳利の被り物をかぶった人物が乱入してきて、無言で歌舞伎の「暫」のようなポーズを決めた。誰、この人……。

姿、暑いだろ」と、次々と労《ねぎら》いの言葉をかけ始めた。どうやら、星君と呼ばれた人物は、遠来の客をもてなす余興として、扮装を命じられることが常らしい。この日の趣向は、星さんには無言でパフォーマンスすることを言いつけておきながら、皆で無視して、彼を困らせようというシナリオだったようだ。福島の蔵元たちの温かいもてなしぶりには、いつも頭が下がるが、今日は私一人のために、こんな凝った演出まで考えてくれるなんて感激だ。

さて、落ち着いて飲もうと、星さんが注いでくれた酒をもう一杯、口に含んでみる。もっちりとした独特の甘さがチャーミングだ。それまで飲んだことのない味であった。たっぷり甘いが、いい感じの酸が輪郭を形作っていて、あと切れがいい。それでいて突き放したような怜悧《れいり》さはなく、ちょっぴりあか抜けないところが、親近感となっている。なんという銘柄のお酒なのだろう。

星さんを探すと、ほかの蔵元と冗談を言い合っていた。被っている徳利には「花泉」と書いてあるぞ。あれ、「寫樂《しゃらく》」を造っている宮森さんの蔵の従来の銘柄は、「花泉」だったような……。

すると、「寫樂」の宮森義弘さんが、「違いますよぉ、うちは宮泉です。星君は花泉。間違わないでくださいね」と、憤慨気味だ。今日、来ているなかには「辰泉」の蔵元、新城壮一さんもいるし、「飛露喜」にも別に「泉川」銘柄がある。そして酒販店「泉屋」にも泉の文字が入っている。泉は美しい水の象徴であり、酒の銘柄にふさわしいのだろう。

メイクを落として現れた素顔の星さんは、色白のつるりとした美肌に、まん丸顔、垂れ目の優しい面持ちの青年であった。差し出された名刺には「ロ万醸造元　花泉酒造合名　専務　星誠」とあり、「ろまんの星です」と挨拶された。それで思い出した。「泉屋」の佐藤さんが、福島の新顔として、最近一押ししていると話していた銘柄だ。この年の3月号の「ｄａｎｃｙｕ」日本酒特集で、福島県で注目される酒として紹介されたのだが、「口万」と漢字の「口」の文字が書かれてあったのを、担当ページ以外ではあったが、たまたま私が気付いて、校正で修正したことがあった。星さんが持ってきたボトルのラベルを改めて見ると、「七ロ万」と書いてある。確かにこれでは「ななくちまん」と読んでしまうが、正しくは、ななろまん、なのだろう。

銘柄の由来を星さんに聞くと、仕込みタンクに書いた「号」という文字が、「ロ」と「万」という文字に見えたことから、「そうだ、酒造りはロマンなんだ！」と思い至って、名付けたのだという。

「ロ万」は、季節ごとに名前を変えて出荷され、今日のこの「七ロ万」は7月に飲んでもらうことを想定して6月に出荷される一回火入れの純米吟醸酒で、12月に出荷される初搾り《はつしぼ》の純米大吟醸生原酒は「一ロ万《ひとろまん》」、2月出荷の生原酒は「かすみロ万」、9月出荷は「十ロ万《とろまん》」など、いろいろな種類があるという。スマートなネーミングとは言えないけれど、気持ちが籠もっていると思った。

夏に向けて出荷される一回火入れの純米吟醸「七ロ万」720ml 1619円。みずみずしい甘さが、夏野菜に合う。

こけしを思わせる可愛らしい顔で、ヒタとこちらの目を見つめながら語る姿に、いじらしさを感じる。年齢を聞くと、1976（昭和51）年生まれで、34歳（2010年当時）だという。では、「寫樂」宮森さんと同い年で、「而《じ》今《こん》」大西唯克《ただよし》さんや「貴《たか》」永山貴博さんの1歳下、「新政《あらまさ》」佐藤祐輔さんの2歳下ということになる。名刺に「専務」とあったので、きっと父親が社長で、本人は跡継ぎとして家業に就き、新しい銘柄を立ち上げたのだろうと、よくあるストーリーを勝手に思い描いていたところに、ほかの蔵元から話しかけられ、星さんとの会話は途絶えた。この日は、「飛露喜」「奈良萬」「あぶくま」「天明」「國権」「寫樂」「辰泉」「会津娘」……と、酒好きなら小躍りしてしまう綺羅星のような蔵元たちが、自分の蔵の自慢の酒を持って集まってくれているのだ。たっぷり飲んで、じっくり話をしたかった。二次会も、佐藤さんの仕切りと、宮森さんの手配で、日本酒バーへ繰り出し、深夜までみんなと日本酒談義を交わした。その間、星さんが宮森さんとじゃれあったり、廣木さんにちょっかいを出したりしている様を見て、若いなあ、楽しそうだなあ、とは思ったものの、その後、星さんと会話を交わした記憶はない。

だが、星さんが跡継ぎだというのは、私の早とちりであった。楽しげな表情からはうかがいしれない経験を積んで、先輩蔵元たちと同席できる立場になったのだが、私がそのことを知るのは半年後になってからのことだ。

世襲ではない蔵元

その日から半年が過ぎた2011年3月11日、東日本大震災が起こる。夏に訪ねた南相馬の酒販店も、帰り道で立ち寄った浪江の酒蔵「磐城壽」も、海沿いに位置しているため、大津波の被害に遭い、それぞれ命は助かったものの、店も酒蔵も倒壊。その後の東京電力福島第一原発の事故の影響で、2015年現在も故郷に帰ることができないでいる。夏の日に集まったメンバーにも、被災し命を脅かされる事態に直面した人も少なくない。「会津娘」の髙橋さんや「奈良萬」の東海林さんとのメール交換を通じて、メンバー全員の無事を確認できて、ほっとしたと同時に、4月に会津の城で開かれる花見の宴は予定通り決行するが、参加で良いのかと確認された。もちろん喜んで参加するつもりであった。ただし、行く目的を急遽変更し、福島の酒蔵を応援する記事を書くために、『dancyu』編集部と共に訪れることにした。

震災から1ヵ月後に開かれた花見の宴には、山口県から「貴」、三重県から「而今」、千葉の酒販店「いまでや」店主の小倉秀一さんも参加して、例年の2倍を超える総勢20人が、とっぷりと日が暮れた鶴ヶ城の下に集まった。ブルーシートの上で無事を喜びあったり、かたい握手を交わしたあと、持ち寄った日本酒で乾杯をした。すると、どこからともなく、長い茶髪に厚化粧、ミニスカートという女装の怪しい人物が現れて、しなをつくりながらすり寄ってきた。暗い中でも、丸顔、色白なのは見て取れる。近くで見たら、やはり星さんだ。胸に詰め物をしているらしく、制服風の上着の胸のあたりが、妙に盛り上がっている。女性のような声色で「私、バスガイドよぉ。一杯、いかがぁ」とささやきながら、手にした「ロ万」を注いで回り始めた。

大きな被害のあった大震災直後の4月下旬である。季節外れの寒波が訪れて開花が遅れていたこともあり、ほかの花見客はほとんど見当たらず、城内は閑散としていた。湿っぽくなっても仕方がない状況であったが、星さんのおかげで、あちこちで笑いや歓声が上がり、楽しい雰囲気で盛り上がっていた。だが、その扮装のせいで、『ｄａｎｃｙｕ』に掲載した集合写真に、星さんは参加していない。星さんの姿は、事情を知らないカメラマンが遠巻きにしていたぐらい怪しげだったので、福島を応援する記事のメイン写真に、顔を出してもらうわけにはいかなかったのだ。先輩たちに命じられた役割とはいえ、奮闘する姿を見ているだけに、可哀そうなことをしたと思う。

さらに、私が星さんに注目するようになったのは、二次会で居酒屋に移ったあとだ。私は福島県の蔵元たちを一人ずつインタビューしていったのだが、そのとき星さんから、平社員として入社して、経営者になったことを聞いたのだ。家業として、世襲で蔵元を継いでいく形が、地方の日本酒蔵では一般的だ。跡取り娘と結婚して社長になったり、企業買収により親会社から経営者として派遣される例もないではない。だが、星さんの場合は、どちらにも当たらないというので、さらに驚いた。酒蔵では、経営者一族ではない一社員が、経営者にまで上り詰めることは稀有な事例なのだ。詳しい事情を知りたかったが、この日の取材のメインテーマは震災であっただけに、建物の軽微な損傷で済んだ星さんと長時間の話はできなかった。だが、このときを境に、私は星さんと「ロ万」のことを、もっと知りたいと思うようになったのだ。

こうして私は1年後の2012年4月下旬、花泉酒造を初めて訪問した。蔵の住所が南会津郡南会津町なので、会津若松市と近いのかと思ったら、車で2時間ほどかかるというので驚いた。地図で確認すると、福島県の真ん中あたりに猪苗代湖があり、会津若松市はそのすぐ西に位置する。酒蔵のある南郷地区(旧・南郷村)は、さらに南西に60キロメートルほど行った山深い場所にある。さらに南東へ進めば、檜枝岐《ひのえまた》村、その隣は福島県と新潟県、群馬県が県境を接する尾瀬ヶ原がある。

東京から来る場合は時間的に早いからと、新幹線の那須塩原駅まで迎えに来てくれた星さんの運転する車で、一路、酒蔵へ向かう。高原地帯を抜けると、急に山が迫ってきた。遠景には雪を頂いた高い山々が見え、雪解け水で増水した川がゴウゴウと音を立てて流れている。林には雪が残っている。星さんが育ったのは、尾瀬ヶ原と蔵のある場所との中間あたりで、中学を卒業する15歳まで住んでいたのだという。

「父の実家があったんです。山と川、温泉しかない、いわゆる秘境です。行きたかった高校が母の実家の近くにあったので、中学を卒業したあと家を出て、母方のじいちゃんが住んでいる旧・南郷村で二人暮らしをしました。その家が花泉酒造から、歩いて2~3分の場所だったんです」

父は勤め人で、高校を卒業したあとは、父の関連会社に勤めるように言われたが、気が進まなかった。

4月下旬でも、雪景色が残る南会津の南郷地区。雪解け水を集めて増水した川は音を立てて流れている。

「安定している会社に勤めろと言われたことに対する反発もありましたが、3年間暮らした南郷が好きになってしまって、離れたくなかったんです。しかももし俺が父の家に戻ったら、じいちゃんを一人見捨てていくことになる。人の道としてどうなのか、俺らしくないぞと考え、じいちゃんと一緒に残ると宣言したんです」

薦めた会社へ行くように言っていた父だったが、祖父と暮らすと決意したことを最終的には喜んで、車を買ってくれたのだという。

「地元で働けるなら、絶対に花泉に入りたいと思ってました。酒造りは、日本の伝統産業ですし、一生働く仕事として魅力を感じていたんです。じいちゃんが大昔、花泉で米を蒸す担当の釜屋をやっていたことがあって、若いころから酒そのものにも興味があったんです。えへへ、正直言うと16歳ぐらいから、酒飲んで暴れたりしてて……。やってはいけないことですけど、時効ってことで（笑）。酒をどうやって造るか、まったくわからなかったのですが、なんだかすごく神秘的な感じがして、魅力を感じてたんです」

だが、花泉に入社することはかなわなかった。住まいが近所であるだけに、高校時代の星さんの姿を経営者に見られていた。

「見た目は、金髪のロンゲ、学生服はそのころ流行っていたセミタンという、ベルトぐらいの長さにして、細めのストレートパンツ。普通ですよ。素行が悪かった？　うーん、そうかもしれませんが、暴走族とかじゃなくて、学校をサボって、魚取りをする程度です。でもダメでした」

星さんが入社したいらしいという噂を耳にした経営者が、「あんな奴は当てにならんから、うちの会社では採らん」と言った言葉が人づてで伝わり、断念したのだ。

そこで2番目に興味があった車の整備の仕事に就き、18歳から22歳まで4年間働く。2年の実技経験を経たあと、毎週日曜日に学校に通って学科を学び、三級整備士の資格も取得した。

整備の仕事に就いて4年が経ち、酒蔵の仕事は諦めかけていたころ、当時、製造担当で、現在は杜氏を務めている齋藤明さんから「お前、うちに来てみねえか」と声がかかった。星さんより15歳ほど年上だが、住まいが隣ということもあって、齋藤さんとはときどき一緒に酒を飲む仲だったのだ。年上から可愛がられる星さんならではのエピソードではないか。ぜひとも入社したいと気持ちを伝えたところ、今度は社長が突然、星さんの自宅を訪ねてきた。そこで「あなた、今の会社を辞めて、ぜひウチに来なさい」と言われたのだ。望むところである。こうして星さんは、整備士を辞めて、花泉に中途入社した。

星さんが入社した1999年9月ごろ、出荷数量は3150石（一升瓶換算で、31万5000本）あり、従業員はパートタイマーも含めると18人ほどいたというから、福島県では中堅どころというところだろう。

「普通酒が中心で、三増酒もありましたが、営業なんてしなくても、どんどん売れてたんです。あとから考えたら、このころが数量ベースではピークでした」と星さん。

福島県内で「花泉」は、絶大な人気があり、幻の酒と言われるほどの存在だったと郡山の酒販店「泉屋」の佐藤さんから聞いたことがある。また「飛露喜」蔵元の廣木さんも、「僕が家業に就いた2000年ごろ、うちはせいぜい700石程度でしたし、営業に行けば、いくら値引きするのかと言われたのに、花泉は規模も大きいし、プレミアを付けて売られるほどの人気でしたよ。もともと福島は甘い酒が好まれる傾向でしたが、もち米を使う四段仕込みという特殊な製法で造る独特の甘さがファンに支持されていたのでしょう。普通酒が3000円とか4000円という驚くべき高い値段で売られていたんです」と話していた。

なかでも特に人気があったのが、「花泉　辛口」という普通酒で、辛口という名前がついてはいるが、独特の甘さがあったという。卸業者には出荷せず、地元の酒販店だけで販売されていた。限定品ということが、人気に拍車をかけたのかもしれない。

「妙に人気があったことが災いして、悪いことを企む人が出てきてしまって……」と星さん。

花泉酒造は、戦後、5軒の篤農家が出資して再建された会社で、出資者の一人が社長を務めていた。だが経営陣が小売業者に商品を流すという免許違反を犯したり、地元の酒販店がほかの酒販店にプレミアをつけて転売したりすることが横行したのだという。違法なことを続けていたため、とうとう税務署や国税庁からチェックが入り、一時、出荷もできなくなる。社長は、株主の一人の息子に代表権を譲って退陣するが、代表権を譲られた新しい社長も会社に来なくなってしまう。

「出荷ができなくなって、金は回らず、銀行からは渋い顔をされ、危ない状態だったんです。僕は入社して2年そこそこで、仕事といっても配送と地元の営業のお手伝い程度だったのですが、酒屋さんたちに、『社長は何やってんだ！　会社に来ないという噂だぞ、何とかしろ』と怒られてばかりで。僕としては、あなたたちが横流ししたことも悪いんだと言いたかったんですが、立場上、頭を下げるしかなくて……」

会うたびに酒販店たちに「会社はどうなってるんだ！」と叱責され続けるので、堪忍袋の緒が切れた星さんは、代表権を譲った社長の家に、怒鳴り込みに行った。

「このままでは、会社がつぶれちまうじゃねえか！　戻れるなら会社に戻れよ！　責任もって何とかしろよ！」と、まくし立てた。

通年で出荷される「花泉」特別純米酒。優しい甘さに癒やされる。720ml 1238円。夢の香とヒメノモチ共に60%精米。価格は税別

元の社長は気性の荒い性質で、「お前はクビだ！」と言われるだろうという思いもあったが、「いま、何とかしなければならない」と必死だったのだ。すると返ってきた言葉は意外なものだった。

「お前の気持ちはわかった」

続いてもう一言。

「そこまで言うなら、テメエが社長をやってみろ！」

驚いた星さんが思わず返した言葉は、

「おう！　やってやろうじゃねえか！」

売り言葉に買い言葉だ。言うことだけは言って、意気揚々と引き揚げたものの、自宅へ帰って落ち着くと、焦りの気持ちが湧いてきた。

「とんでもないことになってしまった。社長って何をするんだ？　株って、いくらぐらいで買えるんだろう……俺、経営者になるための知識もお金も、何も持ってないじゃないか……」

不安な気持ちで2日間、悶々としていたところ、3日目に、元の社長が会社にやってきて、「話がある」と星さんを呼び出したのだ。何を言われるのか、ドキドキしながら、目の前に座ると社長が静かに話を始めた。

「星、1年待て。1年の間にいろいろ整理する。時機をみて株を買えばいい。俺が何とかしてやる」

元の社長が「お前がやってみろ」と言ったのは、勢いだけの捨て台詞ではなかったのだ。星さんの抗議は、若さゆえに言葉は荒かったかもしれないが、会社を真剣に立て直さなくてはならないという思いは、伝わったのだ。

だが、当面のところ、何かが好転したわけではない。３１５０石あった出荷数量は、あれよあれよという間に、２０００石を切ってしまった。苦情を聞く日々を過ごしながら、1年ほどの月日が経ったある日、元の社長から「ハンコを持ってこい」と呼び出された。出向いていくと、書類が用意されていた。元の社長は、この日のために着々と準備を進めていたのだ。

星さんはサインをして株を購入し、この日から経営陣に入ることになった。この時点で星さんは営業部長となり、もともと専務だった事務方の近藤努さんが社長に収まった。これまでの株主には株を手放してもらって、新社長と星さん、もう一人の社員が株主となった。こうして星さんは、実質上の経営トップになったのだが、歳も若かったため、肩書は部長としてスタートした。

花泉の場合は、もともと共同出資でできた会社であるゆえに、経営者は当事者意識が低かったのだろう。酒造業を家業とする蔵元たちと比べると、会社に対する思い入れに温度差が出るのは、仕方がないのかもしれない。だが、星さんは株主でもなく、酒造業は家業でもない。一度は入社を断られ、十数人いた従業員の中でも最も経験が浅く、下働きの仕事しかさせてもらえなかった若者だ。彼の何が、これほどの重責を負う決断をさせたのだろう。

「ハンコを押したとき27歳でした。よく決断したなって思います(笑)。なぜそんなことをしたのか？　若気のいたりかな(笑)。親父もオフクロも、お前が経営者になれるはずがないと猛反対しましたし、もしかしたら、俺、すげえ馬鹿なことをやらかしたんじゃないかなと思ったこともあったんです。でも、一生続けたい仕事だと思ってましたし、地元の酒蔵として会社を大切に思っていたから、あんな言動に出てしまったんだと思います。いまは絶対に良かったと言えます。絶対に」

自信に満ちた清々しい表情で言う。目の奥が光っている。きっと怒鳴り込んだときの星さんも、こんな目をしていたのではないだろうか。この若者に会社を託してみよう。星さんの気風《きっぷ》の良さや心意気を、元の社長が認めたのだ。

従業員との対立と転機

27歳で星さんが経営にタッチするようになってまず着手したのは、まっとうな会社にすることだった。まっとうとは、酒を造り、きちんと販売し、健全な経営をすること。そのために、自ら営業し、酒造りの現場に立ち、重いものの運搬や清掃……どんな仕事でも率先して取り組んだ。だが経験の浅い最年少の星さんが、突然、十数人いる従業員のセカンドの地位に収まった形になって、あまり愉快には思えなかった社員もいたのではないかと想像する。そう聞いてみると、「あのころは辛かった……実は……俺、左の腹に傷があるんです……」と、ぽつり、ぽつりと話し始めた。

会社が向上していくためには、まず従業員の意識改革が重要だと考えた。売れていた時代が長かったこともあり、危機意識が薄かったのだ。全員で会社を変えることを目標とし、解雇は行わなかったものの思い切った配置転換を断行。整備の仕事をしていたときの先輩を工場長に迎えるという異例の人事を行ったのだ。星さん自身、この先輩から多くのことを学び、人間的に尊敬していたこともあって、後輩に対する指導力を見込んだのである。しかし、それまで年功序列で昇進するのが当たり前の社風だっただけに、従業員には戸惑いもあったのだろう、酒の入ったコップを投げつけられたこともあったという。

「自分は悪者になってもいい。いま変えるしかないと決意してやった人事でした。でも、あまりにも反発が大きかった。本当にこれでいいんだろうかと悩むようになってきたんです。皆の視線が辛くなり、周りが全部敵に見えてきた。被害妄想ですね。精神状態は最悪でした。毎日、大酒を飲んで騒いだり。酔って自転車に乗って、田圃に落ちて怪我をしたり。馬鹿なことばっかりやってたんです。ある日、発作的に包丁の先っちょをガーッて横腹に突き立ててしまったんです。血がにじむ程度でやめましたが……。それぐらい辛かったんです。今思うと馬鹿なことしたと笑って言えますけどね。人間として弱かったんです」

自分を信じるしかないと思い直し、自らが身を削って飛び回っている姿を見せることで、徐々に社員の気持ちを掴んでいった。会社は確実に好転していったのだ。

こうして2年が過ぎたころ、星さんは評判がいいという噂の酒「飛露喜」を初めて飲んで、ショックを受ける。

「なんじゃ、こりゃあ！　うめーよ、すごいよ！　と叫びたくなってしまいました。甘みと酸のバランス、口の中の広がり……こんな酒を飲んだことはなかったんです」

自分の蔵の酒とは全然違う……。酒質のレベルの高さが圧倒的で、立ち上がれそうもないほどの衝撃だった。それまで経営の立て直しには遮二無二取り組んできたが、酒の味や品質には、まだ手を付けられないでいた。ほどなく、蔵元の廣木さんに会う機会もあった。短い会話のなかに、酒質に対する見識の高さと、抜きんでた向上心を感じた。さすが評判の銘酒の蔵元だと、福島県の偉大なる先輩として、憧れの気持ちを抱くようになっていく。

「酒造りに対する姿勢だけでなく、考え方、鍛えた身体、選ぶ車……。どれもスゴイ。どれも別格。廣木さんは俺の永遠のヒーローなんです」

「飛露喜」を飲んで、廣木さんという人を知って、生きる方向が見えたような気がしたと星さんは言う。その一方で、「花泉」の味わいには、ほかにはないオリジナリティがあり、多くのファンがついていることも身に染みていた。

「真似してもダメだ。いまのうちの味を守りながら、より洗練させていかなくては、いずれはファンも離れてしまうと危機感を持ったのです」

また首都圏での営業活動を通じて、「花泉」銘柄だけでは、インパクトが弱いということも感じ始めるようになっていた。新しいコンセプトの、より品質の高い酒を、新しい銘柄で提案することの必要性を痛切に感じるようになっていった。おりから新しい杜氏を迎えたころで、新杜氏の齋藤明さんは、福島県独自の酵母「うつくしま夢酵母」で、試作品を造り始めていた。その酒を飲んだ星さんは、「これならイケル！」と直感した。こうして２００６年に、新しく立ち上げた銘柄が「ロ万」だったのだ。

星さんは、見えないところで、ハードな仕事をしているに違いない。何度もギックリ腰を患って、腰に大きなサポーターをしているのを見た。そんなときでも宴会では派手なメイクをして踊りを披露し続けていた。ときおり見せる哀愁を帯びた眼差しが、さらに皆の笑いを誘うのだが、あざとさはみじんもない。全力でぶつかっているから、心から大笑いできるし、星さんを応援したくなるのだろう。

東京・東高円寺の「天★《てんせい》」は、日本酒ファンにはお馴染みの居酒屋だが、ここでは星さんの蔵の酒がずらりと揃っている。「花泉」銘柄では純米や活性にごり、辛口本醸造など4種類ほど、

「ロ万」は、私が出会ったときに飲んだ「七ロ万」や、「花見ロ万」など8種類ほどが、リストの最初のページに書き連ねられ、リスト以外の限定品も入荷する。豊富な日本酒メニューのなかでも、星さんのお酒はずば抜けて多いのだ。

店主の早坂登志男さんは、「甘みがいい感じでしょ？　日本酒をあまり飲んだことがない人も、一口でハマってくれる。冷酒もいいし、燗も旨い。いろんな料理に合うんだよ。特に、苦みのある春の山菜とにごり酒なんて最高だよ」と言うが、酒の味以上に星さんの人物に惚れ込み、家族ぐるみでつきあっているのだと言う。

星さんが“兄貴”と呼ぶ「天★」店主の早坂さん（左）。日本酒を心から愛する強面の熱血漢で、店内は女子率高し。酒も料理も好みを言ってお任せにするのが正解。

「星君とは知り合って5年ぐらいだけど、俺のことをいつも、兄貴、兄貴と言って慕ってくれる。素直で、蔵元然としてなくて、いつも相手を立てようとする。気持ちがいい奴なんだ。芸を披露するのだって、サービス精神の表れでしょ。だから先輩蔵元たちに、あんなふうに可愛がられるんだよね」

当の先輩蔵元の一人、「飛露喜」の廣木健司さんに、星さんについて尋ねてみたことがある。すると、まず花見のことから話を始めた。

「花見が年々、盛大になって、酒販関係者が全国から集まってきてくれるようになったのは、参加者が楽しいと思ってくれているからじゃないかな。俺たちもてなす側としては星君の芸がウリ。そろそろ芸事は年下に譲りたいなんて言ってるけど、星君が演じることに意義があるんだから、やめるな。それが福島での役回りだぞ、と言っているんです」と、先輩ぶっておきながらも、実は星さんのことは一目置いていると言う。

「いつもふざけてばかりに見えるけど、彼が世襲で蔵元を継いだのではなく、たたき上げだってこと、知っているでしょう? 会社を立て直そうとして株を買って、経営者になった、まずその志が素晴らしい。しかも、酒が売れるようになった今でも、地を這うようなドサ回りの営業をやっている。なかなかできることではないと思うよ。蔵元はどこかプライドみたいなものがあって、酒屋さんに呼ばれても、本音では出ていきたくないんだ。でも彼は違う。自分はこうだ、という立ち位置をわかったうえで、営業もする、芸もする。内心、スゴイ男だと思ってるよ。直接彼に、そんなことを言ったことはないけどね」

敬愛する廣木さんに、そんなふうに思われていることを知ったら、星さんはどう思うのだろう。

地元に愛された「花泉」。地元を愛する「ロ万」

早坂さんや廣木さんの言葉を回想していると、到着を告げられた。伊南川《いながわ》沿いに建つ小さな山小屋風の建物が、酒蔵なのだという。視界いっぱいに空が広がっている。なんて気持ちがいい場所なんだろう。水量豊かな清流に沿って、畑や田圃、小さな民家が連なり、背後には絵本に描かれるようなお椀形の山がある。

仕込み水は、蔵のすぐ裏手にそびえる標高１０００メートルの戸屋山の中腹を水源とする湧き水を使っている。水源の森百選にも選ばれている自慢の清水で、超軟水だという。ふと舌に「ロ万」のソフトな味わいが蘇ってきて、水源まで車で連れていってもらおうとしたが、５分ほど行ったところで道が雪で閉ざされ、通行止めになっていた。４月下旬でも解けずに残るほどの豪雪地帯なのだ。

そもそも、ここに酒蔵ができたのも、冬季は陸の孤島のようになってしまうため、自分たちが飲む酒を地元で造ろうとしたためだという。数人が出資して大正９(１９２０)年創業。１９３７年に倒産の憂き目に遭うが、同年、５軒の篤農家が出資し、南会醸造合名会社として再建。１９４９年に「花泉」銘柄が生まれ、１９８９年に、銘柄名を会社名にして、花泉酒造合名会社とした。「花泉」銘柄は、ヒメサユリという南郷に自生する花の群生地が近いことと、水源の清らかな泉をイメージして名付けられた。

「ヒメサユリが群生している様は、すごく綺麗なんです。ただ、環境省のレッドリストに登録される希少種で、群生地は日本にはほかに、数ヵ所しかないんです。そんな珍しい植物なのに、猪が株を食べてしまうこともあるんです」

「これだけ山が深いんだもん、猪が出ても仕方がないでしょうね」と私。

「猪だけじゃありませんよ。鹿、うさぎ、たぬき、きつね、りす、貂《てん》、猿……。熊も出ますよ。美味しいものもいっぱいあって、春には山菜、夏には渓流で岩魚《いわな》や山女魚《やまめ》、鮎がとれる。南郷トマトという地元ブランドのトマトは、いまどきのトマトとは違って甘すぎない、フレッシュな美味しさでパスタソースに使うと抜群なんです。秋にはきのこ。松茸だって運が良ければとれちゃうんですよ。冬には熊汁かな。温泉もあるし、スキー場も近い。いいところですよ」

夢中で話す姿に、心から地元、南郷を愛していることが伝わってきて、胸がぽっと温かくなる。山小屋風の蔵の奥に案内されると、古民家風の造りになっていて、囲炉裏《いろり》がしつらえてあった。

「南会津に来てくれた方に、この場で寛《くつろ》いでもらえたら嬉しいなと思って、改装したんです」

この建物は、福島県地域づくり総合支援事業の認定第一号になったそうだ。また、うつくしま観光プロモーション推進機構の認定も受けているという。地域の活性化に、尽力しようという意欲がうかがえる。

花泉酒造のホームページを見ると、トップに「米と水、もち米四段仕込みにこだわっています」という言葉が書かれている。

原料米は、減農薬で栽培された五百万石と、福島県独自の酒米である夢の香、タカネミノリ、もち米ヒメノモチなど、基本的にはすべて会津産で、その98％が南会津産だ。仕込み水は、さきほど教えてもらった、水源の森百選にも選ばれている自慢の清水、超軟水だ。

そして、この蔵の最大の特徴ともいえるのが、「もち米四段仕込み」だ。

日本酒を仕込む場合、通常は三段仕込みといって、3回に分けて、米麹と蒸し米、水を加えていくのだが、発酵末期のもろみに、米を足すことで甘さを残す方法を四段仕込みという。花泉酒造では、この4段目の仕込みに、もち米を熱いまま投入する「もち米四段」という方法で、すべての酒を造っている。

四段仕込みが伝統的な製法であるということは知識として知っていたし、最後にもち米を添加する「もち米四段」の酒も飲んだことはあるが、それまで飲んだ酒は、とっても甘く、後味にもたっとした重い甘さが残ってしまう印象だった。そもそも「もち米四段」は甘い酒を造るために行われてきた手法なのだから当然だろう。だが、「ロ万」は、甘さは感じるものの、決して重さを感じない。輪郭もシャープで、すっと消えていく。モダンタイプの甘口酒なのだ。なぜなのか。

星さんの説明では、もち米を入れて糖化した段階で、すぐ搾ると甘さは残るが、切れが悪くなる。そこで、酵母に糖を食べさせて発酵させることで、シャープな切れを出すようにしているという。

さらに注目は精米歩合だ。「ロ万」シリーズは、精米歩合50〜60%の純米吟醸と、45%の純米大吟醸がある。4段目に投入するもち米は、総量の8〜10%ほどの量だが、その精米歩合も麹米と掛米と合わせているのだ。たとえば、私が星さんに出会ったとき飲んだ夏の酒「七ロ万」は、麹米と掛米とも50%精米した五百万石で、4段目に入れるヒメノモチも50%精米。蔵のフラッグシップともいえる「一ロ万」は、麹米と掛米だけではなく、ヒメノモチも45%まで磨いているのである。もち米を半分以下まで磨いて仕込むという話は、聞いたことはない。

「自社精米なので、微妙な精米ができるのが強みなんです。なんて今だから言えますが、もち米の粒は小さくて割れやすいので、僕らも50%以下に磨くのは無理だと決めつけていて、去年までは60%精米だったんです。ところが速度を落として負荷をかけないように精米したら45%まで磨けた。綺麗に揃っていて美しく仕上がったんですよ」

ホームページにある「米と水、もち米四段仕込みにこだわっています」という看板に偽りなし、である。精米によって生じる糠《ぬか》は、特産の南郷トマトや、契約栽培している酒米を栽培するための有機肥料にもなっている。酒蔵と農家が繋がることで、循環型の農業が成り立っているのだ。

「花泉」と「ロ万」の違いを再度、確認すると、造りは、「花泉」は普通酒から本醸造、純米まであるが、「ロ万」シリーズは、純米吟醸酒と純米大吟醸酒。酵母は、「花泉」シリーズは日本醸造協会が配付する「きょうかい701号」と福島県が開発した9号系の「うつくしま煌《きらめき》酵母901-A113」と、「うつくしま夢酵母」通称F7-01号。「ロ万」は「うつくしま夢酵母」だけを使っている。「ロ万」の場合は、販売ルートは限定流通で、特約した酒販店だけで販売するという違いもある。地元で熱烈に愛されてきた「花泉」。「ロ万」は、さらに進んで、原料まで地元に密着しながら、上質な酒を目指してバージョンアップしたシリーズだという思いが理解できた。

たゆまぬ努力で勝ち取った祝福

順調に品質が向上していることを感じてきた星さんだが、酒造りに対する知識のなさを痛感するようになっていた。これまで職人たちから「現場で見て覚えろ」と言われるだけで、酒造理論を学んだことがなかったのだ。ブラシュアップするために、勉強する必要を感じた星さんは、福島県の技術研究所「ハイテクプラザ会津若松技術支援センター」が主催する「清酒アカデミー」へ3年間通って、福島県認定の酒造技能士の資格を取得した。星さんの同期には、豊国酒造の矢内賢征さんがいるが、彼も新しい銘柄「一歩己《いぶき》」を立ち上げ、最近話題を集めている。県を挙げてのバックアップ体制が整っていることが、近年における福島県の日本酒の躍進を支えているのだろう。

「アカデミーへ通ったのは、大きな意義があったと思います。それまでもろみの温度を何度ぐらいにすれば良さそうだというのは、現場の経験でわかっていましたが、なぜそのほうが良いのか、理論は知らなかったんです。根本を学ぶことで、さらに良い方法も見える。うまくいかなかったときの対処法もわかります。利き酒を徹底的に訓練させられたのも、大いに役に立っています。良い酒かどうか、この香りがオフフレーバーなのか否か、上に立つ人間が判断できなければならない。ここで学んだことを生かして、会社を進化させていきたいと思います」

今後は、若いスタッフにもアカデミーで勉強してもらいたいと言う。ただし、年配のスタッフには、これまでの方法を無理に変えてもらうつもりはないとも言う。長年の経験で摑んだ感覚を大切にして、気持ちよく仕事をしてほしい。酒の質を上げることは大切だが、個々がやる気を削いでしまうことだけは避けたいのだと言う。

現在、社員は年間雇用が15人、パートタイマーを含めると20人。すべて南会津の住民で占められている。杜氏と製造スタッフがいて、星さんは蔵元杜氏ではないが、「去年より爽快感を出していこう」といった味の方向性や、商品コンセプトなどには指示を出す。しかし頭ごなしに命令したり、こまごまとしたことまで口出ししたりすることは避けている。

「酒造りは、杜氏が造って終わり、ということではありません。むしろそこからがスタート。できた酒は社員全員で一緒に利き酒をします。意見交換の場として大切にしているんです。僕も営業へ行って感じたことを伝え、意見も言いますが、皆にも自由に言ってもらう。フランクに言い合えるような雰囲気を大切にしています。4段目のもち米を45%精米にしたのも、僕が指示したことではなく、誰となく言い出して達成できたこと。一人一人の思いが、その方向へ向いたんでしょうね。瓶洗いも、掃除も、すべて酒造りの一環です。これからも社員全員で気持ちをひとつにして、醸していきたいと思っています」

この日の夜は、星さんの車に乗せてもらって会津若松へ向かい、恒例となった鶴ヶ城下の花見の宴に参加した。2012年の余興は、「ゴールデンボンバー」。星さんの役は、樽美酒《だるびっしゅ》研二である。「寫樂」宮森さんの司会進行ぶりもますます腕を上げ、蔵元や酒販店主たちと、涙が出るほど大笑いしながら、楽しい夜を過ごしたのだ。

このころから、私は東京の居酒屋などで「ロ万」を見かけると、思わず注文してしまうようになった。蔵の周りに広がっていた青い空や雪景色、清流を思い浮かべながら、一杯。星さんが元の社長に怒鳴り込んだときの顔を想像して、一杯。徳利姿やバスガイド、樽美酒の扮装を思い浮かべ、破顔しながら杯を重ねるのだ。

2013年8月。東京・渋谷のホテルで、福島県酒造協同組合が主催する「ふくしま美酒体験in渋谷」と題する毎年恒例の酒の会が開かれた。年々酒質が上がり、全国新酒鑑評会の金賞数も連続トップを続ける福島県の日本酒は、人気もうなぎのぼり。チケットも人気アーティストのコンサートなみの売れ行きだ。この日は総勢600人を超える来場者を集めて、熱狂のうちに閉会した。

まさにその日、東京では福島県の蔵元や有志によるひそかなパーティが企画されていた。星さんが、代表に就任したことを祝う会であった。まったく知らされていなかった星さんは、「天★」早坂さんに誘われるまま、２人で渋谷の居酒屋で飲んでいた。すると突然、福島の蔵元仲間や友人がどーっと入ってきて三十数人に囲まれた。何が起こったのか戸惑っていると、会の冒頭、挨拶に立ったのは、星さんが目標とする、憧れの先輩「飛露喜」蔵元の廣木健司さんである。

「冩樂」を造る宮泉銘醸で、蔵元の宮森義弘さんと情報交換。同い年の２人、お互いが良い刺激になっているはずだ。

「星君、おめでとう。僕はいつも、星君をからかったり、いじったりしているよね。でも、心の底では、酒蔵の社長として、最も尊敬している男なんです。酒蔵の家に生まれたら、たいていの奴は、時がくれば社長になれてしまう。でも、星君は自ら茨《いばら》の道を選んで、切り開いてここまできたんですよね。どれだけの苦労があったんだろう。いつも笑顔で、僕たちを笑わせてくれるけど、その陰ではきっとたくさんの涙を流していたのに違いない。いつも陰ながら、応援してきたんだよ。いま星君のお酒の評価が高いのは、星君の頑張りだと思う。蔵元はどこかで、酒さえ造っていればいいと思っているところがある。造り手の視点だけでものを考えるような流れになってきている気がする

左から「会津娘」髙橋亘さん、「飛露喜」廣木健司さん。同じ福島の蔵元で、杜氏も兼任する先輩に技術的なことも学んでいる。

んです。でも星君は違う。自分のあるべき姿を見据えて、地道に努力している。泥臭く動き回っている。そんな姿を心から尊敬しているし、同じ福島の蔵元として誇りに思っているんですよ。社長になったこと、心から祝福します。おめでとう！」

拍手喝采のなか、星さんは思いがあふれて、こらえきれなくなった。涙が次から次へとこぼれてきて、とまらなくなった。廣木さんが近づいていって、そっと星さんの肩に手を置いた。その温かさを感じながら、星さんは滂沱《ぼうだ》の涙を流し続けていた。

「廣木さんって、何やってもカッコイイねえ」

早坂さんは、目頭を押さえながら、手のひらが真っ赤になるまで拍手を続けていた。

故郷を愛する男、星誠さん。そのピュアな思いがぎゅっと詰まった酒「ロ万」。嬉しいとき、悲しいとき、苦しいとき、お祝いのとき、ことあるごとに味わってみてほしい。その優しい甘さが、寄り添ってくれるはずだ。

酒の「**進化**」を追う

対談

「十四代」高木顕統×「泉屋」佐藤広隆

「僕らの酒」の時代を語り尽くそう

2015年の冬の夜更け、山形市内のある飲食店に楽しそうな声が響いている。声の主は、日本酒党垂涎の銘酒「十四代」の製造責任者として、注目を浴びる高木酒造（山形県村山市）15代目の高木顕統《あきつな》さん。若手蔵元の良き兄貴分として大きな存在感を放つ地酒専門酒販店「泉屋」（福島県郡山市）店主の佐藤広隆さん。そして筆者、山同。私が高木酒造を訪ねたおりに、高木さんはよく小宴を開いて歓待してくれるのだ。この日も、建築中の新しい蔵を視察したあと、佐藤さんを交えての食事会となった。

高木　さて、本日の5本目の酒はこれです。広隆、どうこれ？

佐藤　うん!?　これ、ラベルが貼ってないね。

高木　誰もまだ飲んだことがない酒だからね。実は僕も、試飲しただけで、飲むのは今日が初めてなんだ。本邦初公開なんだよ。

佐藤　（一口飲んで）おお！　いいねえ。

高木　いい!?　そう、それは良かった。こいつ（佐藤さんのほうを見て）、いつも僕の酒に対して辛口の評価をするんですよ。その指摘が的を射ているから悔しいんですけどね。

山同　わあぁ、なんて滑らかなんでしょう。いい甘みがありますねえ。甘みはあるけど、極めて綺麗で品がいい。香りも穏やかで、余韻が長い。はあ、ため息が出てしまう。

佐藤　そう、そう。甘みがすごくいい感じ。高木、すごいよ、これ。

高木　搾《しぼ》ってから1年、寝かせてあるんだ。

佐藤　だからこんなに滑らかなんだね。特別感がある。山田だよね？

高木　そう、兵庫県吉川の山田錦を35%精米した純米大吟醸。

佐藤　山田錦の35%精米といえば、「龍泉」もあるけど。

髙木　「龍泉」はカプロン酸系の香りで、こっちはイソアミル系。酵母を変えているんだ。４合がいい？　それとも一升？

佐藤　特別の日に、オン・ザ・テーブルで、ボトルを眺めながら飲みたい酒だから、４合瓶がいいんじゃないの？

髙木　広隆なら、この酒、いくらに値付けする？

佐藤　あなたの酒なら、いくらでも売れるんじゃないの？（笑）この味ならどんな高い値段でも買いたくなるよ。

髙木　（真剣な表情で）広隆、いくら？　いくらならお客様に買ってもらえる？

佐藤　そうだね。「龍泉」と同じでいいんじゃないの？　ツートップということで。

髙木　じゃあ、名前は？　アイデアある？

（このあとますます会話は白熱していくのだが、この酒はまだ発売されていないので秘密）

「十四代」の髙木顕統さんと、佐藤広隆さん。同い年の２人が、気心が知れた旧知の間柄であることは、知っていたつもりだった。だがこの日、間近で見たのは、自分もまだ飲んだことのない酒を持参して、味や値段、容量、ボトルのデザイン、酒の名前に至るまで、事細かに佐藤さんに意見を求める髙木さんの姿だった。ファンだけではなく、若手蔵元も憧れる蔵元杜氏《とうじ》が、酒販店主の返す一言一句に、これほど真剣に耳を傾けているとは驚きだった。聞けば、家業に就いて22年間、２人はこんな会話を繰り返してきたのだという。もしかしたら、そこには「十四代」が銘酒であり続ける秘密が隠れているのかもしれない。

そこで、これまでの２人の取り組みを振り返りながら、両者の考える美味しい日本酒について、語り合ってもらうことにした。聞き手は筆者、山同。

高木顕統さん。昭和43（1968）年11月生まれ。山形県村山市にある創業４００年の老舗蔵、高木酒造専務で15代目。銘酒「十四代」を送り出す蔵元であり、経営者と杜氏を兼任する〝蔵元杜氏〟の先駆けとして知られる。ファンはもとより、蔵元の跡取りたちが憧れる存在である。「十四代」が世の中にデビューしたのは1994年。淡麗辛口の酒が全盛だった時代に、みずみずしい旨みを持つ、この酒の登場は鮮烈だった。以来、人気は衰えることなく、酒の会に出展されれば真っ先に品切れになり、高いプレミアがついて取り引きされる。いま最も入手困難な銘柄のひとつ。

佐藤広隆さん。昭和43（1968）年9月生まれ。福島県郡山市の酒販店「泉屋」２代目社長。福島県の蔵元たちを盛り立てる〝チーム福島〟のリーダーとして、また全国の若手蔵元たちの良きアドバイザーとして、大きな存在感を放つ酒販店主。また蔵元と酒販店によるグループ「和醸和楽」や、「仙台日本酒サミット」などのイベントの陰の仕掛け人でもある。店はＪＲ郡山駅から約３㎞と遠く、ほかに商業施設もなく、決して便利な場所にあるとはいえない。だが、清潔で明るい店内には魅力的な酒が揃い、週末には交通整理が必要なほど人が集まる。知る人ぞ知る、東北の名店だ。

銘酒「十四代」が生まれるまで

――髙木さんは1991年に東京農業大学醸造科学科を卒業したあと、家業に就く直前まで、東京・新宿の「クイーンズ伊勢丹」で酒売り場を担当していましたね。そのころは、どんなお酒が人気があったのでしょうか？

髙木　「久保田」や「菊水《きくすい》」「上善如水《じょうぜんみずのごとし》」など新潟の酒が圧倒的に人気がありました。そのころは、すっきり綺麗で、水のごとくスイスイ飲める淡麗辛口の酒こそ、良い酒とされていたんです。

――同じころ、佐藤さんは東京で有数の地酒専門店として知られる四ツ谷の「鈴傳《すずでん》」で修業していましたよね。どんなお酒が売れていましたか？

佐藤　やはり新潟の酒が人気がありました。リーズナブルな吟醸酒ということで山形の「出羽桜《でわざくら》」の桜花吟醸や、香りが華やかな茨城の「郷乃誉《さとのほまれ》」「花薫光《かくんこう》」なども話題になっていましたね。

――四ツ谷の「鈴傳」と新宿三丁目の「伊勢丹」、お2人は地下鉄の駅で3つ目という近い距離で日本酒を販売していたんですね。面識はあったのでしょうか？

髙木　「鈴傳」には何度か行ってます。そのころ、「鈴傳」社長（当時。のちに会長、現在は故人）の磯野元昭さんは「全国久保田会」の会長を務める業界の第一人者で、「伊勢丹」の僕の上司と親しかったので、連れていってもらったんです。そのころ、広隆、店にいたんだよね？　会ってないね。

佐藤　会った記憶はないよね。確かにその時期、店で働いていたのですが、下っ端でしたから配達に出ることも多くて、会っていても挨拶することはなかったんだと思います。

――髙木さんは何年、お勤めしたのでしょう。

高木　2年です。1993年、25歳のときに、父から連絡があり、杜氏が高齢を理由に引退するので、杜氏の代わりに僕に酒造りの陣頭指揮を執らないかというんです。いずれは蔵に帰るつもりでしたが、それは父の跡を継いで経営者になるという意味で、自分で酒を造るなんて考えたことはありませんでした。

――代々世襲の蔵元は経営を行うもので、酒造りは杜氏をリーダーとした蔵人《くらびと》たちが行うという、完全な分業制が当たり前でしたからね。

高木　そうなんです。しかもあまりにも突然で心の準備もありませんでした。大学で酒造りを学んだといっても基礎だけで、いきなり杜氏の代わりなんてできるはずはありません。

佐藤　そんな状況で、よく自分で造ろうと思ったよね。世の中に、蔵元が自ら酒を造る例なんてほとんどないころでしょう？

高木　そうだね。まさか自分で造ることになるとは思っていませんでした。ただ、蔵元として、お客さんたちに飲んでいただきたい味のイメージはありました。蔵元は、自分が心から旨いと思う酒を提供するのが、使命だという思いは持っていたんです。

佐藤　おお、かっこいいね。

――具体的にはどんな味でしょう？　モデルはあるのでしょうか？

高木　初めて旨いと思ったのは、学生時代に、東京・三軒茶屋の居酒屋「赤鬼」で飲んだ福島県の生酒で、濃い旨みがあったんです。その酒蔵は残念ながら廃業してしまいました。いま思えば、蒸し米のような香りに郷愁を覚えたんだと思います。僕が育った家は、酒蔵と住まいが繋がっていて、ものごころついたころから、蒸した米の甘い香りに包まれた中で生活していました。蔵人から、蒸したての米を手のひらでぎゅっと押して平たくした「ひねり餅」をもらって、食べるのが楽しみでしたし。

――蒸した米の甘い香りや旨みが、髙木さんの持つ日本酒のイメージなんですね。

髙木　はい。それが幼いころから身体に染みついた香りであり、味なんです。ところが世間では、淡い水のような酒が流行っている。売れている酒は上質であるとは思っていましたが、ずっと違和感がありました。

――自分が造るのなら、思い描いてきた米の旨みを表現しようと思ったんですね。

佐藤　それにしても初めて造って、よく酒ができたよね。

髙木　自分ひとりだけの力だけで酒造りはできません。多くの人が助けてくれました。幼少のころから面倒をみてくれた蔵人達は、私の思いをかなえようと必死に頑張ってくれましたし、農大の恩師や山形県工業技術センターの先生にもアドバイスを受けました。

――初めて取り組む酒造りは、さぞ過酷だったんでしょう。早朝から深夜まで、慣れない力仕事が続きますし、睡眠時間も細切れにしか取れなかったでしょう？

髙木　肉体的にもきつかったけれど、もっと厳しかったのは精神的なことです。失敗できないという心労で、ものが食べられなくなり、急性胃炎で体重も10キロ以上、落ちました。それでも歯を食いしばって、甑《こしき》倒しまで頑張ることができた。先祖たちや酒造りの神様……何か見えない力が働いたとしか思えません。造り終えたあと、高熱が出て倒れ、1週間入院してしまったんですが。

――精も魂も尽き果てた状態だったんですね。

髙木　造った酒に、従来の「朝日鷹」ではなく、それまで古酒で使っていた銘柄「十四代」と名付けたいと父に許可を取り、自分で一本一本ラベルを貼って、トラックで回りました。

――十四代とはお父様のことですもの、喜ばれたことでしょう。

髙木　死ぬ思いで造った酒ですし、思いを込めたつもりです。そのとき、頭に浮かんできたのは、東京の「鈴傳」磯野元昭さんの顔だったんです。

――面識があったんでしたね。

髙木　はい、電話をしたら、すぐに持ってこいと言ってくれて。磯野さんは一口飲んで、「髙木君、よく造った！　俺はこういう酒を待っていたんだ」と言ってくれたんです。嬉しかったなあ。その場で5ケースの注文が入って、山形に帰ったら、すぐにまた10ケース、20ケースと注文が入ったんです。

蔵元と酒屋、かけがえのない出会い

――佐藤さんが家業に就いたのは、いつごろでしょうか。

佐藤　髙木の少しあとだと思います。「鈴傳」の常連客だったカメラマンの名智健二さんから、「お前と同い年の農大を卒業した蔵元が、自分で酒を造るというので、俺は追っかけて撮影してみようと思う」と言っているのを、鈴傳で聞いているんです。そのあと福島県郡山市に戻って、父の仕事を手伝うようになりました。

髙木　名智さんは伊勢丹にもよく来ていたので、我々2人に共通した知人だったんです。そのことは、あとでわかることになるのですが。

――さて、お2人は、いつ、どこで出会ったのですか。

佐藤　1994年5月、山形県の天童温泉でした。

髙木　初めての酒造りが終わって、「鈴傳」や東京・多摩の「小山商店」と取引が始まったすぐあと、ということになります。

佐藤　「鈴傳」で同僚だった新潟出身の齊藤君が、郷里で飲食店を開くことになり、その前に東北を旅するので、天童の「出羽桜」の酒蔵を一緒に見学しようと言うんです。出羽桜酒造には、「鈴傳」のとき先輩だった創業者一族の仲野賢さん（現在、営業部長）がいるので、彼の案内で酒蔵を見学したあとで、皆で温泉でいっぱいやろうという話になったんです。

――「鈴傳」従業員OB同窓会、というわけですね。なぜそこに髙木さんが参加したのですか？

佐藤　齊藤君が、農大で髙木と同期だったんです。「同い年で酒を造ってる奴がいて、昨日、蔵へ行ってきた。蔵は同じ県内の村山市にある」というので、呼びだそうぜ、ということになり、宿から電話したんです。するとひょろりと痩せた男が、自分が造った酒を1本持ってやってきたんですよ。その酒の味はいまでも忘れません。

髙木　中取り純米吟醸　備前雄町《おまち》だったよね？

佐藤　そうそう。飲んだ瞬間、口の中で何かが弾けた。新鮮な果物をがぶっとかじったように、香りやいろんな味がパーンと炸裂したんです。甘みと酸味、香りのバランスが絶妙で、とてつもなく旨かったなあ。こんな衝撃は初めてでした。しかも、彼が面白い奴でね。か細い身体をしているから一見、神経質な奴に見えたんだけど、まったく違ってた。変なこと考えている弾けた奴で、めっちゃ気が合うんですよ。気が合ったのは、同い年ということが大きいと思いますが、それだけではない何かを感じました。

髙木　会った瞬間から旧知の友人みたいに、盛り上がったよね。

佐藤　集まっていたのは皆ほぼ同年代だったこともあって、どんちゃん騒ぎで、楽しかったね。別れるときに彼から「酒、頼むよ」と言われたのですが、扱うかどうかは、親父に相談してからでないと決められなかったので、翌日、郡山に帰って、親父に「えっらく旨い酒を飲んできた」と興奮して報告して、すぐに雄町と山田錦の純米吟醸を送ってもらったんです。父も飲んでみて「こんな酒、初めてだ」と評価してくれたので、その2本から取引が始まりました。

――純米吟醸2本ですか。東京で、初めにブレイクしたのは、中取り純米でしたね。

髙木　そうなんです。中取り純米もあるよ、というのに、コイツ取らないんですよ。

佐藤　雄町の旨さが圧倒的すぎたので……。

髙木　「鈴傳」は、大吟醸も合わせて、僕が造った4種類全部を扱ってくれたのに、その弟子の広隆は取らないんですよ。

佐藤　20年以上経つのに、いまだにそれを言うんですよー（笑）。東京の「鈴傳」と、うちの店ではお客様の数もケタが違います。無名の新しい銘柄を、最初からたくさんの種類を扱うのは厳しいと思ったんです。

髙木　堅実なんですよ、広隆は。

佐藤　髙木がしつこく「何でお前、純米を取らないんだ」と言うので、とりあえず送ってもらって、試飲販売してみたら、純米もすぐに売り切れて、同じお客様が買いにきてくれて、また追加注文する、という繰り返しでした。ただ、銘柄の知名度はありません。もっとたくさんの方に知ってもらおうと、お酒の会を開いて「同級生が造ったんです」「新しいお酒ですよ」と言いながら、まずは「十四代」という名前を知ってもらうことに努めました。

――そのころ、「泉屋」ではどんなお酒が人気でしたか？

佐藤　売れていたのは、やはり新潟の「久保田」「八海山」「〆張鶴《しめはりつる》」「雪中梅」などで、マンガ『夏子の酒』の影響もあって「清泉《きよいずみ》」や「亀の翁《お》」も人気がありました。ただ、これら新潟の酒はどれも親父が何年も通って開拓してきた銘柄で、お客様は親父に会いにくるんです。僕は、若い兄《あん》ちゃん扱いしかされなかったのが悔しくてね。そんな中で「十四代」は、初めて、自分で仕入れた銘柄です。お客様には、僕の酒を飲んでほしいという思いがありました。

髙木　僕の酒が、広隆ブランドの第一号、ということだね。嬉しいな。

佐藤　僕にとっても最初につきあった蔵元が髙木だったのはラッキーでした。蔵元は造り酒屋の社長であるだけでなく、地方の名士が多いでしょう？　特に父は、酒蔵で働いていたこともあるので、父にとって蔵元は旦那様。雲の上のお方から酒を分けていただくというように思っていたんじゃないかな。ところが髙木と僕は、出会ったときから友達になってしまった。父と蔵元の関係より、僕らは距離が近いんです。気心の知れた同級生が造った、めっちゃ旨い酒を応援するというのが、そのときの気持ちに近いと思います。

髙木　初年度は、どれもタンク1本ずつの仕込みで、純米吟醸は一升瓶で1000本程度、中取り純米も2000本程度しか造っていなかったのですが、無名の新しい銘柄でしたから、売り切るのは大変だったんです。そのころから扱ってくれた広隆とお父さんの隆三さんには、格別な思いがあります。

佐藤　その秋に雑誌『シンラ』に、名智さんが撮った十四代のルポが掲載されて、一気に全国に名が知られるようになり、あっという間に、髙木が造った酒は完売してしまったんです。

――彗星のように現れた日本酒界のスターとして、雑誌やテレビで取り上げられるようになりましたね。

髙木　多くの方に応援していただいたおかげです。ご縁に感謝しています。

「本丸」に込めた思い

――私が初めて「十四代」と出会ったのは、2年

目に発売された特別本醸造の「本丸」でした。「鈴傳」社長（当時）の磯野さんに「20代の若い蔵元が自分で造った酒なんだよ」と薦められたんです。口に入れた瞬間、ラ・フランスのようなフレッシュな香りが弾けて、みずみずしい甘みが舌の上を転がる心地よさに、しばらく陶然としたのを覚えています。良い酒は大吟醸に限るといわれていた時代に、あの味で本醸造で、しかも一升で２０００円を切る値段なのもびっくりしました。

髙木　「伊勢丹」の酒売り場にいたときから、2000円以下の旨い酒を造ったら、絶対にうけるという確信があったんです。

――あの値段は衝撃でした。一種の価格破壊でしょう。

佐藤　業界に与えたショックは大きいと思いますよ。髙木のあとにデビューした蔵元杜氏は、少なからず影響を受けていると思います。たとえば地元、福島県「飛露喜《ひろき》」の廣木健司さん。

――そうですね。「本丸」は廣木さんの運命を変えたお酒ですね。売り上げ不振で杜氏は去り、父親が早世し、廃業を考えていた30歳のとき、「本丸を飲んで胸の中に革命が起きたような衝撃を受けた」という話を聞きました。しかも、その酒を造ったのが、1歳年下の蔵元であることを知り、「この酒を超えるものを造らなくてはならないという闘志が湧いた」と。「而《じ》今《こん》」の大西唯克《ただよし》さんも、初めて旨いと衝撃を受けた日本酒は「本丸」だったと言います。

佐藤　高価な酒ではなく、２０００円以下の酒だったから、なおさらショックが大きかったんでしょうね。実は、「十四代」が初年度にすぐに完売してしまったことを踏まえて、２年目には、「一年中売れるような定番になる酒が欲しい」とリクエストしていたんです。すると、造りが終わった春に、髙木がうちの店に来て、「特別本醸造で２０００円を切る酒を出そうと思う」と言うんです。コンセプトが明確ですよね。飲んでみたら、上質で、しかも十四代らしさがある。こいつ天才だと思いました。そのころ、出品酒の大吟醸は素晴らしくても、それ以外の酒は、がくっと落ちるという酒を出してくる蔵が多かったのに、髙木はカジュアルラインの酒でも、感動する旨さなんですから。

――「本丸」という名前も覚えやすくていいですよね。

佐藤　定番をめざすからには、愛称で呼ばれるようにしようというのは、2人の共通意見だったんです。他のお酒の銘柄をヒントに、アイデアを出し合いました。僕たち、ラベルや銘柄の話をしだしたら止まらないんです。早押しクイズがあったら、1位と2位を独占すると思いますよ。

髙木　そのうちにホンマルという言葉にたどり着きました。お城の中心部とか、物事の核心の意味になることに気が付いたんです。普段飲める上質な定番。定番は盤石でなければいけない、それが崩れ去ったら城が落ちる「本丸」……。

佐藤　本醸造の〝本〟にも繋がるし、「本丸」！いいんじゃないかという話になったんです。

髙木　「本丸」のあとに「二の丸」「三の丸」も出そうかと思ったんですが……。

佐藤　うそーーー、やめてよかったよ（笑）。

――「本丸」の値段は、20年経っても変えていないんですね？

佐藤　いまでも一升で2000円ちょっとです。精米歩合55％の吟醸規格で、あの味。安いよね。

髙木　お客様によく赤字になるのではないか、と言われます。原料米は初めは美山錦でしたが、今年から麹に山田錦を使ってます。年々、品質はよく、美味しくしていきたいと思って変

特別本醸造「十四代　本丸」。右は冬季限定の「本生」2200円。左は通年出荷の1回火入れの「生詰」2000円。ともに1.8 l の税別価格

えてきていますが、できる限り今後も値段は変えずにいくつもりです。

佐藤　ますます原価は上がるよね。

高木　そうですね。でも僕は原価計算をして、値段をつけたりしません。一本一本、原価を考えて値付けをするのは、造り手のするべき姿勢ではないと僕は考えているんです。もし原価計算をしたら、カジュアルな酒にはこの米は高いから本醸造に使えないとか、米はこれ以上磨けないということになって、上のクラスと下のクラスの品質の差が大きくなってしまう。それでは自分がめざすものはできませんし、お客様が満足するものなんて絶対にできません。もちろん利益を出して、会社を存続させることは経営者として大事な仕事ですが、利益はトータルとして考えればいい。売るプロは、広隆ほか、優れた酒販店がいる。彼らを信頼していますから、売ることは任せればいいと思っています。僕の使命は、自分が旨いと信じる酒を造り続けること。僕にとって酒造りは、商売ではない。芸術作品に取り組むことに近いと考えてます。

佐藤　そこが十四代と、それまでの酒との大きな違いなんじゃないでしょうか。十四代を飲んでいつも感じることは、瓶の中に、高木のいろんな思いが詰まっている、ということなんです。それまでの酒は製品だったけど、十四代は高木のその年の作品のように思えるんです。だから毎年、彼は悩みながらも、自分が納得する作品をめざして、どんどん変えていっている。

――製品であるなら、いつも変わらない味、去年と同じ味であることが求められるのに、髙木さんの酒は自分の作品だから、思い切って変えていっている、ということですか？

佐藤　そうです。たとえばアルコール度数。最初は18度近くあったのに、徐々に下げていって、数年前ごろから15・3度がいいなんて言い始めて。いまは15度ぐらいなので20年で3度下がったことになります。香りも、前はもっと弾けるような感じだったけど、いまは穏やかになっている。少しずつ変わってきたので、飲んでいる人は気が付かないかもしれませんが。

髙木　度数は下げようと思ったのではなく、自分で旨いと感じる度数にしただけ。香りも同様、あくまでも自分が旨いと思えるかどうか。世間の流行ではなく、自分が基準です。

佐藤　今年はどんな表現をしてくるのだろうと、ドキドキ、ワクワクする。毎年、毎回、開けて飲むのが楽しみなんですよ。ただ、造る側としてのストレスは相当強いみたいなんです。彼ほど悩みながら酒を造っている人はいないんじゃないでしょうか。現場で見て、ずっと感じてました。

プレッシャーの中での酒造り

髙木　広隆は知り合った翌年の冬から、毎年、泊まり込みで酒造りに来てたんですよ。

佐藤　そのころは、お互い独身でしたからね。酒造りが終わったら、今度は髙木がうちの店に遊びに来て、うちの両親と泊まりがけで旅行に行ったりしていたよね。

――佐藤さんは酒造りを手伝いに行っていたのですか？

佐藤　いや、僕ができるのは、せいぜい米の袋をかついだり、米を洗うぐらい。戦力にはなりません。冗談を飛ばすことと、夕食のときの辰五郎社長の晩酌の相手が主な役割だったような気がします。毎年、辰五郎さんに「何でお前はここにいるんだ、酒蔵は聖域だ」とたしなめられるのですが、帰るときには必ず「来年も飲みに来い」と言われるんですよ（笑）。

麹の出来を確かめる髙木顕統さん。ふだんは穏やかな髙木さんだが、近寄りがたいオーラを感じる。

高木　僕にとって広隆は最高の相談相手でした。初年度は心労のあまり酒造りが終わって倒れてしまいましたが、彼が来てくれるようになって、精神的に楽になったんです。彼、明るいでしょう？　意見を求めたら、即答してくれるし、僕が悩んでいたら冗談を飛ばしてくれたり。救われました。

佐藤　馬鹿話をするのが僕の使命だと思ってましたから。電話でもよく話していたのですが、高木が、一日中、蔵に籠《こも》って、太陽も見ずに酒造りだけにのめり込んでいることを感じたんです。ガス抜きしてやりたいと思って、傍に行こうと思ったんです。

高木　酒造りは楽しいですよ。楽しいけれど、つらい。初年度はビギナーズラックもあって、うまくできましたが、経験が浅く、技術レベルも低いので、薄くて辛い酒ができてしまったり、渋い酒になってしまったり……。〝シンデレラボーイ〟なんてマスコミに持ち上げられていましたが、毎年悩みながら造ってきました。あれから二十数年経つけど、いまでも失敗するんじゃないかという恐怖に震えています。たとえ大失敗はしなくても、去年以上の酒ができなければ後退したのと同じ。いつも不安な気持ちでいっぱいなんです。

佐藤　傍《はた》から見ると、すべてヒットを飛ばしているように見えるけどなあ。

髙木　そんなことないよ。たくさん失敗してきたからいまがあるんだよ。特に大きな失敗は造り始めて5〜6年経ったころ、「本丸」が火落ち菌におかされてしまってね。それに気が付かないで出荷してしまったんです。

――火落ちですか！　ある種の乳酸菌が繁殖して、お酒が濁ったり、香りが変質したりすることですよね。公開してもいいのでしょうか？

髙木　これを読むことで、後輩たちが戒めにしてくれるのなら公表しても構いません。濾過のときに0・2ミクロンのミクロフィルターを使えばよかったんですが、細かいと旨みも除かれてしまうと思ったので、少し目の粗い0・45ミクロンを使ったのが良くなかったんです。そんな大失敗の酒を広隆のお父さんが、濾紙を買ってきて、ご自分で濾過して晩酌用に飲んでくれてたんだ。「髙木君の酒は一滴たりとも無駄にしない」と言って。そのことをあとで知って、胸がいっぱいになりました。

佐藤　そんなこともあったね。

髙木　世間でちやほやされたので、どこか図に乗っていたのかもしれません。謙虚にならなくてはいけないと猛反省しました。あのときがひとつの分岐点かもしれません。おかげでいままでは濾過では誰にも負けない自信があります。そんなふうに覚えているのは、失敗したことや、つらかったことばかりなんです。技術的なことや、設備、使う米、酵母や麴菌など徹底的に研究して、思い切った試行錯誤を行ってきましたから、だんだんダーツの的の中心に矢が刺さる確率は上がっていますよ。でもまだまだ、百発百中ということはありません。一年で仕込む百何十本のタンクのうち、ド真ん中に矢が刺さるのは、せいぜい1〜2本にすぎません。

――そこまで突き詰めて取り組んでいるから、飲み手を感動させる作品ができるのですね。

髙木　常に一番でいたい。負けず嫌いなんです。

――心が休まるのは、夏ぐらいですか。

髙木　いえ、いまはむしろ夏のほうが悩みの多い時期です。夏は、設備投資のことなど将来のビジョンについて練り直したり、できた酒を飲んで確かめたりするときです。冬の間はめったに外に出ないので、蔵の中でしか試飲することはできませんが、夏になったら飲食店で、自分の酒を飲んで確かめてみる機会が増えます。それがまた試練で……。

――店で飲んで、納得する味でなかったときは冷や汗が出て、その後は、料理の味も会話も耳に入ってこない、ということを前にお話しされていましたね。

髙木　そうなんです。「十四代は味が落ちた」なんて絶対に言われたくない。広隆をはじめとした、信頼する55軒の特約酒販店さんたちには、胸を張って扱ってもらいたいので、どんなときも気が抜けません。実は2012年8月末の夜、帰宅したときに突然、自宅で倒れて心肺停止になり、救急搬送され、3日間意識不明に陥ってしまったんです。心室細動でした。妻が即座に心臓マッサージしてくれたことと、優秀なお医者様との出会いで命がつながりました。過労が原因だそうです。

佐藤　担当した心臓医が十四代の大ファンで、絶対に死なせないって頑張ったんだってね？(笑)

髙木　奇跡的に麻痺など後遺症もまったくなく、いまは元気でピンピンしています。不思議なのは、倒れた瞬間から、その前1ヵ月ほどの記憶がすべて飛んでしまって、観た映画も、食べた料理も、まったく覚えていないんです。徐々に記憶が戻ってきているのですが……。

佐藤　いま、こうやって笑いながら話せて本当に良かった。造り始めて20年目か。長年の負荷が身体をむしばんだんだね。悩みながら酒を造っていることは傍で見てきましたが、文字通り、死ぬ思いで造っていることを改めて感じました。これ以上、無理はしないでほしい。彼の酒を飲めないときがくるなんて、考えたくない。

髙木　死なないで済んだということは、まだやるべきことがあるということ。酒造りは天から与えられた仕事なんでしょう。

佐藤　おお！　ほかの仕事に就きたかったと考えたことある？

髙木　ないかもね。両親に強制されたことは一度もありませんが、継ぐのは当たり前だと思ってましたから。

――老舗蔵の15代目としてのプレッシャーを感じますか？

髙木　あまり感じたことはありません。それより一人の造り手としての重圧を感じます。ずっしりとした重さです。

「出荷カレンダー」という発明

――髙木さんは、これまで多くの酒米を使って、いろいろな美味しさを飲み手に提案してきましたね。20年前に、同じ酒蔵が、違う酒米で純米吟醸を造るという例はほとんどありませんでした。その意味でもパイオニアでしょう。

髙木　そのころ、ワインが身近になり始めて、僕も飲むようになっていたんですが、ワインの場合はシャルドネとか、ピノ・ノワールとか、葡萄《ぶどう》品種による違いを楽しむでしょう？　東京農業大学の卒論で、酒米と酵母の相性について研究してきたこともあって、ぜひお客様に山田錦や雄町、八反錦《はったんにしき》、愛山《あいやま》など酒米の個性を楽しんでもらおうと考えたんです。そこで、どうやって販売したら、それぞれの酒を楽しんでもらえるだろうかと、広隆に相談に乗ってもらったんです。

佐藤　いろんな酒米を楽しめるのは最高だと思いましたが、一方で、多くのアイテムが一度に発売されると、飲む側は何を選んでいいのか、迷ってしまいます。一本ずつの魅力が際立ってこないんです。その結果、売れ残ってしまったら、お酒がかわいそうだし、造っている蔵元にも申し訳ないでしょう？　そもそも彼のような造り方だと、量ができないので、出荷したとたんに全部売り切れて、何もないという状況になってしまいます。それより長期間、楽しんでもらえるほうがいいんじゃないかと。そこで月ごとに販売するアイテムを決めて、出荷カレンダーを作ったらいいのではないかと提案したんです。ヒントにしたのは、そのころ、流行っていた腕時計「G-SHOCK」です。

――「G-SHOCK」ですか！　ひとつのデザインを少量生産の限定品にして、次々に新しいデザインを出してくる。ファンは、次はどんなデザインが出るのかと期待しますし、新しいものが出たら欲しくなる。ファン心理を突いていましたね。

佐藤　「本丸」は毎月出荷する定番にして、少量生産の米違いの酒は、G-SHOCK方式で、出荷する月を決めていく、という方式を提案したんです。たとえば「八反錦」を使った酒はさっぱりした味だから暑い時期の8月に出荷して、秋になって味が乗ってくる「山田錦」は10月、贈答の需要がある中元と歳暮の時期には、大吟醸など高額商品を出荷する、といった具合です。出荷カレンダーは、季節ごとの旨さを提案するという意味合いもあるんです。

髙木　広隆は大学（青山学院大学）で広告研究会に所属していただけあって、販売促進の手法に長《た》けている。ノリは軽いけれど、けっこう緻密なんです。彼の話を聞いて、ぜひそれを僕のスタイルにしたいと思いました。ただ、この方法は製造側にとって効率は良くない。それまで酒は造ったら、すぐ出荷するのが原則でしたが、カレンダーに沿って出荷するとなると、酒蔵の冷蔵庫に在庫しておかないといけない。膨大な数の冷蔵庫が必要になってしまう。大変な負担です。でもお客様が楽しみにしてくれるのなら、喜ぶ顔を励みにして、もっと旨い酒を造って、売れたら冷蔵庫を増やしていけばいいと考えたんです。

――いま、人気のある中小の酒蔵の多くは、月ごとに異なる酒を出荷する体制をとる例が多いようですね。

佐藤　廣木さんにも、こんな販売方法もあるよ、と提案したところ、この出荷方式を取り入れました。

――全国で大人気の「十四代」や「飛露喜」が、この出荷カレンダー方式を採用したことから、徐々に他の蔵元へも伝播していったのでしょう。20年前には、季節の酒といっても、厳寒期のあら走りや搾りたて、春先の生酒、秋のひやおろし、ぐらいしかなかったように思いますが、いまでは季節ごとに美味しい、バラエティ豊かな日本酒が楽しめるようになっています。そういった仕掛けを考えたのは、お2人に限りませんが、その一翼を担ったのは確かなことでしょう。

「酒の未来」を託す後進たち

――辰五郎社長が、山田錦に匹敵する優れた酒

米を育てたいと、長年かかって開発した酒米「酒未来《さけみらい》」を、若い蔵元たちに託していますが、それは後輩たちへのエールという意味合いもあるのでしょうか。以前、「宝剣」「而今」ら若手蔵元たちと、髙木さんの蔵を訪問させていただいたことがありましたが、そのあと2人は髙木さんから「酒未来」を譲ってもらうようになったと話しています。

髙木　はい。「酒未来」は、酒造りに情熱を持っている後輩たちに使ってもらいたいと思っているんです。「酒未来」は、12代当主の時代から取り組み始めて、1999年にようやく育種に成功した品種で、同時に「龍の落とし子」と「羽州誉《うしゅうほまれ》」の合わせて3種の育種も実現しています。そのうち「龍の落とし子」だけは当社に残して、当初、「酒未来」は「くどき上手」を造る亀の井酒造へ、「羽州誉」は「惣邑《そうむら》」を造る長沼合名会社へ、と山形県の他社へ託したんです。

――長年かけて育種した米を自分では使わず、ほかの蔵へ託したのですか？

髙木　お互い競い合って、魅力ある酒を造ろうというのが、弊社の思いなんです。その後、「酒未来」は契約農家さんの尽力もあって、作付面積も増えたので、弊社でも造るようになりましたし、唯一の弟子の「東洋美人」澄川君を皮切りに、ご縁のできた意欲のある蔵に造ってほしいと思ってお分けしています。異なる蔵が使うことで、米の可能性が広がりますし、違った個性を提案できればお客様も飲む楽しさが増えます。先祖も社長も本望だと思います。

――いま、酒未来で酒を造っているのは何社あるのでしょうか？

髙木　十四代を入れて13で、2016年から14になる予定です。

――私が飲んだことがあるのは「くどき上手」「山形正宗」（ともに山形）、「東洋美人」（山

口)、「而今」(三重)、「宝剣」(広島)、「三井《みい》の寿《ことぶき》」(福岡)、「天青《てんせい》」(神奈川)、「寫樂《しゃらく》」(福島)、「一白水成《いっぱくすいせい》」(秋田)ですが。

佐藤　こうやって並べると、スター揃いだね。

髙木　山形の「栄光冨士」「羽陽男山《うようおとこやま》」と、長野の「御湖鶴《みこつる》」です。

——2016年に加わるのは?

髙木　広隆の地元、福島の蔵元です。

佐藤　間もなくわかるから明かしていいかな? 僕らと同い年の蔵元、「奈良萬《ならまん》」です。これで14か。十四代で14。いいねえ。

流行を追うな。王道を行け!

——日本酒は若いファンも増え、活況を呈していますね。髙木さんが「酒未来」を託した蔵元たちも、その牽引役になっていると思います。いま人気の酒について、お2人はどんな感想をお持ちでしょうか?

髙木　活気があるのは嬉しいのですが、この業界は流行に左右されすぎるように思います。酵母や麴菌など、さまざまな研究開発により、似たような酒質になりがちです。蔵元はもっと自分を持ってほしい。自分を表現してほしいと思います。

佐藤　地元、福島の酒もそうです。全国新酒鑑評会の金賞獲得数で、福島県が連続1位になっているのは嬉しいことですが、どの蔵も、似たように甘酸っぱい酒を造ってしまったら、お客さんはどれを飲んでも同じだということになる。結局、蔵元は自分の首を絞めることになってしまいます。

髙木　流行の酒ができるかもしれませんが、変化球だけでは先が続かない。

佐藤　直球で勝負しろということだね。

髙木　そうだね。伝統を大事にして、それぞれが信じる旨さを造る。我々蔵元は、酒造りの王道を歩むべきだと考えているんです。

——王道、ですか。高木さんはご自分の造る味に対して、確固たるものを持っているように感じます。流行に惑わされることなく、自分の舌や感性を信じて酒造りをしているように思えるんです。何か味覚の訓練をされたことがあるのですか？

高木　小学生のころ、祖父に、毎日のように食材や出汁《だし》の食べ比べをさせられました。食材の持っている力や違いを感じなさいということだったと思います。

——ジャンクフードを食べたい年ごろに、食材や出汁ですか……。味の英才教育を受けたんですね。そのころ、酒造りをしていたのは杜氏だったということですが、最終的に味を決めるのは蔵元であり、味がわかる人間であるべきだという先々代の後継者育成法だったのでしょう。

高木　自分が美味しいと思うものは、どんな人でも美味しいはずだと思っています。言葉では違うことを言う人がいるかもしれませんが、心

「酒未来」で醸された酒がずらり。ここに「奈良萬」を加えて全14蔵。スター揃いで目移りする（山形の米商社アスク本社にて）。

ではきっと同じふうに感じているはず。美味しいものはやはり美味しいんだと思うんです。料理との相性も考えたことはありません。旨い酒には旨い料理が合うんですよ。

――髙木さんは絶対的な美味しさというものがあると、信じているということなのでしょう。だから、流行に惑わされることがないのかもしれません。では、販売している立場から見て、佐藤さんは美味しい酒とはどんなお酒だと思いますか？

佐藤　手前味噌ですが、うちの店に並んでいる酒は全部、旨い（笑）。「鈴傳」の磯野元昭さんに教わったことで、いまも大切にしている酒屋の心得があります。それは「仕入れるときは厳しく、冷静に鑑定すること。一度仕入れたら、その酒を批判してはいけない。良いところをお客様に伝えなければいけない」ということで、ずっと実践してきたつもりです。だから、店の酒は全部、僕にとって美味しい酒なんです。ただ、髙木が究めようとしている絶対的な美味しさとは別に、人それぞれ好みというものがあります。僕らに求められるのは、個々のお客様が好む味を、選んで差し上げることなんだと思います。磯野さんは「酒屋は洋服の仕立屋さんのような仕事をしなければならない」ともおっしゃっていました。仕立屋の仕事は、単に服を作るだけではない。優れた仕立屋は、お客様からお話を聞いて、体型を見て、懐具合を察したうえで、好みに合う生地や似合うデザインを選んで、身体に合うように仕立てる。求められるのは、いい服を作ることはもちろんですが、もっと大切なのはお客様の満足です。酒屋も同じ。お客様の好みに合うものを選んであげて、満足していただくのが仕事だというのです。仕入れたお酒のなかから、予算を察しながら、好みや飲むシーンに合わせてぴったりフィットする酒を見立てることができるのが、酒屋の仕事なん

酒蔵を模したモダンな店構えの「泉屋」。吹き抜けの明るい店内には、日本酒や本格焼酎、和のリキュールがずらりと並ぶ。

だと考えています。

——それでも自分の好みを、お店の人に言葉で伝えるのは難しいですよね。

佐藤　タイミングを見ながら、お客様に話しかけるようにします。パスを出さないと、球は返ってこないでしょう？　投げる球に特別な技はいらないし、むしろ酒の話はしないほうがいい場合もあるんです。たとえばお昼時なら、お気に入りのランチの店をお尋ねしてもいい。車のナンバーを見て、その地域の話題でもいい。持ち物やファッションの話でもいいんです。頭を柔らかく、視野を広く相手を見れば、その人が興味を持っていそうなことや、好む味を知るヒントはたくさんあるんですよ。うまく会話のキャッチボールができれば、僕らと話をするために、またお店に行こうかなと思ってくださるかもしれない。お客様は買い物の時間を前より楽しんでくださるようになりますし、親しくなって好みがわかれば、僕が惚れて仕入れた蔵元の酒を、その味が好きだったり、その地域に思い入れのあるお客様に紹介できる。その結果売り上げもアップする。いいことずくめなんです。

――そうやって自分がどんな味が好きか、上手に引き出してもらえる酒屋さんが身近にいればいいですね。ただ、酒好きとしては、やはり話題の酒や人気の酒も欲しい。

佐藤　気持ちはよくわかります。ただ、「十四代」も「飛露喜」も、うちの店で扱い始めたころは無名で、僕のお薦めを信じてくれた方々が買ってくださったんです。いまはそんなお客様の数が増えて、新しいお客様にはなかなかお分けできなくなってることが心苦しいのですが、店にあるのは、お気に入りのアーティストたちの渾身の作品ばかりです。ぜひ、自分にぴったりフィットする美味しい酒を探すために、僕らを活用していただきたいと思います。

蔵元と酒屋の「理想の関係」とは？

――改めてお尋ねします。蔵元にとって酒販店は、どんな存在なのでしょう。

髙木　パートナーです。蔵元は、いくら良い酒を造っても、良い売り手とタッグを組まないと伸びないと思います。「磯自慢」の寺岡洋司社長が、同い年の「はせがわ酒店」の長谷川浩一社長と信頼関係で繋がっているように、僕には広隆がいると思っています。

――ひとつのブランドが全国区になるとき、傍らには良きパートナーが不可欠なのかもしれませんね。鹿児島の芋焼酎「村尾」も、「コセド酒店」の小瀬戸祐二さんが見出し、甕で仕込むことをアドバイスしたことで一気に人気になりましたし、「東洋美人」澄川さんは「とどろき酒店」の轟《とどろ》木《き》渡《わたる》さんから多くのことを教わったと話しています。

髙木　そうなんです。造った酒が、もし軌道からずれていたら、きちんと誘導して、まっすぐ進むように修正してくれるような酒屋さんであれば理想だと思います。僕の場合は、それを広隆が二十数年間、やってきてくれたんです。

——軌道修正というと、ダメ出しをするということですか？　1本でも多く仕入れたい酒販店にとって、髙木さんのお酒に辛口の評価はしにくいのではないでしょうか？

佐藤　僕は思ったことを率直に言ってしまうから……。

髙木　それが的を射てるんだよ。僕が気にしているることを的確に指摘するので悔しいんですが、来年度への修正の目的になる。ありがたいことです。いま、日本酒業界は好調なので、勢いに任せて増産に走りがちです。増産するのが悪いということではありませんが、冷静さを欠くと足をすくわれてしまいます。その前に、苦言を呈することができるパートナーを持てるかどうかが、その酒蔵の運命を決めるのではないでしょうか。僕にとって、なんでも相談できる相手が酒屋だったことが、強みだと思います。

佐藤　僕にとっても心を割って話せる蔵元が、髙木で良かったと思います。髙木は、蔵元が自ら旨いと信じる味を表現するというムーブメントを引き起こした。新しい時代をこじ開けたんだと思います。まっすぐに道を究める姿を男として尊敬しています。髙木は皆の先頭に立って旗を振るようなタイプではありませんが、酒蔵の跡継ぎとしての生き方を後輩たちに見せた、いえ、いまも見せ続けている。僕は、髙木と一緒にやってきたことを、髙木より後にデビューした蔵元たちに伝授することも、自分の使命なのではないかと思ってるんです。

——廣木さんが、「飛露喜を生み出してくれた親は、東京『小山商店』の小山喜八さんで、育ての親は広隆。たしなめたり、激励したり、蔵元としての生き方を示してくれている」と言うのを聞いたことがあります。売れない時代があ

ったたけに、声をかけてきたすべての酒屋さんと取り引きしようとしたら、「断るのも蔵元の仕事だ。自分が表現したい酒を造るためには、本当に理解してくれる酒屋とだけつきあえ」と言って佐藤さんが止めたのだとか。

佐藤　廣木さんは優しいいし、人がいいから、心配だったんです。酒屋はそれぞれ好きな酒の味がある。酒屋の言う通りの酒を造っているうちに、廣木さんが表現したい方向からずれてしまうのが心配で。廣木さんは素晴らしい酒を造っているので、ものを造り出す蔵元の仕事に誇りを持ってほしい、もっと主導権を持ってほしいと話したんです。それも、常にトップであろうとする髙木の姿を見てきたから、言えたことだと思います。

――やはり福島県の蔵元で、「会津娘」の高橋亘《わたる》さんも「僕がいまここに居られるのは、広隆さんのおかげ」と話しています。「営業担当のいないうちの蔵にとって、酒販店さんは、どの店もうちのトップセールスマンであり、大事なブレーンでもあります。そのなかでも広隆さんは、バランス感覚が優れているので、判断に迷ったとき、彼の評価が頼りになるんです。自分は造り手として、どうしても井の中の蛙《かわず》になる。視野がどんどん狭くなって、偏った道をぐんぐん進んでしまう。そんな僕に広隆さんは、いま世の中の流れは、こっちへ行っていると道を示してくれて、人が集まる場に連れ出してくれる。決してどの道を行けとは言わず、俯《ふ》瞰《かん》して見せてくれたり、道しるべだけを示してくれる。だから僕は自分の立ち位置を知ったうえで、自信を持って自分の道を歩むことができます」と。

佐藤　亘ちゃん、そんなことを話していたのですか？　恥ずかしいな。まだまだできていない。僕も周りに教えられていることばかりです。たとえば「出羽桜」仲野益美さんや「田《でん》酒《しゅ》」西田司さん、「満寿泉《ますいずみ》」桝田隆一郎さんは、僕の家庭教師みたいな存在です。褒めてくれることはないけど、迷ったり、間違った方向へ行こうとすると、肩をトントンと叩いて気付かせてくれる。多くの蔵元たちからたくさんのことを学んできました。父は、「國権《こっけん》」の蔵元と二人三脚で歩んできたんですが、一生に一人、蔵元とそんな関係を築けたら幸せだと生前言っていました（2010年逝去）。僕は、高木に出会えたので幸せだと思っていたら、そのあとに地元で廣木さんと出会えて、そのあとには「寫樂」の宮森義弘君、「ロ万《ろまん》」の星誠君……と、目をかけてきた地元の若手が全国区の人気になっていく……嬉しく思っています。

――最近の日本酒は個性的なものが増えました。造り手のキャラが、造る作品に投影されているということなんでしょう。

佐藤　魅力的な作品が増えているいま、画商のような目利きでありたいと思います。まだ無名でも、きらめく個性を持ったアーティストを発掘して、さらに魅力を高めていくようにお手伝いができたらいいと思います。

高木　後輩の蔵元たちにも、近くに相談できる酒屋のパートナーが見つかればいいと思います。

――そうですね。飲み手にとっても、地元の酒屋さんで、まだ無名だけど将来スターになる蔵のお酒を薦めてもらえたら、幸せなことだと思います。

いま、伝統に立ち返る意味

――創業、元和元《げんな》（1615）年の高木酒造は、2015年で創業400年を迎えました。将来に向けてのお考えをお聞かせください。

高木　400周年の記念事業として、いま新しい仕込み蔵を建てていて、2016年の夏に完成する予定です。現在、製造は約2000石ですが、仕込み蔵が広くなったからといって製造量を増やすつもりはありません。目的は寒造《かんづく》りを徹底するためです。新しい蔵と古い仕込み蔵を繋げることで同時に仕込むことができ、その代わり仕込む期間を短くしようとしています。仕事の様子が見渡せるように、あえて一階建ての平屋にこだわりました。

――平屋ですか。しかし、いまどきは空調を入れて、一年中、酒を造れる設備を考える蔵が増えていますが？

佐藤　杜氏制度の維持が難しい現代では、社員を年間雇用にすることを考えて、四季醸造するのもひとつの方向だよね。なぜ寒造りなの？

髙木　四季醸造することを否定するつもりはありません。うちも空調は完備しているので造ろうと思えば、一年中、酒造りはできます。現在、10月から翌年の4月末ごろまで酒造りをしていますが、秋口や春先は気温が高めなので空調を入れています。でも、エアコンは空気が舞い上がるでしょう？　酒造りにはあまり良くない。雪が降り積もった真冬のほうが、圧倒的に良い酒ができるんです。気温が低いまま安定し、空気中の塵が雪と共に地面に落ちて、雑菌の繁殖も抑えられて、清潔な環境になり、きめ細かい酒質になります。昔から行われていた寒造りは、やはり素晴らしい環境なんです。

――髙木さんは蒸し米を冷やすのも、放冷機を使わず、筵《むしろ》の上で人が広げて冷やしていますが、寒冷だからこそできる方法でしょう。村山は豪雪地帯で、人が暮らすには過酷ですが、酒造りには適しているということなんですね。

髙木　はい。22年間、酒造りを続けて、改めて寒造りの優位性に気が付いたんです。そこで400周年を機に、寒くなるころから造り始めて、温かくなる前に終える、本来の寒造りに戻すことにしたのです。ただし、酒母室だけは新

2016年夏の完成に向け建築中の新しい仕込み蔵。古い蔵とつなげることで、平屋建ての仕込み蔵にする予定。

設せず、いまのまま、最も古い一号蔵で、酒母を育てる予定です。

——築250年を経た蔵の2階にある酒母室ですね。手前に神棚があって、いつもしんと静まり返っていて、厳かで……。何かが棲んでいる気配があるというか……。入り口には、高木さん直筆の筆文字で「我が子のように愛を込めて醸しましょう」という標語が貼り出されていますね。

高木　黒光りした柱、いいでしょう？　あの古い酒母室は高木家の誇りであり、特別な場所なんです。僕がこれまで酒造りを続けてこられたのも、何かに守られてきたから。これからも、大切にしたいと思っています。

佐藤　高木らしいね。彼、若いころから古風で、日本の古いものを大切にしているように感じています。

高木　そうかもしれないね。酒器でも、最近はワイングラスで飲むのが流行していますが、日本には素晴らしい盃があります。結婚式には三三九度、亡くなった方への献杯、地鎮祭など人生の節目には、盃事《さかずきごと》といって盃で日本酒を酌み交わしてきました。そんな日本の素晴らしい伝統を、もっと大切にしてもいいと思うんです。

佐藤　酒造りでも「諸白《もろはく》」とか「秘伝玉返し」とか、昔の奥義をどこからか引っ張り出して、ラベルに書いたりすることも多いよね。

高木　詳しくはちょっと……。

——ちなみに「秘伝玉返し」ってどんな手法なんでしょう。前から気になっていたんです。

佐藤　辰五郎さんに聞いたら「秘伝」だから教えられん、と言ってました（笑）。

髙木　先ほどもお話が出ましたが、現代では技術が進んで、次々と麹菌や酵母、酒米が開発されています。僕もさまざまな麹菌や酵母、酒米を使ってきましたし、品種改良をしたり、技術革新を行うことを否定はしません。ただ、あまり改良していない古い品種のほうが、質の良い酒ができるように思えるのです。もうこれ以上、命あるものに人が手を加えるべきではないんじゃないか。空調を入れたり、温度調節のできる仕込みタンクなどの設備を使って、人間が思うように温度コントロールしながら、酒造りをするという方向にも疑問を持つようになってきたんです。僕がめざす酒は、そういった技術開発の先にあるとは思えないんです。

——微生物や稲など、命の前に謙虚になれ、ということでしょうか？

髙木　そういった意味もあります。売れる酒ならば、どんな酒を造ってもいいとは、僕は思わない。先人の知恵や代々受け継いできた日本酒造りの伝統や文化を大切にしていきたいし、伝えていきたいんです。僕が寒造りをする意味をぜひ、後輩たちにも感じてほしいと思います。

——考え方は「新政《あらまさ》」の佐藤祐輔さんと、共通しているところがあるように思えます。表現方法や造るお酒のタイプは、髙木さんとはまったく違いますが、佐藤さんも古い文献を丹念に読み込んで、それをもとに自分ならではの世界を

酒母室の入り口には神棚が設えられている。静かで厳かな空間だ。

築き上げています。

高木　歴史や伝統を重んじているところは自分と似ていると思います。彼、いい酒造ってますね。

佐藤　佐藤祐輔さんは時代を変えていく力がある。高木に続く、次世代のスーパースターです。

高木　佐藤さんは、ものすごくデリケートな感性の持ち主なのではないでしょうか。そしてものごとを深く考える人だと思います。周りに惑わされず、自分の世界を究めてほしいと思います。僕も自分の酒造りをしていきたいと思います。酒造りの王道を行くこと。伝えること。そして繋ぐこと。それが今後、自分の取り組むべきキーワードであり、課題だと考えます。高木酒造も苦難の時代はありましたが、父が僕に繋いでくれたことを心から感謝しています。あとは次の時代がどう考えるか、です。

――次の代にどんなことを伝えたいですか。

高木　次の代に何も強制するつもりはありません。それぞれの代が、情熱を持って酒造りにあたればいいんです。ただ、これまでの４００年、火災や事故、売り上げの不振などいろいろな苦難がありましたが、先祖たちが乗り越えて、繋いできてくれた。たまたま僕の代で、花が咲いただけ。決して勘違いしてはいけない。先祖に対して、またご縁のある方々に対して、息子たちにも感謝の気持ちだけは失ってほしくないと思っています。

――思いを繋ぐ、ということですね。

髙木　思いと言えば、実は、純米吟醸「龍の落とし子」を３２１０円、「酒未来」を３５９８円と値付けしたのは、２人の息子の生まれたときの体重なんです。

2015年10月1日に開かれた高木酒造400周年記念パーティにて華麗なる一族の肖像。左から、14代目当主の髙木辰五郎さん、妻の紀子さん、顕統さん、妻の若菜さん。

――素敵ですね！　山形市で開かれた４００周年のパーティには酒業界だけではなく、著名なアーティストや人間国宝、文化人、スポーツ選手ら大勢参集されていましたし、海外のトップワイナリーの顔も見えましたね。

佐藤　豪華なメンバーでしたね。最近、若い蔵元たちは、ヨーロッパのワイナリーへ視察に行っているようだけど、高木酒造には、グランヴァンのオーナーのほうから、髙木に会いたいと言ってやってきています。あまり褒めたくないけど、たいしたもんだよ（笑）。

――海外の食通からも熱いラブコールが来ているようです。輸出はしないのでしょうか？

髙木　こちらから積極的に輸出するつもりはありません。外国の方にはぜひ日本に、山形に、来ていただきたい。海外で飲むより、日本で飲む日本酒のほうが絶対に旨いんです。

佐藤　いいことを言うね。僕も何か助けてあげ

２人にしかわからない話で盛り上がる髙木さんと佐藤さん。公私ともに良きパートナーだ。

たいけど、僕は酒造りはできない。髙木にはこれからも日本酒の王道を歩んでいってもらいたいと思います。

髙木　僕は酒は売れない。これからも頼むよ。

佐藤　死ぬまでパートナーのつもりだよ。

髙木　ありがとう。いいパートナーを持てて幸せだよ。

――最後は愛の告白になりましたね（笑）。本日は長時間、ありがとうございました。

造り手の「熱狂」

表現したい味、理想の酒造り——

若波（福岡県大川市）

七本鎗（滋賀県長浜市）

宝剣（広島県呉市）

一白水成（秋田県五城目町）

若波（福岡県大川市）

今村友香

寄せては返すような味わい

初めに気に入ったのは、ラベルだった。「若」という文字と波模様が、丸い輪の中に描かれている。伝統的な日本をイメージさせながらも、モダンで洒落ている。

飲んで、ますます気に入った。口当たりは滑らかで、張りのある旨みが広がって、すぅーっと綺麗に引いていく。旨みの盛り上がりと引き際の見事さ。その落差に、ドラマがあるのだ。ほんのりとしたバナナやココナッツミルクのような甘い風味もチャーミングで、新鮮な魅力を放っていた。

紹介してくれた東京の酒販店の店長によると、製造を統括しているのは蔵元の娘で、弟が専務として経営を担当しているとのことで、2人ともまだ30代の若さだという。やはり若い感性から生み出されたものだったのか。無性に会ってみたくなり、ラブレターを送ったところ、姉の今村友香さんが返事をくれて、お互いが都合がつく京都で会うことになった。駅に近い喫茶店で会った友香さんは、小柄でチャーミングな女性であった。だが可愛らしいだけではなく、意志の強さも持ち合わせている。ますます惚れ込んでしまった私は、4ヵ月後の2014年3月、福岡県の酒蔵を訪れた。

九州は焼酎文化圏と思われがちだが、福岡県は、〝九州の灘〟と言われる城島地区を擁し、昭和20年代には兵庫県に次ぐ全国2位の日本酒生産量を誇っていた。焼酎と日本酒の両方を造る蔵が多く、現在でも日本酒を造る蔵の数は50以上あり、純米酒や純米吟醸酒の伸び率でも全国屈指。また酒米の王様「山田錦」の生産も全国4位。有数の銘醸地なのである。若波酒造は福岡県の南西部、九州最大の大河、筑後川の左岸に広がる大川市にある。明治26（1893）年創業の今村本家酒造の兄弟3人が分家してそれぞれ酒造業を興したが、若波酒造は、三男の春三郎さんが大正11（1922）年に創業。蔵の傍を流れる筑後川の輝く波をイメージして、社名を「若波」とした。現在では本家もほかの分家も廃業し、若波酒造だけが今村家の酒造りを引き継いでいる。

友香さんの案内で仕込み蔵に入ると、広々としたスペースに、小ぶりサイズの数本のタンクが、間をあけて並んでいた。きっと往時には大型タンクがずらりと並び、量産していたのだろう。

「それまであった大きなタンクは、2009年に弟の嘉一郎が帰ってきたときに撤去して、小さなタンクに切り替えたんです。小さいほうが目が行き届きますからね。間をあけて置くのは、通風を考えて。温暖な地域ならではのやり方です。限定吸水するための洗米機や、お酒を保管するための冷蔵庫も入れました。酒質を向上させるために、少しずつ整えているところなんです」

仕込みタンクに近づいてみると、見慣れないデザインのキャスター付きの梯子《はしご》がかかっていた。

「私専用の梯子なんです。私の背の高さに合わせて大工さんに造ってもらったんですよ」と言いながら、友香さんは梯子に乗って、櫂《かい》を入れる動作をしてくれた。小柄な友香さんにジャストサイズである。

タンクは小ぶりとはいえ、一回の仕込みに使う米の重さは1トン以上だ。麹米《こうじまい》をタンクに投入したり、櫂を入れたり、重いものを動かす作業を伴うが、酒造用具や設備などは屈強な男性向けに作られている。友香さんが作業をするという視点であたりを見渡すと、キャスター付きの道具がいくつも置いてある。作業しやすいよう工夫を凝らしているのだ。

次に案内された麹室《こうじむろ》の中には、木製の麹箱が積み上がっていた。30キロ盛りの大箱で、麹を担当する庄司隆宏さん（2015年に、杜氏《とうじ》に就任）が自分でやりやすいよう工作したのだそうだ。

小柄な友香さんの背丈に合わせて、特注されたキャスター付きの梯子。

「庄司は木工好きで暇さえあればホームセンターへ行っていますし、池口は電気系統や機械に強くて、筏島は溶接が得意。ない道具は、どんどん手作りしています。もの造りが好きでたまらないチームなんですよ」

麹室を出るときに、前室の整然とした様子が目に入った。布類は素材別に分けて、きちんと折りたたまれてプラスチックケースに収められ、スリッパは1足ずつ壁にかけられている。一番下のとびぬけて小さいスリッパには「YUKA」と書いてあった。床も壁も棚も隅々までピカピカ。米粒一つ落ちていない。

「整理整頓は基本だと思っています。使った道具は、すぐに所定の位置にしまっておかないと、次に誰かが使うときに、探して時間をロスするかもしれない。スピードを要する仕事もありますが、それだからこそ、きちんとしようよ！　って。つい細々と言ってしまうんです」

口うるさいお母さんみたいだが、きっとみんなに愛されているのに違いない。蔵を見ているだけで、現場で作業をしながら、チームをひとつにまとめあげている友香さんの奮闘ぶりが浮かんでくるのだ。

しかし、友香さんは酒蔵の仕事を始めた当初、短期間の手伝いのつもりだったという。

友香さんは昭和52（1977）年、現当主の3代目蔵元、壽男《ひさお》さんの次女として生まれた。京都にある同志社女子大学に入学。学芸学部日本語日本文学科に在籍し、外国人に日本語を教えるゼミに所属した。また、着付けや華道の師範免許を取得したり、歌舞伎を鑑賞するなど、古都ならではの暮らしを満喫。日本の伝統文化に触れながら学生生活を送った。卒業後は、念願の古典芸能関係の仕事に就職が決まっていたところ、母から「お父さんが体調を崩したので、しばらくの間、家業を手伝ってほしい」という電話が入った。友香さんは、タイミングの悪さを嘆いたという。

「姉は2年前に就職し、弟は東京で大学生活を送っていました。自分だけが家の犠牲になるなんて運が悪いと一時は悲観したんです。でも、弟は卒業すれば跡を継ぐためにきっと戻ってくる。それまで父を励まし、母を支えるのが自分の務めだと言い聞かせて帰郷したんです」

友香さんが帰郷した2001年、壽男さんは廃業を覚悟していた。杜氏は高齢のため数年前に蔵を去り、自ら手探りで酒を造っていたが、慣れない仕事による過労と心労で体調を崩してしまったのだ。だが酒造期の途中で廃業してしまうと、多くの取引先に迷惑がかかる。最後の酒造りに挑むために、娘の力を借りたかったのだ。友香さんは酒蔵の娘に生まれたものの、仕込み蔵には足を踏み入れたこともなかった。初めは事務仕事を手伝うだけだったが、人手が足りないので、朝晩のもろみの温度を測ったり、仕込みに関する雑務をこなすようになる。そのうちに、酒蔵の仕事に魅力を感じるようになっていく。

「早朝、米を蒸す真っ白な蒸気が天窓に吸い込まれていく……なんて綺麗なんだろうって。その景色に見とれてしまったんです。大きな泡がぷくぷくと上がったり、静まってクリームみたいになったり。刻々と変化していくもろみも、見ていて飽きません。そして搾《しぼ》った酒を蔵人《くらびと》と共に味わったときの一体感！　こんな素敵な世界があったんだ。これこそ私のやりたかった日本の伝統産業なんじゃないか。すっかり酒造りの仕事に魅せられたんです」

友香さんの姿を見て励まされたのか、壽男さんは回復。娘の酒造りを後押しすることを決め、友香さんは酒造りの基本を学ぶために、独立行政法人・酒類総合研究所に通うようになる。その上級コースで同期生だったのが、庄司隆宏さんである。宮城県出身の庄司さんは、脱サラをして秋田の酒蔵の蔵人として勉強に来ていた。授業のなかで共に試飲する機会が多くあり、友香さんは、味の好みやめざす酒の方向性に共通点を感じ、いつか一緒に酒造りをしないかと庄司さんに声をかけたのだ。

講習に参加して酒造りを学びながら、家業の立て直しのために、福岡県特産の苺「博多あまおう」を使ったリキュールにも挑戦する。変色しやすい苺を、鮮やかな色のまま無添加のリキュールにするために、工夫を重ね、翌年には大ヒット商品となる。こうして友香さんは、蔵の仕事に就いて5年後の平成18酒造年度に、8代目の杜氏に就任。福岡県の杜氏が集まる講習会にも参加するようになる。しかし、それまで若波酒造として、長年、誰も出席していなかっただけに「誰だ、あの女の子は」「何しに来たんだ」と遠巻きに見られた。そんな視線にも負けずに、足しげく通ううちに、本気で酒造りに取り組んでいることが伝わったのだろう。声をかけてくれる杜氏も現れ、輪に溶け込むようになっていった。そんなある日のことである。

「搾り機の袋の匂いが酒についていることに気が付かずに、審査の場に出してしまったことがあるんです。するといつもは優しい杜氏さんが鬼のような顔で、『お前の判断ひとつで、蔵の運命が変わってしまうことだってある。気を緩めるな』と叱ってくれたんです。そのとき初めて自分が背負うものの重みを実感しました。同時に、私の仕事は自己実現することではない、これからも続く若波の歴史の一ページを綴っていくことだと、わかったんです」

若波酒造の酒造りを引き継いでいく覚悟ができた瞬間であった。しかし、跡を継ぐのは、今村家長男の弟がふさわしいと考え、東京のデザイン会社に勤めていた嘉一郎さんに、4代目候補として経営を見てほしいと頼み込んだのだ。姉の思いを受け入れた嘉一郎さんは、家業に就く決意を固め、2009年に帰郷。その後、庄司さんも蔵人としてスタッフに加わった。こうして、友香さん、嘉一郎さん、庄司さんの3人を核とするメンバー5人の〝チーム若波〟が誕生したのである。

いよいよ友香さんは、社名でもある日本酒「若波」の立て直しに本腰を入れる。当時の「若波」は地元のディスカウントストアで安値がついているような酒だったが、単価の高い上質な酒を造って、意欲のある酒販店だけに出荷する限定流通に変えようと考えたのだ。そのためにも、酒販店が注目する魅力的な日本酒を造らなくてはならない。全国から日本酒を取り寄せ、5人で何度も利き酒を重ね、酒造りの方向について討議した。

堅実な経営者ぶりで“チーム若波”を統率する4代目候補の今村嘉一郎さん。

「自己主張しすぎない、料理をそっと支えるようなお酒」というのは5人の共通意見であった。ただ、造りたい酒と、飲みたい酒は個々に異な

波のような凹凸のある和紙に型押しラベル。居酒屋でも目に入るモダンなデザインだ。純米吟醸「若波」720ml 1500円（税別）。

っている。意見が割れることもあったが、5は奇数なので、多数決にすれば決定できるのがいいのだという。こうして導かれた酒造りのテーマは、〝味の押し波、余韻の引き波〟。ぐっと来て、すっと引く味だという。イソアミル系の酵母を使って、派手な香りは出さずに、穏やかなバナナのような香りを追求することも決めた。私が初めて飲んだときに感じた、旨みの盛り上がりと引き際の見事さ、バナナのような風味は、狙って実現させていたのだ。凄技に感服である。

「ぐっと味の乗った押し波は、庄司の麹造りの腕によるところが大きく、すっと引く綺麗な余韻は、洗米のときに洪水のように大量に掛け水することが大きいと思っています。まだまだ進化の途中です」と友香さんは、微笑みを絶やさず話をする。

あのモダンなラベルはどうやって生まれたのか尋ねると、友香さんが原案を考え、嘉一郎さんが完成させたそうだ。

「私が描いたのは四角いマークで、いまひとつあか抜けなかったのに、嘉一郎が『ここは若波の輪、和醸良酒の和で、丸やろもん！』と、ささっとパソコンで修正したら、あんなふうになってなるほど！　弟についていこうと思ったんです」と友香さん。東京のデザイン会社で培ったセンスなんだろう。

いまの体制で酒造りを始めたのは、平成23酒造年度のことだ。焼酎やリキュールは約200石ほど製造しているが、日本酒の製造量はまだ少なく、私が蔵を訪れた2014年3月現在で、日本酒は一升瓶にしてわずか2万本の200石しかない。しかし、平成24酒造年度から始まった福岡県酒類鑑評会では、いきなり金賞を獲得。県知事賞も受賞するなど毎年好成績を挙げていることから、若波酒造は新進気鋭の酒蔵として全国の酒販店から注目を集めているのだ。

右端から、ふくおか夢酵母を使った爽やかな夏酒「TYPE-FY2」、福岡産山田錦を使った純米大吟醸、73％精米の純米酒「若73」。

酒蔵を訪問した3ヵ月後の2014年6月、東京・大森の居酒屋「吟吟《ぎんぎん》」が、第220回目の蔵元を囲む会として、嘉一郎さんをゲストに迎えて、若波の会を開催した。共催するのは、3年前に私に「若波」の存在を教えてくれ、その後、独立した東京・新橋の「朧《おぼろ》酒店」店主である。

乾杯の酒としてサービスされたのは、爽やかなリンゴ酸が出るふくおか夢酵母を使った夏向けの純米吟醸酒「ＦＹ２」のスパークリングである。柔らかな甘みがふわっと押し寄せてきて、軽やかな酸とともにさっと引いていく。夏の波を見事に表現していた。このほか、新生「若波」として、テスト販売された平成22酒造年度の純米吟醸を袋吊りした雫酒など、11種類を堪能した。これらに使われている酒米は、福岡県糸島産の山田錦や、福岡で開発された「夢一献」「寿限無《じゅげむ》」など、いずれも地元福岡産である。どの酒も魅力的な味であるだけでなく、造り手のめざすところが明快で、胸にすとんと落ちる。飲んでいて頭も体も、気持ちいいのである。

挨拶に立った嘉一郎さんは、いま取り組んでいるのは、火入れの技術を高めることだと言う。

「当社はまだ4年目の若い蔵です。キャッチーなラベルで皆さんに認識していただけましたが、僕らがやりたいのはスタンダードです。そのためにも、火入れの技術を上げていきたい。生酒の持つみずみずしさや弾ける魅力に頼ることなく、日本酒本来の形である定番として、火入れの酒でも奥行きや立体感を出していきたいんです。これからも奇をてらうことなく、10年後も愛されるよう、努力していきます」

２０１６年3月、友香さんから杜氏改め、製造統括になった報告と日本酒の製造が５００石になったと連絡があった。2年前の2・5倍である。仕込み蔵は冷蔵完備し、搾り機は冷蔵庫に入れたという。着実に進化しているのだ。

日本酒界のニューウエイブとして注目した「若波」であったが、10年後、40代となった今村姉弟は、どんな酒で飲み手を楽しませてくれるのだろう。

七本鎗（滋賀県長浜市）

冨田泰伸

北近江から発信する地酒

かつて日本酒には、その土地らしい味があった。醸造技術がオープンになり、日本酒のレベルは底上げされ、どこでも美味しい酒が造られるようになったが、ローカル色は薄れつつある。しかし飲み手は地域によって、味の好みに違いがある。そう実感したのは、滋賀県で「七本鎗《しちほんやり》」を醸す蔵元、冨田泰伸さんの一言であった。

「東はやっぱりアウェイですわぁ。今回も点数が低かったんです。東北や関東で長年応援してくれはる酒屋さんやお客様もようけいてはるんやけど、やっぱり、西とずいぶん反応が違うてるなぁと改めて思いましたわ」

2015年7月、蔵元と酒販店による自主的な勉強会「仙台日本酒サミット」からの帰りの新幹線で、隣の席に座った冨田さんはポツリとつぶやいた。服のモデルとして原宿駅にポスターを貼られたこともあるイケメン蔵元は、憂い顔も素敵だなと横目で眺めつつ、前日の講評を思い浮かべた。

アウェイという意味は、福島県と宮城県の技術指導官から「吟醸香がない、酸が出すぎている」などと指摘され、評価点が低かったことを指しているのだろう。冨田さんがエントリーして

いたのは、酒米「玉栄《たまさかえ》」を使った定番の純米酒であった。私も試飲して吟醸香は感じなかったが、そもそも「七本鎗」は、華やかな香りを売りにする酒ではないだろう。酸もこの酒の特徴であり、魅力のひとつだと思う。

「そうなんですよー。香り系の酒は最初から狙ってへんので、吟醸香は出えへんのです。酸がある酒は飲み疲れせえへんし、『そこがええんや』、言うお客さんは多くいてはります。特に西のお客さんには褒めてもらえます。そやけど、どうも東北の先生方には評価はもらえへんのです」

首都圏でも「七本鎗」は人気があり、多くの飲食店でリストアップされている。もっとも関西ローカル市場では熱狂的なファンが多く、酒のイベントなどで女性たちが冨田さんの周りを囲んでいるシーンも目撃する（独身イケメンということも関係しているかもしれない）。関西市場の熱さを体験しているだけに、東との温度差を感じてしまうのだろうか。

「関東でうちの酒を『いい』、言うてくれはる方も最近はぐんと増えましたが、理解してくれはるまでに時間がかかりました。ただ、そうなったら、今度は西のお客さんが『江戸に魂を売った！　酒に香りが出てきたんちゃうか——』なんて言いはる（笑）。東では酒が重いと言われることもあるんです。関西ではうちの酒は中庸か、むしろ軽いほうなんです。東と西では、めざす味の方向が違うんかもしれません……」

味の地域差は薄れているとはいえ、傾向はある。私見ではあるが、大ざっぱに言うと東北地方は軽快で、西南地方は濃醇なタイプが多いように思う。なかでも関西では「七本鎗」のように、酸がしっかりとした熟成感のある酒が好まれているようだ。関西で日本酒が数多く揃う居酒屋に

右から、玉栄80％精米の「低精白純米　生原酒」2500円、定番の「純米　玉栄」2400円、渡船で仕込んだ「純米大吟醸　渡船」4000円。すべて1.8 l 税別価格。

入ると、濃い酒ばかりがずらりと並んでいて、驚いたことがある。反対に、いま首都圏を中心とした東日本でうけがいいような、綺麗な甘みのあるライトな飲み心地の酒は、関西では「薄い」とされ、敬遠されているようなのだ。

東と西で酒の好みが分かれるのは、料理の影響があるのではなかろうか。薄味と言われる関西だが、薄いのは醤油の色であって、実は出汁《だし》をしっかりと効かせた料理が多い。また〝肉〟と言えば牛肉を指し、牛肉が入らない肉じゃがは、あり得ないというお国柄だ（関東では豚肉が主流である）。それほどに、牛肉が身近である。お好み焼きやたこ焼きに、こってりと甘いソースをつけて食べるのも日常茶飯事だ。まして「七本鎗」の地元、滋賀県は寿司のルーツと言われる鮒鮓《ふなずし》などの発酵文化が育った土地である。こういった旨みのある料理を食べつけていると、旨みに拮抗するボディのある酒を好むようになるのかもしれない。「七本鎗」が関西のファンに熱く支持されているのは、地元の酒を応援したいという心理に加えて、食べつけている料理を美味しく引き立てるから。関西人に馴染む味、関西の地の酒なのであろう。

飲む温度も関係しているかもしれない。

「七本鎗」は、一部の生酒などを除いて、冷やして飲むと真価が発揮されない場合が多い。特に「玉栄」を使った酒は、冷やで飲むと、ゴツゴツとした野性的な風合いがあり、日本酒サミットで指摘されたような土っぽい風味や、酸のアタックを感じてしまう。しかも、冨田さんは、定番酒は1年以上熟成させてから出荷しているため、味に複雑味が増すのだが、低い温度では、旨みが奥深く、地層のように深く沈み込んだままだ。冷酒を好んで飲む人は、渋くて重い、愛嬌のない酒だと感じるかもしれない。一口では良さが伝わりにくい酒だけに、口に含んで吐き出す試飲会では不利なのだ。ましてや仙台日本酒サミットの講評は、いまトレンド最前線の甘酸っぱくて、軽やかで、メリハリのある日本酒を輩出し、全国新酒鑑評会で金賞獲得数3年連続トップ（2013～15年）の福島県の指導官や、透明感のある引き締まった味わいで人気の宮城県の指導官が講評を行っているのだ。両県を含め、東北の技術指導官は低温で保存することを徹底指導しているだけに、熟成感がある酒は評価が低くなる。「七本鎗」に対して点が辛くなるのは、仕方がないことなのかもしれない。

ところが燗にすると、一気に花開く。燗にすると抜群に旨い、いわゆる〝燗上がり〟する酒である。ボリュームアップした旨みと輪郭のはっきりとした酸が、高い次元で見事に調和し、細胞に行きわたるような優しい飲み物に激変する。お見事！　と言いたいほどの豹変ぶりである。そして飲んだあとは、心地よい酸でさっと切れて、濃厚な料理や脂のある肉を食べるときの最高の友となる。凄腕の寡黙な野武士、だが心根は極めて優しい。とっつきにくいが、心が通じたら一生つきあいたくなる。「七本鎗」の世界を一度経験したら、甘くて軽い酒には戻れなくなるのだ。首都圏では、ここ数年で燗を売りにする居酒屋が急激に増えているが、関西はかねてから旨い燗酒を飲ませる店が多くあったことも、「七本鎗」人気の理由かもしれない。

いま、この文章を書きながら、「七本鎗」のお燗の味と、近江牛のすき焼きの味が、舌の上にじわーっと浮かんできた。冨田酒造にほど近い余呉《よご》湖畔にあるオーベルジュ「徳山鮓《とくやまずし》」特製の鮒鮓との組み合わせも、究極だった……と、次々に旨いものが浮かんできて、たまらなくなってきた。

深遠なる「七本鎗」の味わい。それはどう形作られてきたのだろう。

冨田酒造は、北国街道と北国脇往還の分岐点として栄えた宿場町、木之本町に位置している。琵琶湖の最北端にあり、冬は冷え込みが厳しい豪雪地帯である。創業は天文3（1534）年。初代は造り酒屋を営む傍ら庄屋を務め、教育、産業、福祉など地域発展に尽くした。街道沿いに建つ、趣ある木造の酒蔵に続く母屋は、延享《えんきょう》元（1744）年の造りで、岩倉具視が宿泊した記録があるという。銘柄の「七本鎗」は、近隣の賤ヶ岳《しずがたけ》の戦いで、豊臣秀吉を勝利に導いた加藤清正をはじめとした7人の武将に由来している。仕込み蔵の入り口には、北大路魯山人が篆刻《てんこく》した堂々たる「七本鎗」の扁額《へんがく》が飾られている。無名時代に食客として蔵に逗留していたことがあるのだという。ラベルの文字は、この篆刻をもとにデザインされている。冨田さんの口から、加藤清正、岩倉具視、魯山人……と歴史上の人物の名がさらりと出てしまうのを聞きながら、改めて創業４８０年を超える老舗蔵の重みを思う。

冨田さんは、昭和49（１９７４）年生まれ。３人きょうだいの末っ子の次男として生まれる。父が商社員から国立大学の教授に就任したことから営利活動はできず、祖父のあとは、母の起代子さんが社長に就任した。酒造りは能登から杜氏が来て行っていた。そのころ造っていたのはほとんどが二級酒で、主に伏見の大手酒蔵にノンブランドで桶売りしていた。冨田さんが生まれたのは、日本酒が史上最高の生産量を記録した年（１９７３年度。73年４月～74年３月。国税庁統計による）の翌年だ。造れば造った分だけ売れる時代であった。

蔵の入り口にかかる、北大路魯山人が篆刻した扁額。

兄が跡を継ぐと考えていたので、京都産業大学を卒業したあとは、広告業界をめざした。しかし、当時は〝就職氷河期〟と言われた時代で、希望の職種に就くのは困難だった。そのうち、兄が公務員になり、生家を離れてしまう。

「代々続く家業を絶やすわけにはいかない。いずれは自分が15代目を継ぐしかない」と考え、社会経験を積むためにアルコール飲料事業や医薬品、バイオテクノロジーなど手広く展開する企業へ入社し、アルコール関係の部署を希望する。配置されたのは営業部。酒類卸や小売店を回って、4リットル入りの大容量の甲類焼酎を販売する仕事を担当し、新潟と東京で勤務した。

「中身に関する話は一切なく、交わされるのは値段のことばかり。ディスカウント店には終売商品を持ち込んで、あともう10パレットケースまとめ買いしてくれたら、さらに値引きしまっせー なんていう会話の繰り返しでした」

虚しさを感じると共に、家業のことを思った。価格競争では、大手に太刀打ちできない。もし、いま以上に値引きの交渉をされたら体力が続かず、廃業の憂き目に遭うのではないかと、気がかりだったのだ。製造量や価格で勝負できない以上、質や個性で差別化するしかないだろう。それではどんな日本酒を造ればいいんだろう。東京では、兵庫県の山田錦を原料に、東北で造った大吟醸酒をありがたそうに飲む人々の姿を目にした。確かに兵庫の山田錦は、最高の米だろう。大吟醸は技術を駆使して醸す日本酒の最高峰かもしれない。しかし、日本全国の酒蔵が、同じ原料米で、同じような大吟醸を造るとしたら、結局は量産できる大会社しか生き残れないのではないのか。家業の存在意義はどこにあるのか。なかなか答えは見つからなかった。

だが、営業の仕事を通じて、流通現場を目の当たりにした経験は、のちに生かされることになる。なかでも冨田さんが注目したのは、新潟で「久保田」を造る朝日酒造が結成した特約店制度「久保田会」である。酒蔵が、熱心な小売酒販店を選んで特別契約を交わし、酒類卸を経由せずに、商品を供給するというシステムで、現在、品質志向の小規模な造り酒屋の多くが取り入れている。限定流通の先駆けとなる流通形態であった。

そんなころ、母から「そろそろ帰ってきてくれないか。仕事を助けてほしい」と連絡があった。いずれは帰郷するつもりで入社して、すでに5年が経っていた。跡を継ぐことは決心したが、それまで通りのやり方を続けても先がないことを感じている。家業に入る前に、どうしても自分のめざす方向を見定めたい。営業の仕事を通じて、気になっていたのは、ワインやスコッチの世界であった。現場を視察することで、何かヒントを摑めるかもしれない。そこで母に許可を得たうえで、退社後の1ヵ月半、スコットランドのウイスキー蒸留所や、フランスのワイナリーを巡った。自分がやるべきことが見えたのは、ブルゴーニュ地方マコン・ヴィラージュのワイナリーを見学したときであった。

「夫婦で葡萄《ぶどう》栽培から取り組む小さなドメーヌでしたが、お二人の表情がキラキラと輝いてたんです。この土地の葡萄でしか出せないワインを造るんやという自信と誇りに満ちていたんです。彼らに会って、滋賀県北近江という土地の歴史や背景、文化の大切さに気が付きました。液体としての味や完成度を高めるのはもちろんですが、僕は北近江でしかできない味を酒として表現しようと決意したんです」

2002年、家業に入り、専務に就任。酒造期になれば能登から杜氏はやってくるが、冨田さんも積極的に現場に入って、大改革に乗り出した。それまで普通酒が中心だった造りを純米にシフトし、麹造りを丁寧な手作業で行うために麹室《こうじむろ》を改装。搾った酒は、旨みを残すため、一切、濾過することをやめた。また、それまでは搾った酒はタンクで常温で置いていたが、冷蔵保存するために冷蔵庫も導入した。

「冷蔵庫を買いまくったんです。僕が造り始めた当初、とにかく搾った酒は冷やせ、冷やせと指導されました。瓶に詰めたらすぐに冷蔵庫に入れるのは、吟醸造りした上質な酒には絶対条件だと言われた時代でしたから。ただ、低温で置くと、どうしても味が伸びない酒もあることに気が付いたんです。もしかしたら、常温で熟成させるスタイルもあっていいんじゃないか。常温でも、光は一切入らず、温度が一定の場所ならきっといい熟成をするに違いない。自分の酒造りに合っているかもしれないと考えるようになったんです」

試行錯誤を繰り返した結果、現在、搾った酒は、精米歩合や酒質別に、マイナス2℃、5℃、10℃、20℃の4つの温度帯で貯蔵しているという。たとえば、生酒はマイナスの氷温で、60%精米より玄《くろ》い（磨かない）火入れの酒は、20℃でじっくり熟成させてから出荷する、というスタイルにたどり着いたのだ。「七本鎗」の定番中の定番、玉栄を使った純米酒の押しの強い味わいは、この保管温度も影響していたのだ。

滋賀県のテロワールを表現するため、米は滋賀県を代表する品種「玉栄」と、「吟吹雪《ぎんふぶき》」を使うことにする。それまでは杜氏の出身地の関係もあって、能登杜氏組合で推薦された「美山錦《みやまにしき》」と「五百万石」を使ってきたが、4年をかけて仕入れるのをやめた。また、麹米と掛米で品種を替えることなく、単独品種で仕込むことを自らに課した。たとえ造りが難しくても、飲み手に、米の魅力そのものの個性を感じてほしいと考えたからである。

吟吹雪は、山田錦を母に、玉栄を父に、1984年に滋賀県で交配された品種で、口当たりの優しい酒になる。県内でも多くの酒蔵が使う人気の米である。一方、玉栄は古くから地元で栽培されてきた滋賀を代表する大粒の酒米品種だが、心白《しんぱく》の発現率が低く、吟醸酒には向かないとされ、県内でも使う酒蔵が減っていた。異なる2つのタイプの酒米であったが、冨田さんが気に入ったのは玉栄であった。

「米を触ると剛直な感じで、なんとなくうちの雰囲気に合うてる米やなぁ、ぐらいな気持ちで初めは使ってみたんです。すると思った以上にメッチャメチャ硬い米で、もろみで溶けにくくて、酸が出やすい。こんな米やから、酸の出えへんような綺麗な吟醸酒をめざす蔵では、敬遠されたんや、いうことが、ようわかりました。でも、僕がめざしたいのは、香り系の酒ではないし、軽くてスイスイ飲める酒ではない。旨みはたっぷりしていて、背骨に酸があるのに、身体にじわりと馴染むような酒。料理の味をまとめて、すっと切れる良い酸のある酒なんです。それには玉栄はどんぴしゃとはまる。うちの仕込み水にも合っていたし、熟成させると独特の風味が出るところも気に入りました。よーし、玉栄といえば七本鎗と言われるような蔵をめざしたろうと思ったんです」

素人考えではあるが、もしかしたら山田錦で麹を造り、玉栄を掛米で使えば、もっと甘みがあって、艶やかで、わかりやすい美酒になるのかもしれない。だが、冨田さんが表現したいのは、その米の味であり、風合いなのだろう。

その後、渡船《わたりぶね》、山田錦と品種は増えたが、現在、使う米の98％が滋賀県産だ。そのうちの7割が契約栽培。5軒の農家とつきあっているという。

その一人、冨田酒造と同じ長浜市で家族で専業農家を営む家倉敬和《やぐらたかかず》さんには、私が3度目に酒蔵を訪れた2012年に、偶然、田圃で会った。つなぎスタイルで草刈りをしている姿が若いので驚き、年齢を聞くと、当時38歳の冨田さんより6歳下で、32歳だという。

家倉さんに2人の出会いを尋ねると、「つきあいが始まったのは2010年だったと思います。ちょうど飯米の無農薬栽培がうまくいったところで、食べたら抜群に旨いんやでーと勢い込んで話をしてたら、冨田さんが、酒米も無農薬でやったらどうなんかなあと、話に乗ってくれたんです」と、真っ黒に日焼けした顔をほころばせた。こうして家倉さんが、無農薬で栽培した玉栄を60％精米して醸した純米酒は、「七本鎗　無農薬純米　無有《むう》」として発売に至っている。

「地元の、しかも同世代の農家さんと出会うて、僕が格別に思いをかける玉栄の無農薬に挑戦してもらえた。共に歩むことで実現できたんです。『無有』は僕にとって一番、思い入れの強い酒です」と、冨田さんも目を輝かせて話す。

家倉さんだけなく、冨田さんがつきあっている農家は、みな同世代だという。農家は後継者不足に悩む地域が多いと聞く。明るい未来を感じて、嬉しくなってしまう。彼らは農業を営むだけにとどまらず、若い農家が集まって、大阪や東京で「農家フェス」や「農家アート展」など、さまざまな活動を行っているそうだ。そんなおりには冨田さんも参加し、実行委員を買って出るという。また、冨田さんは、地元にある県立長浜農業高校の生徒が栽培した吟吹雪を使って、冨田酒造で酒を醸し、「長農高育ち」という搾りたて新酒を地元限定で販売。父母たちに大変な人気を博しているそうだ。さらに地元の和ろうそく作家や陶芸家など、伝統産業に携わる同世代の若者たちと、さまざまなイベントを企画し、近江の魅力を伝えようとしている。

真っ黒に日焼けした家倉敬和さん。こんな突き抜けたような笑顔の青年は、都会ではまずお目にかかれない。

「僕がめざすのは〝北近江発信の地酒〟。地元の酒米と、水、空気、人で造ること。これからも発信元は狭いエリアに限っていきたいと思いますが、発信先を制限するつもりはありません。理解していただけるお客様にはどんどん発信していきたい。スタイルは変えるつもりはありませんが、アウェイの関東や東北、さらには海外の方にも、もっと知ってもらいたいと思うてます」と冨田さんは言う。

製造は現在約850石。そのうち約6%は海外に、アメリカを中心に、アジア8ヵ国へも輸出しているという。

「海外のソムリエの方たちは、試飲して素直に美味しいと言ってくださるんです。ワインを飲みつけている方が多いからでしょうか。酸や熟成に対して理解があるんです。この間もアメリカから視察に来た方が、ブルーチーズと抜群に合う酒だと言うてくれはりました。嬉しかっ

渋谷の居酒屋「高太郎」で味わった「無有」の燗。細胞の隅々まで染み入るような優しい味わいに、身体も心もほっとゆるむ。

たですね。ただ、吟醸酒が上で、純米酒は下のクラスだと誤解されている方も少なくありません。まだまだ伝えることは多くあります」

東をアウェイと言う冨田さんだが、東でも人気は急上昇している。製造は平成22酒造年度に500石弱だったところが、5年で1・7倍。当時、関東のシェア10%だったのが、現在では2倍超の21%にまで伸びた。確かに、最近、首都圏で「七本鎗」を見かける機会が多くなっている。東京・渋谷にある居酒屋「高太郎」で、日本酒をお任せにしたとき、燻製風味の半熟卵がのった名物のポテトサラダに合わせて、「無農薬純米　無有」のぬる燗が登場した。燻製の風味と、玉栄のニュアンスがぴったり溶け合っていることに感動し、身体に染み入るような燗酒の優しい味わいに、全身の力がふっとゆるんだ。絶妙な温度に感激して尋ねると、店主の林高太郎さんと右腕のノブさんで、さまざまな温度で試飲を繰り返し、「今日の状態はこの温度がベストだと考えたんです」と答えた。

北近江の地酒「七本鎗」の良さを深く理解し、こよなく愛する者はこれからも全国に、いや世界中に広がっていくだろう。

宝剣（広島県呉市）

土井鉄也

一本気な男がめざした、「飲めば飲むほど旨い酒」

昔の酒のようなアルコールが立った辛口ではない。たっぷりと旨くて、綺麗な酸があって、切れ味のいいモダンタイプの辛口酒「宝剣」。スパッと辛さで断ち切る様は、銘柄通り、まさに「宝の剣」。キリリと引き締まった〝ザ・男酒〟である。

〝ドイテツ〟こと、専務で杜氏の土井鉄也さんに、好きな言葉を問えば「筋道」、好きな歌手は長渕剛と答える。負けん気の強い男の中の男である。彼の強烈なキャラクターと、一度飲んだら忘れられない唯一無二の味わいで、ファンの心をがっちり捉えて離さない。齢《よわい》40にして、すでに杜氏歴20年。腕利きと誉れ高い蔵元杜氏の土井さんは、

「もし酒造りと出会ってなかったら、人生どうなってたかわからん」と、生真面目なもの言いの奥に、きかん気な顔を覗かせながら、広島弁まるだしで話すのだ。

土井さんは、昭和50（１９７５）年、広島県呉市の宝剣酒造6代目、忠明さんの次男として生まれる。中学2年生の夏を過ぎたころから、人の道に外れた行動が目立つようになる。

「原付きバイクでぶっとばす楽しさを知ったのがきっかけなんじゃ。集会に出ては、ケンカをする。バイクの部品とか欲しいものは、金がないから盗む。人を脅しても手に入れる。どんどんエ

スカレートしていったんじゃ。悪いことをしてるつもりじゃない。楽しいことをしたいのが先じゃった」

地元で〝宝剣の次男坊〟といえば、札付きのワルの代名詞であった。何度も警察の世話になり、とうとう16歳のとき、親族会議で話し合いの結果、父から勘当を言い渡されてしまう。やむなく家を出て、土木作業員をしたり、大工仕事で食いつなぐ。18歳のときに中学校の同級生との結婚を決意するが、結婚するためには親の承諾が必要な年齢である。実家へ顔を出し、婚姻届に印鑑を押すように願い出る。しかし、父は会おうともしなかった。2回目に訪れたときには家に入れてもらえず、冬の寒い中に外で2時間立っていた。

「おりゃあー、ハンコ押さんかー」と騒ぎたてる姿を見かねた母が家に入れてくれたが、父は相変わらず姿を見せない。母に婚姻届を渡しておいたところ、家業を手伝うという条件ならば勘当を解くと父の意向が伝えられ、ようやく婚姻届に判を押してもらえたのである。

そのころ、酒造りをしていたのは、父とパートタイマーの女性従業員だけであった。兄は大学を卒業後、IT関係の仕事に就き、家業へは入らなかった。人件費削減

呉市の小高い丘に立地する酒蔵。裏山の敷地から土井さん自慢の水が湧く。

のため杜氏を雇わず、父が杜氏を兼任して酒造りを始めていたのだ。素行不良で勘当を言い渡さざるを得なかったが、忠明さんは息子に手伝ってほしかったのだろう。

造っていたのはほとんどが糖類やアルコールを添加した普通酒で、ほかには小さなタンク1本分の鑑評会に出品する大吟醸だけ。呉市にはほかにも酒蔵があり、地元で「宝剣」の評判は芳しくなかった。

土井さんがまず担当したのは営業である。トラックに酒を積み、自ら運転して売りに出かけるが、暴言を吐いたり、大げんかになって、酒蔵に苦情の電話が入ることもしばしばだった。

転機は土井さんが21歳の冬であった。父が脳梗塞で倒れ、入院してしまったのである。時は2月。酒造りの真っ最中だ。酒蔵には作業をする蔵人はいない。翌日の朝から酒を造るのは自分しかいない。だが、それまで現場に入ったことはなかったので、まったく勝手がわからなかった。

「パートのおばちゃんに、米、どうやって炊くん？　米入れて、水をぶちこめばええんじゃろか？　と聞いても、知らん、知らんと言って逃げよるもんじゃけん、困ってしもうてのぅ。事務所に置いてあった『酒造教本』を見たら、炊くんやのうて、蒸すと書いてある。本に書いてある酒造りは難しゅうて、まったく意味がわからん。こりゃあえらいことになったと思ったんじゃ」

これまで教科書もろくに読んだことがなかった男が、一日20時間、『酒造教本』を読み漁り、本と首っ引きで作業をした。不安で食事も喉を通らず、一週間で7キロも体重が落ち、ふらふらになりながら、その冬はなんとか造り終えることができた。

父は大事には至らなかったが、身体は万全ではない。自分がこれまで以上に力を入れて営業しなければ、会社はつぶれてしまうと、気合を入れた。そのためには、まずは見た目が大事だと考えた。酒には綺麗なラベルを貼った。土井さんのいでたちは、ピンストライプ柄のダブルスーツに、ベルサーチのワニ革ベルト、金のブレスレットをじゃらじゃら鳴らし、頭はパンチパーマで、眉を剃りあげた〝盛装〟。車高を低く改造した〝シャコタン〟の黒塗りクラウンで、飛び込みで酒販店に乗り付け、「酒、買うてください」と頭を下げた。だが、酒販店の店主は目を合わそうとはしない。とことん無視され続けたのだ。

このスタイルではダメだと気付き、思い切ってファッションを変えた。頭は短く刈り、シングルの三つボタンのスーツに、カローラの営業車で出かけていったのだ。それでも誰も相手にしてくれない。あるとき、問屋の営業担当者に「人を集めてやるから、そこで商品説明をするように」と言われた。その申し出を受け、当日、出かけていったら30人ほどが集まっていた。

「説明をしようとするんじゃが、声が聞こえんぞ、言ってる意味がわからんと、あちこちからヤジが飛ぶ。挙げ句は、こんなまずい酒、誰が買うんじゃあと嘲笑しよる。僕の勉強不足で、ろくな説明もできなかったんじゃが……」

普段の土井さんの行状の悪さを改めさせるため、つるし上げるのが目的だったのだ。

それでも頭を下げて、何軒かの店へ顔を出し続けた。毎日通えば、とりあえず酒を置いてくれた店もあった。だが、一日、顔を出さないだけで、もう棚から下ろされていた。

「どうすれば認めてくれるか、真剣に考えた結果、相手が欲しいと思ってくれるような酒を造る蔵になるのが先だ、思うた。もう営業はやめようと決意したんじゃ」

このとき土井さんが出した結論は、全国新酒鑑評会で金賞を獲得すること。金賞を取る蔵になれば認めてもらえると考え、大吟醸酒造りには力を入れ、そのほかは流して造った。しかし、営業をまったくしなくなった結果、売り上げはみるみる落ちていく。土井さんが生まれたころ、1200石ほどあった売り上げが、100石を切ってしまった。

「売り上げは落ちる。相変わらず金賞は獲れなかったんじゃが、妙な自信があった。とんでもなう自信過剰男だったんよね」


そんな土井さんの鼻の柱が、見事にへし折られる事件が起きる。

栃木の酒販店が主催する酒の会に呼ばれ、大吟醸酒と純米吟醸酒、純米酒の3本を出品した。「鮮やかな色のラベルを貼って、キンキラキンの箱に詰めて出していた。どうだ！　俺の酒は！という気持ち」で、意気揚々と出かけていった。

会が始まったとたん、自分の勘違いに気が付く。出品されている酒は、どれも土井さんにとっては聞いたことのない銘柄で、酒瓶も茶色でラベルも地味なものが多かった。2000円程度の純米酒も少なくなかった。参加者は真剣に酒を試飲している。味見をして驚いた。明らかに自分の酒よりもレベルが高い。鑑評会に出品するための大吟醸酒ではないが最高の酒をめざして、丁寧に造っていることが伝わってきたのだ。慌てて自分のブースに戻り、純米酒1本だけを残して、大吟醸酒と純米吟醸酒をテーブルの下に隠した。純米酒も良かったわけではないが、すべてを隠すことはできず、仕方なく残しただけであった。

「ほかの酒に比べて味が薄っぺらい、管理も悪い、とてつもなくまずいんです。僕の酒を利いてもらうのが恥ずかしくて、試飲会の時間は地獄じゃった……」

その日の晩は、参加者との宴会に4次会までつきあったが、悔しくて、悔しくて、いくら飲んでも酔えなかった。上には上がある。ショックだった。しかし、レベルの低さを、自分で気が付いたことは、あとから考えれば救いになった。利き酒能力には持ち前の才能があったのだ。


20歳のとき、蔵元や杜氏を対象とした広島県酒造組合主催の利酒選手権大会に、腕試しの意味で初めて出場したところ、結果は惨憺たるものだった。人並み以下という成績だったのが、負けん気に火をつけた。舌を敏感にしなければならないと考え、妻に頼んで料理を薄味に変えてもらい、なるべく熱いものを食べないようにして1年間を過ごす。満を持して再挑戦するが、結果は思わしくない。こんな思いをしてもだめなのか。そこで長年吸っていた（大きな声ではいえないが）タバコをやめて臨んだところ、3年目に優勝したのだ。それまでの最年少記録であった。まぐれの優勝だといわれるのが悔しくて、毎年参加し、5回優勝。その後、全国きき酒選手権大会でも広島県チームとして出場し、優勝に寄与している。

「人間、強い思いがあればなんでもできる。苦しくなるぐらいに悩まんと、見えてこんもんがあることが、ようわかった」

利き酒能力は訓練によって、確実にアップする。だが、ベテランの蔵元や杜氏たちが参加するなかで、そう簡単に優勝できるものではない。親戚中のお荷物だった暴れん坊は、生まれながらに優れた官能の持ち主であり、その才能を開花させたのだ。

栃木ショックで、改良しなければならないことは身に染みた。だが、どう修正すればいいのだろう。頼れるのは、相変わらず『酒造教本』だけであった。

その年も、すぐに酒造りが始まってしまった。本には、もろみを毎日、分析するようにと書いてあるので、測ってみたら、糖分を表す目安のボーメの値が3・4であった。

「本には5以下になったら腐造と書いてあるんです。わーーーーどうしたらええんじゃ！」

思いあまって300メートル走って飛び込んだのは、相原酒造だ。一世代上の先輩、4代目蔵元の相原準一郎さんに「どないしたらええんやろう。教えてください」と、生まれて初めて人に頭を下げて教えを乞うたのだ。

相原酒造が造る「雨後の月」は、銘酒として広島県内で知られていた。相原さんが家業に就いて以来、いち早く普通酒中心の造りから方向転換。純米酒や本醸造などの特定名称酒の比率を上げて、上質な酒をめざしたことから、首都圏や関西圏でも酒好きの間で知名度の高い銘柄であった。相原さんは言う。

「夜の11時に電話がかかってきて、これから行ってもいいですかと言うんです。コイツなに言ってるんじゃと思いました。評判のワルで鳴らした土井君ですからね。ところが飛び込んできたときの目がすごく真剣なんです。ふと自分のことを思いだしました。蔵に帰ったころ、誰も酒造りを教えてくれる人はいなくて、辛かったんです。若いもんがやる気になっているのに、後押しする誰かがいなければ、次の世代に続かない。そう思い直して、相談に乗ったんです」

相原さんのアドバイスでことなきを得た土井さんは、ことあるごとに相原さんのもとを訪ねるようになっていく。麴菌のふり方、搾った酒を瓶に詰めて、瓶ごと加熱殺菌する瓶燗《びんかん》火入れまで、多くのことを学んだ。だが、相原さんは、自分こそ土井さんから多くを学んだと言うのだ。

「あるとき土井君が僕の酒を利いて、『こがな酒は、ダメじゃ』と、けなすんですよ。頭にきて僕も『何言っとる！』と返したんです。僕もけっこう、ズケズケ言うほうですが、ダメはないだろうと思ったんです。ただ土井君は利き酒能力も優れているし、なかなか鋭い指摘をしてくる。質問するにも自分がわかるまで、とことん突っ込んでくるんです。おかげで、改善すべき点が見えたことも少なくないんです。後輩ではありますが、良いライバルだと思っています」


これまで師もなく、孤独のなかで自己流の酒造りをしてきた土井さんだったが、相原さんという良き兄貴のほかに、「天寶一《てんぽういち》」の村上康久さんや、同い年の「賀茂金秀《かもきんしゅう》」金光秀起さんら、広島県内に蔵元仲間ができていく。これがのちに、村上さんの発案で結成される蔵元のチーム6人「魂志会」に繋がっていく。

「魂志会」のメンバーは、この4人のほかは、「富久長《ふくちょう》」今田美穂さん、「美和桜《みわさくら》」坂田賀昭《よしあき》さん。小規模だが、意欲ある蔵元が集まって、意見を率直に言いあうことでレベルを上げ、広島の酒を全国に発信しようという趣旨の会である。本書でも紹介しているが、村上さんは、独立行政

研究熱心で知られる「雨後の月」蔵元の準一郎さん。土井さんの良きアドバイザーだ。

法人・酒類総合研究所で「貴《たか》」や「日高見《ひたかみ》」らと同期であり、永山貴博さんと同様に、「十四代」を飲んで衝撃を受けた一人である。

　余談だが、魂志会について紹介された雑誌『ｄａｎｃｙｕ』の２０１０年３月号の記事を見て、秋田の「白瀑《しらたき》」蔵元の山本友文さんが、秋田でも同じような会を結成しようとして誕生したのが、「ＮＥＸＴ５」である。この２つのチームは、２０１２年に東京・青山でコラボレーションによるカジュアルな酒の会を開いている。「魂志会」は麗人として知られる紅一点の今田さん以外の５人は、ふてぶてしい面構えのド迫力の男性揃いで、「魂志会」という名前にふさわしい。優しい面持ちのプリンスが集まった「ＮＥＸＴ５」とのキャラクターの違いが浮き彫りになり、ファンにとって楽しいイベントであった。

　さて、話を宝剣に戻そう。

　ほかの蔵を見学したり、アドバイスを受けたり、試飲の能力を上げながら、土井さんがめざしたのは、香りは静かで大人しく、米の旨みはしっかりあるが、綺麗な酒。世間が良いという酒ではなく、自分が飲みたい酒を造ろうと考えたという。

「僕の特技は大食い（笑）。とにかくよく食うんじゃ。そうじゃけん、料理をじゃません、いくら食べても、どんだけ飲んでも飽きん酒を造ろうと思ったんじゃ」

米の酒である以上、米の味はしっかり出したい。だが、溶かしすぎて、雑味が出た酒にはしたくなかった。そのために酒蔵を改装。まずは清潔が大事だと随所に水道を引き、すぐに掃除できるようにした。

広島の蔵元グループ「魂志会」のメンバー。マイクを持つのが「天寶一」の村上康久さん。紅一点の今田美穂さん以外、ド迫力の面構えだ。東京・青山で開かれた秋田「NEXT5」との共同イベントにて。

「うちの自慢は、敷地から一日20トン湧き出る水。蔵の裏にある高さ６００メートルの野呂山に、１０５年前に降った雨が濾過され、自然に湧いているんじゃ。本当に１０５年かって？ 有名な先生が書いた本にも出てくるんじゃけえ、間違いないんです。軟水だけどミネラルもほどよく含まれていて、飲むと味があって、さらっとしとる。この自慢の水で徹底的に糠《ぬか》を洗い流し、米に水を十分吸わせることで、切れ味のいい、綺麗な酒にしようと考えたんじゃ。麹は、乾かし気味にして、掛米はふっくらと柔らかいイメージ。数値じゃなく、イメージなんですが……」

米は、広島を代表とする酒米の八反錦《はったんにしき》をメインに決めた。なぜなのか聞いてみると、自分が初めて造ったときの米だからだという。

「溶かさないと味が出なくて硬くなってしまうし、溶かしすぎると味がだれてしまう。造れば造るほど難しい米だと思っとります。ただ、山田錦のように利き酒のときから評価される米とは違って、飲めば飲むほど旨い酒になる。料理をじゃませず、どんどん旨くなる。味があるけど、後味が綺麗で、飲み飽きしない、僕のめざす味になる米だと信じ、八反錦にかけたんです」

一度決めたら、一途な男なのである。


間もなく普通酒は一切やめ、純米造りを中心にして本醸造もやめた。地元向けに本醸造として出している酒も吟醸酒規格なのだという。こうして魅力的な酒を造るようになると、〝ドイテツの宝剣〟として徐々に名を知られるようになる。名が知られるにつれて、いい出会いが重なっていく。

造りに専念するようになってから、営業は一切行っていなかったが、心が通う酒販店との交流も始まった。広島では「大和屋酒舗」「酒商山田」、東京では「宮田酒店」。福島の「泉屋」と出会ったことから、「十四代」高木顕統《あきつな》さんとも交流ができて、酒米「酒未来《さけみらい》」も分けてもらえるようになった。

実は、土井さんが「泉屋」佐藤広隆さんと一緒に、初めて山形の高木酒造を訪ねた場に、私も同席していた。そのときの土井さんは、ストライプ柄のシャツのボタンをとめずに胸を大きくはだけ、穴あきジーンズに、ジャケットを羽織っていた。憧れの髙木さんの蔵への初訪問であり、最高のお洒落のつもりだったのだろう。ところが最初に登場したのが、顕統さんの父、辰五郎さんであった。きちんとネクタイを締め、明治の元勲のような威厳のある姿に、土井さんは慌ててシャツのボタンを上までとめて、両手でジーンズの穴を隠した。その慌てぶりを見て、私と佐藤さんは笑いをこらえるのに必死であった。

十四代の麹室で髙木顕統さん（左端）の説明を聞く土井さん（右から２人目）はいつになく神妙な面持ちだ。左から２人目は「而今」大西唯克さん、右端は「泉屋」佐藤広隆さん。

顕統さんがそのファッションをどう感じたのかはわからないが、父が育種した大切な酒米、酒未来を分けたということは、土井さんの酒造りに対する真摯な姿勢は認めたということだろう。

後日談で、酒未来のお礼として、土井さんが髙木さんに、郷土の銘菓であるもみじまんじゅうを大量に送り続けているという話は、顕統さんが唯一の弟子と認める「東洋美人」蔵元の澄川宜史《たかふみ》さんから聞いた。

「ドイテツらしいでしょ？　あの食通の顕統さんに、三段重ねのもみじまんじゅうですよ。一途というか、不器用というか……」。澄川さんは、水害のときに土井さんや弟の剛《つよし》さんをはじめとした広島チームにも助けられている。言葉は悪いが、土井さんのことを憎からず思っていることは間違いない。

大阪の酒販店「山中酒の店」店主で、数件の飲食店も経営する山中基康さんとの出会いは、土井さんだけではなく、土井夫婦にとって大きな意味を持つものになっている。

その日、山中さんは、大阪の居酒屋やバーの店主とグループで、広島の酒蔵を見学に来ていた。宝剣の存在は知らず、近くの酒蔵に来たついでに、ふらりと立ち寄ったのだ。応対に出た土井さんも、山中酒の店の存在は知らなかった。当時のことを山中さんは懐かしそうにこう話す。

「若い蔵元が一所懸命に説明してくれはってなあ。酒のことは知らなかったんやけど、目えがキラキラしてた。ええ目をしてたんや」

初めは一番後ろのほうにいた山中さんだったが、どんどん先頭に出て、最後は前のめりになって土井さんの話を聞いたという。

「奥さんを紹介されたら、それはそれは素敵な人でね。お子さんが大きいんでびっくりしましたわ。その子らも良い子でね。ぜひ大阪に遊びにおいで、言うて帰りました」

造りが終わった春、夫婦で早速、大阪へ出かけていき、いまでは家族ぐるみのつきあいをしているという。妻の真紀さんは、呉を出るのを嫌がって滅多に旅行はしないのだが、山中さんの店なら安心だと、毎年、二人で大阪に行くのを恒例にしているのだという。

「山中さんは料理も上手、お燗の温度も絶妙で、出てくるもんを食べるだけでも知らないうちに勉強になっとる。なにより僕たち夫婦にとっては、一番リラックスできる時間なんよ。あるとき一度、僕一人で山中さんの店へ行ったら、山中社長が、『なんや、一人なんか、なんで真紀さんを連れてけーへんかったんか』と不機嫌なんじゃ。僕のこと可愛がってくれているんじゃのうて、目当てはかみさんか。スケベエなオヤジじゃあのう（笑）」と土井さん。

真紀さんは、私も初めて酒蔵を訪ねたとき、可憐な姿に一目でファンになった。中学生のときの同級生ということは、土井さんがワルだったときのことも全部知っているということだ。こんなキュートな方が、なぜ18歳の若さで、結婚を決めたんだろう。

2度目に蔵を訪ねたときに、失礼を承知で聞いてみた。すると真紀さんは、瓶にラベルを貼りながら、おっとりとした口調で「純粋で、まっすぐな人なんですよー」と答えた。そこに惚れたということなんだろう。

「てっちゃんと出会ったのは中学1年のとき。12歳か13歳だったと思います。そのころは普通でしたよ。悪くなかったんです（笑）。ただ、目立ってましたね。何をするにもリーダーになるんです。意志が強くて、一度決めたらやりとおす。絶対に曲げないので、ケンカもするけど、人がついてくるんです。あるときから土曜日になると連絡がつかなくなって。おかしいな、と思ったら、集会に行ってたんですね（笑）」

周囲から札付きのワル呼ばわりされても、真紀さんだけは、ドイテツの純粋さを愛し、信じ続けてきたのだ。芯が強くて美しい、こんな素敵な妻が傍にいて、黙ってついてきてくれたのだ。男冥利に尽きるではないか。

5年前、山中さんの店で開かれた若手の蔵元たちとの集まりで会ったとき、土井さんは造り始

山中基康さん（右端）が経営する飲食店「へっつい」に蔵元たちが集まったときのスナップ。「一番リラックスする時間」と土井さんと真紀さん。

めてまだ15年と言っていたのを思い出す。

「まだようやく酒になったというレベル。ほかの蔵元もどんどんいいものを造ってます。『ドイテツすごいもん造りよった』と言わせたい。いま僕がやっているのは宝剣の土台造り。もし息子が継いでくれたら、孫の代にも残る。めざすは日本一の蔵元じゃ。もっと儲けて、もっといい車に乗りたいし、かみさんにもいい思いをさせてやりたい。夢ですか？ そうじゃな、かみさんをパリのエルメスとかグッチへ連れていって、店にあるもん、全部くれ！ と言うてみたいんじゃ。惚れ直すじゃろな。がはは」

相変わらずのドイテツ節であった。

「宝剣」には、彼の闘魂が乗り移っていると思うことがある。私は宝剣のファンであるが、なかでも、しずく取りの純米吟醸酒「呉の土井鉄」を飲むと、ドーパミンがどっと出る。あまりの旨さに、我を忘れてしまうのだ。居ても立ってもいられず、土井さんの携帯電話に、これまで2度も電話してしまった。酔っていて記憶は定かではないのだが、どうも留守電に「うまーい◇$%&#◆……」と意味不明なことを吹き込んだらしいのだ。翌日、土井さんから来た携帯メールを読んで、自分が酔って電話をしたことがわかって赤面した。

「お電話ありがとうございます。電話に出られずにすみません。僕も、そのとき酔っぱらっていて、山手線をぐるぐる何周も回ってました（笑）。来週からまたムショに入ります。本当の刑務所ではありませんよ。春先まで、シャバとは離れて酒造りに専念します。設備投資して、宝剣の蔵も変わっています。近くにお越しの際は、またぜひお立ち寄りください」とあった。

土井さんが酒造りを始めて、今年で20年。どんなふうに改装したんだろう。初めて宝剣酒造を訪ねた9年前の初夏、蔵の裏山に登って眺めた、呉の町の景色が脳裏に浮かんできた。２０１６年現在、製造は約１０００石（一升瓶換算で約10万本）。そのうち7割が純米酒、3割が純米吟醸、1割が大吟醸という、品質志向の酒蔵に生まれ変わったのだ。

切れ味のいい真っ赤なラベルの定番酒「超辛口　純米酒」720ml 1250円、1.8l 2500円。いずれも税別。

1杯目からガツンと旨くて、5軒はしご酒をして、へべれけになっても最後の一口まで旨い酒、宝剣。一本気な男が造った酒は、これからも人を熱狂させるに違いない。

一白水成（秋田県五城目町）

渡邉康衛

郷土の水と米と成長する、「良心」の酒

絶好調の秋田の日本酒。なかでも5人の蔵元からなるグループ「NEXT5」はその人気を牽引する存在である。メンバーの中で最も若いのが「一白水成《いっぱくすいせい》」を造る、福禄寿《ふくろくじゅ》酒造16代目蔵元、渡邉康衛《こうえい》さんだ。

くりっとした丸い大きな目、下がり気味の眉。旧家の跡継ぎとして自然に身に付いた礼儀正しさと、滲み出てくる人の良さが相手の心を和ませる。先輩からも年下からも、〝こうえい〟と、下の名前で呼ばれているのは、単に渡邉が多い姓というだけではないだろう。

酒蔵を訪ねた2度目の夏、康衛さんに連れられて、酒蔵がある五城目《ごじょうめ》町の全貌が眺められる山の斜面に降り立った。山麓は自然公園、眼下には見渡す限りの水田、遠くには男鹿《おが》半島や秋田市街地が見渡せる。目の前にそびえる大樹のてっぺんで、オオルリが美声を響かせている。渡る風が心地いい。

「あそこに広がるのが、うちと契約する『五城目町酒米研究会』の農家さんたちの田圃です。あのあたりは先祖が持っていた土地でしたが、寄付したのでいまは五城目町の町営の自然公園になっているんです」

康衛さんが話すと先祖自慢も嫌味ではなく聞こえる。野球で鍛えたしなやかな肢体ですっと立ち、説明する康衛さんの背後にはミニサイズの模擬天守、五城目城。旧家の〝若殿〟の背景にぴたりとはまっている。

安土桃山時代、織田信長に攻められ、石川県松任《まっとう》から羽後の国に落ち延びてきた渡邉家。初代の彦兵衛が、現在の五城目町（当時の五十目村）で、元禄元（1688）年に酒造りを始めた。彦兵衛は襲名で、15代目の父、彦兵衛さんは2005年から町長を務め、今年で3期目だという。この山に来る途中で、すれ違った人みんなが、康衛さんの姿を見て、にこりと笑ってお辞儀をしていた。町の人気者なのだろう。

初めて会ったのは2007年の冬。秋田県湯沢市で開かれた、秋田県酒造協同組合主催の評価会の会場であった。首都圏の有力酒販店や私のような日本酒について著作のあるジャーナリストたちが呼ばれ、秋田の酒についての率直な意見を出し合うという催しであった。康衛さんは28歳。ぼんぼん育ちの若者に見え、いまのように自信に満ちた表情はしていなかった。視線の弱さに迷いを感じたものだ。

いま思えば、そのころ、秋田の日本酒業界は冬の時代だった。

秋田県の日本酒の製造量は、長年、全国の中で上位をキープし、県民一人あたりの消費量もトップクラス。「美酒王国」として自負する県である。しかし、その消費を支えてきた普通酒のそれが急激に落ちてきていた。一方、同じ東北では目立たない存在だった山形県は1990年ごろから吟醸造りで脚光を浴び、「出羽桜《でわざくら》」「米鶴《よねつる》」などが注目され、1994年にデビューした「十四代」でブレイク。「上喜元《じょうきげん》」「くどき上手」「東北泉」など、首都圏や関西圏でも上質な酒として人気銘柄が次々と登場していた。秋田には太平山や出羽鶴《でわつる》（刈穂）、まんさくの花、由利正宗など技術力の確かな古参の蔵が多く、佳酒を造り続けていたが、強豪他県の酒が集結する都会では話題性に乏しかった。秋田県酒造協同組合は、王国を奪還するため暗中模索するなかで、地酒販売のプロや、全国の人気蔵元の現場を知るジャーナリストたちの声を蔵元に聞かせたかったのだろう。私は評価会には、このとき以外にも東京で1度、秋田に1度呼ばれているのだが、康衛さんに会った年には、会場になったホテルのメインダイニングの入り口に鹿児島の芋焼酎がずらりと並んでいたのを覚えている。焼酎の大ブームの真っただ中で、ホテル側はトレンドの酒を並べただけなのだろう。しかし、秋田の中でも蔵元が集中する湯沢のホテルに、秋田の日本酒ではなく、鹿児島の焼酎を並べていることが、そのころの秋田の日本酒がおかれた状況を象徴しているような気がした。

東京で人気のある居酒屋へ行ったり、勢いのある同世代の蔵元と会ったりすることで、秋田の蔵元に何かヒントが得られるのではないか。そう考えた私は、秋田の若手蔵元に声をかけ、評価会の2ヵ月後、東京・四谷の居酒屋「萬屋おかげさん」で小宴を開き、ゲストに「貴」の永山貴博さんを呼んだ。参加したのは康衛さん夫妻と、「出羽鶴」「春霞《はるかすみ》」「たてのい」の蔵元だったと記憶する。永山さんは「自分の酒を造ろうよ！　秋田は王国が長かったせいで守りに入っている」などと、メンバーを鼓舞したが、皆が反論もせず、静かに聞いているのを見て、秋田のプリンスたちは大人しいなと思った。しかし、このとき心の内では炎を燃やしていたのだろう。

その後、秋田の日本酒はV字回復。首都圏や関西圏にある居酒屋で、秋田の酒を見かける機会がぐんと増えた。ネットにアップされたとたん、秋田の酒は売り切れると話す酒販店もいる。毎年東京で開かれる「美酒王国秋田　秋田の酒を楽しむ会」は、会費6500円で定員500人のところ、3ヵ月前にはチケットが完売するという人気ぶりだ。統計で見ると、秋田県の日本酒は、普通酒は年々減少しているものの、吟醸酒は前年比で116%、純米吟醸酒は128%と大きな伸びを見せ、日本酒全体の製造数量では全国で5位であるが、吟醸酒の製造数量は4位、純米吟醸酒は3位にランクされている。高級な酒で人気が上がっているということがデータでもわかるのだ（日本酒造組合中央会　平成27年1～12月清酒課税移出数量）。

2010年に、「新政《あらまさ》」や「白瀑《しらたき》」「ゆきの美人」「春霞」と個性的な5人の蔵元たちによって「NEXT5」が結成され、さまざまなイベントを行ってきたことも、若い層に秋田の酒をアピールする効果が大きかったことは間違いないだろう。しかし、それだけでいまの秋田の隆盛はない。個々の蔵元の努力があっていまがある。丘の上で立つ康衛さんの姿を頼もしく眺めながら、彼のこの8年間を思った。

五城目町は人口約1万人。秋田市から車で40分ほど。林業で栄えた町で、木材関係の手工業が盛んな職人の町としても知られている。交通の要所であったことから人の往来が盛んで、町の目ぬき通りでは、５２０年の歴史を誇る朝市が立ち、観光客や地元の買い物客を集めている。

福禄寿酒造は、朝市が開かれる商家町に建つ、レンガ塀に囲まれた建物だ。酒蔵は土蔵造りのどっしりとした重厚な構えで、秋田県の酒蔵の原型とも言われるそうだ。仕込み蔵は「上蔵《うわぐら》」と呼ばれる18世紀末に建てられた蔵と、「下蔵」と呼ばれる19世紀初期に建てられた蔵が、２ヵ所に分かれてある。この２つの蔵と、１９２５年に建てられた事務所と住居、４つの建物が文化庁によって登録有形文化財に指定されている。関東圏に住んでいる人なら、女優の鈴木京香さんが酒蔵の入り口に腰かけるダークな色調のＪＲ東日本のポスターを、見たことがあるかもしれない。帳場に座っているのは彦兵衛さんだ。

登録有形文化財に指定されている趣ある酒蔵。目の前の通りでは、２、５、７、０のつく日（ほぼ１日おきだ！）に朝市が立つ。

１９７１年、福禄寿酒造のピーク時には７０００石を製造し、それでも足りなくて、ほかの酒蔵から桶買《おけが》いしていたという。１９７０年代前半は日本全国で最も日本酒が売れたころであるが、なかでも秋田県は飲酒量で、常にトップ争いをするお国柄なのだ。

康衛さんは、売り上げのピークを過ぎた昭和54（１９７９）年、彦兵衛さんの長男として生まれ、東京農業大学農学部醸造学科へ入学する。大学では酵母の研究に熱心に取り組んでいたが、地酒マーケットの事情には疎かった。

「東京・三軒茶屋にある銘酒居酒屋『赤鬼』で、農大の先輩の酒だぞ、と十四代を飲ませてもらった記憶は鮮明に残っています。『南部美人』や『飛露喜《ひろき》』という銘柄が人気があることも知っていましたが、全国新酒鑑評会で金賞を連続で受賞すれば、そのうちお声がかかって有名になって、プレミアムブランドになれるのかな、という程度の認識しかありませんでした」

農大時代の1歳上で、野球同好会で親しくしていた熊本県にある天草酒造の平下豊さんと飲んでいる席で、「俺は『富乃宝山』になる。お前は『十四代』になれ」と言われたこともあったという。十四代ら、一世代上の農大の偉大な先輩たちに憧れは持っていたものの、彼らが成功した理由を突き詰めようとはしなかったのだ。

話はそれるが、私は天草酒造へ取材に行ったことがある。天草は好きな焼酎のひとつで、2人が親しいと聞いて嬉しくなった。また康衛さんは、平下さんの天草高校の同級生を妻に娶《めと》っている。雪国秋田から遠く離れた南国、天草出身の1歳年上の姉さん女房である。

卒業したあとは酒類卸などで経験を積む例が多いが、康衛さんは2001年3月に卒業し、4月に家業へ入った。当時の社名は、渡邉彦兵衛商店で、「福禄寿」銘柄で約2000石を造っていたが、総米3トンの大型タンクで仕込む63本分のうち、60本が普通酒で、残りの3本は、鑑評会に出品するための大吟醸酒と純米大吟醸酒、地元向けの純米酒であった。

康衛さんは、金賞を獲得して名を上げ、普通酒を売って稼ぐことを目標に掲げた。販売量を増やすため酒類問屋へ卸すほかに、康衛さんが地元の酒販店を回って売り歩いた。

「10本買ってくれたら1本つけますよ。今月はキャンペーン期間なので特別に2本つけます」

——という日々の繰り返しだった。

だが酒は売れない。売れないからますます値段を下げざるを得ない。金賞は取れない。瓶詰めの手伝いをするなど仕事をしながら、何かを変えなければいけないとは感じていた。しかし、何をどうしたら金賞が取れ、酒が売れるようになるのか、まったくわからなかった。悶々とするなか、時間があけばパチンコ店に入り浸り、週末にはゴルフ場に通った。ときどき東京の酒類問屋に出張して値段交渉をしたあとは、出身大学のある経堂駅に近い馴染みの居酒屋で、昔の仲間たちと飲むのが息抜きだった。飲む酒はチューハイ。酔えればいい、という意識だった。

「そのころの俺、まったくのダメ人間でした」

売り上げは下がる一方で、利益も出ず、とうとう負債を返済できなくなり、2004年4月、渡邉彦兵衛商店を清算。親戚から出資金を集め、新会社として福禄寿酒造を設立した。土地と建物を買い取るために、数億円という融資を受けた。父は会長職に退き、社長は空席で、康衛さんはそのまま常務となる。その翌年の2月、父が町長選に立候補して当選したことから、康衛さんが会社を切り盛りしなくてはならなくなってしまった。

そんなころ、秋田県酒造協同組合が主催する恒例の評価会が開かれた。会のあとの宴会で、康衛さんの隣に座ったのが、東京・多摩にある地酒専門酒販店「小山商店」店主の小山喜八さんだった。小山さんは「飛露喜」の生みの親ともいえる実力者なのだが、当時の康衛さんは地酒専門の酒販店があることも知らなかった。

「かすれ声を張り上げて話す、気のいいおじさん、という印象でした。今度、店に遊びにおいで、と言ってくれたので、その年の秋、問屋へ出張がてら寄ってみたんです。都心から遠いし、駅からも歩いて行けないほど離れてる。あーあ、とんでもなく遠くまで来てしまったなという気持ちでした」

ところが店に入って仰天する。酒蔵を模した造りの店には、日本酒がぎっしりと並んでいる。そのなかには「十四代」も「飛露喜」もある。もしかすると、すごい店なのかもしれない。圧倒されながらも、いろいろ話をしたのだが、「こういうお酒を造るといいよ」と言って渡されたのが、「而今《じこん》」であった。名前を聞いたことはなかったが、小山さんの店の顧客が主催する「多摩独酌会」で人気ナンバーワンになった酒だという。帰りがけに、「蔵の酒を1本、送ってほしい」と言われ、帰郷してすぐ大吟醸酒を送ると、すぐに電話があった。そのとき小山さんが言った。

「あーーいいね、いいねー。甘さがいいねー。だけど、線が細いし、もう少し酸が欲しいね。而今、飲んでみた？　もうすぐ造りに入るよね。だったら一升3000円以内で売れる純米酒を、タンク1本分、造ってみない？　良い酒ができたらうちで売るよー。待ってるよー」と、あのガラガラ声で明るく励ましてくれたのだ。

お土産にもらった「而今」は帰郷してすぐに飲んでみた。

「米の味がしっかりと感じられるお酒でした。きっとしっかりとした麹造りをしてるんだろうな、と感じていたところでした」

目標が見えた康衛さんは、若い杜氏と共に、早速造りに取りかかった。前杜氏の伊藤美佐男さんは19歳で蔵に入り、曾祖父の代から4代にわたって支えてきてくれた功労者だが、父が退いたタイミングで取締役工場長に昇格させ、麹屋を務めていたナンバー2の一関仁さんを新しく杜氏に抜擢していた。このとき康衛さん26歳、一関さん33歳。若い力で、小山さんに「良い酒」と言ってもらえる酒をめざし、指摘された酸を出すことをテーマに据え、取り組んだ。

東京・多摩の地酒専門酒販店「小山商店」。交通の便はよくないが、週末には交通整理が必要なぐらいの集客がある。

ただ、酸を出すようにするためには、旨みとのバランスも大事だ。そのときに気が付いたのは、米を磨いて吟醸造りにするときに、麹を乾かしすぎていたことだった。ふっくらとした甘みは福禄寿の特徴なのだが、上質な酒は乾かして造るものだという常識にとらわれていたのだ。使い慣れた美山錦を50%精米して、低温で発酵させた吟醸造りにして、舌触りの滑らかな酒質をめざしてポタポタと垂れてくる雫を集める袋吊りにした。全国新酒鑑評会に出品する大吟醸酒以上の気合の入れ方であった。

こうして完成したのが、純米吟醸酒。袋吊りの生酒であった。値付けは小山さんの言う通り3000円に設定した。早速、瓶詰めして、小山商店へ送り、返事をドキドキしながら待った。すると間もなく、「いいねーいいねー。こんな酒を待っていたよ。ラベルを貼って100本送ってねー」と電話があったのだ。まずは合格であった。さて、ラベルをどうしよう。名前は福禄寿でいいのだろうか。

この純米吟醸酒ができる過程では、五城目に頼もしい相談相手がいた。居酒屋「なべ駒」店主の渡部正人さんである。

小山さんとの出会いより少し前に、康衛さんは一人でふらりと立ち寄ってみたことがある。入ってみたら、店の壁や天井に所狭しと日本酒のラベルが貼ってある。日本酒を楽しむ会を頻繁に開いている様子である。十四代も飛露喜もあるが、福禄寿は置いていなかった。ぎょろりと大きな目で、一見、強面《こわもて》だが、話しかけたら気さくな人柄で、日本酒の話を始めたらとまらない。情熱を傾けていることが胸にずんと伝わってきた。目と鼻の先に、こんな人がいたんだ。東京の「小山商店」を知っているかと試しに聞いてみたら、なんと仕入れ先の一軒であった。魅力的な日本酒を扱う酒販店なら、こんなに離れた居酒屋でも注文するということに驚いた。いかに自分が地酒マーケットのことを知らなかったのか思い知った。情報通で、しかも腹を割って相談できる相手が近くにいることを心強く思った康衛さんは、出品用の大吟醸から地元向けの酒まで、蔵でできた酒を持ち込んでは意見を聞いた。初めて純米吟醸を仕込むときにも、渡部さんのアドバイスを参考にしていたのだ。

渡部さんは人脈も持っていた。日本酒の会「純米酒フェスティバル」の主催者で、東京在住のコンサルタント、フルネット代表の中野繁さんとも交流があった。中野さんが「なべ駒」を訪れたとき、店に近い福禄寿酒造も訪問したことがあり、その縁から、新しい銘柄をつけようと申し出てくれた。渡部さんから「飛露喜」も、中野さんが名付けた銘柄だと聞いたので、任せようと思ったのだ。こうしてファックスで送られてきた銘柄が「一白水成」。「白い米と水から成る、一番旨い酒」を意味するという。しっとりとジューシーで、みずみずしい味わいに合った良い名前ではないか。

天井から壁までびっしりと日本酒のラベルが貼られた、五城目町の居酒屋「なべ駒」。驚くほどの銘酒が揃っている。

早速、小山さんに報告すると、いつものように「いいねーいいねー」と言ってくれた。こうして2006年4月、康衛さんと一関さんが初めて造ったタンク1本分の酒は、東京の酒販店「小山商店」と、フルネットの通販、そしてもう一軒、秋田県能代《のしろ》市の「天洋酒店」の3ヵ所限定でスタートしたのである。

「天洋酒店」は、「新政」の佐藤祐輔さんが秋田県内で唯一、自分から酒を持参して扱ってほしいと願い出た酒販店である。店主の浅野貞博さんは、秋田の日本酒の伝道師とも言われる人物で、温かい人柄に惹かれるファンも多い。

2017年に創業100年を迎える老舗だが、広さわずか13坪。失礼を顧みずいうと駄菓子屋さんのような、見栄えのしない店である。以前は、ビールや洋酒も扱う普通の町の酒屋だったが、3代目店主の浅野さんは、1997年に、秋田の日本酒だけを扱う店に転換した。

「コンビニも、ディスカウント店もどんどん進出してくるようになって、生き残るには大型店にするか、小さくても何か専門に特化するしかないと考えました。資金のない私は、専門店を選ぶしかなかったんです」

専門店をめざす以上、単に秋田の酒というだけではなく、良い酒を造ろうと意欲のある蔵、自分が応援したいと思える蔵だけに絞ろうと考えたのだ。福禄寿酒造は、店から車で40分ほどの距離で遠かったわけではないが、扱ってはいなかった。

「甘くて重い味で、スーパーマーケットで安売りされているような安酒。まったく魅力を感じなくて、お取引させていただきたいという気持ちにはなれなかったんです」と言う。ところが、親しくつきあっている東京在住の漫画家で、日本酒の著作も多数ある高瀬斉《ひとし》さんに頼まれて、フルネットの中野さんを自分の車に乗せて県内を案内し、福禄寿酒造に送っていった。このときに康衛さんと顔を合わせたことから心が動いた。

「若い跡取りが杜氏と一緒に奮闘している姿が目に焼き付きました。一関杜氏は、そのころ、秋田の山内《さんない》杜氏組合で最も若いと言われた杜氏さんです。二人を応援したいという気持ちが湧いてきたんです。その後、初めて仕込んだ純米吟醸を飲んで、これはいけるぞ、と確信しました。いい香りがしてクリアーで、蔵癖なのか、ハチミツみたいな素敵な甘さがあったんです」

秋田の日本酒の〝伝道師〟「天洋酒店」の浅野貞博さん。その人柄に惹かれるファンは全国にいる。

話はそれるが、「NEXT5」という名称は、浅野さんのアイデアがもとになっている。7つの蔵元を集めた酒の会「NEXT7」を能代で催したり、東京では「秋田酒NEXT」というイベントを主催したこともあった。親しくつきあう「白瀑」の山本さんから「NEXT」という名称を使ってもいいかと聞かれ、浅野さんは快諾。2010年4月、正式に「NEXT5」が発足したのである。

さて、一白水成に話を戻そう。

初めて造った「一白水成」純米吟醸は、評価をもらえた。しかし、まだまだ改善しなければならないことはたくさんあると考えていた。「なべ駒」の渡部さんに、「できたばかりの酒は美味しいのに、なぜ市販している酒はガクンと味が落ちるのか」と尋ねられたことがあった。突き詰めていくと、搾ったあとの管理が悪いことに気が付いた。蔵の中では搾ったあとにすぐ冷蔵庫に入れる必要を感じた。取引先も考えなければならなかった。これまでに、卸経由で商品が入っている酒販店で、福禄寿が日の当たる場所でたなざらしになっているところも目にした。小山商店や天洋酒店と直接のつきあいは始まったが、この先は、人を選びながら、直接取り引きする酒販店を増やす必要を感じていたのだ。

全国新酒鑑評会では入賞はしているものの、いまだに金賞を取れていないのも悔しかった。金賞を取って名を上げて、普通酒で儲けるという方針は、すでに消していたのだが、当時の秋田県醸造試験場の場長に「福禄寿の仕込み水は硬い。この水を使っている以上、いい酒はできない。絶対に金賞は取れない。軟水器にかけたほうがいい」と言われたことが、康衛さんの闘志に火をつけたのだ。

水の硬い、軟らかいとは、カルシウムやマグネシウムなどのミネラルの含有量による違いだ。世界保健機関（WHO）の基準では、アメリカ硬度で0～60未満が軟水、60～120未満が中硬水、120以上が硬水。日本のほとんどの水は軟水か、中硬水である。福禄寿酒造が使う仕込み水は約90なので、中硬水にあたる。

「秋田では軟水醸造法といって、硬度の低い軟水で仕込むことで、きめ細かい酒質にするという考え方でした。農大でもそう教わっていましたので、低温発酵で上質な酒を造る吟醸造りにおいては主流なのでしょう。でも、ご先祖さまがこの場所を選んで酒蔵を建てた。その意味を考えたら、僕は絶対にこの水を使わなくてはならない。この仕込み水で金を絶対に取ってやるぞと決意したんです」

　硬い水で仕込むと発酵がどんどん進んで、アルコールが早く出て、酒質が荒くなりがちだ。しかも、発酵する期間を長くとりすぎると、酵母が死んでだらけた重い味になってしまう。そこで、もろみ日数は思い切って5日ほど短くして、搾ることにした。ただ、単にもろみ日数を短くするだけでは、水っぽい酒になってしまう。そこで、麹造りでは菌糸が米の表面にも繁殖し、内部にも食い込む、総はぜ気味のふんわりとした柔らかい麹をめざした。米の旨みや甘みを思いっ切り出そうとしたのだ。

「突きはぜにして、米の芯にだけ菌が食い込むかっちりとした吟醸麹を造れという試験場の先生の指導とは逆です。僕のやり方では、下手をするとべったりと甘い酒になってしまいますが、水との相性を考えたらうまくいくはずだと確信していました」

　新しい道具を導入していたことも自信になっていた。安定した高品質の酒を造ることで定評のある山形「上喜元」の蔵を見

山形の「上喜元」で見た箱をヒントに、康衛さんが造った麹箱。この箱を見た「而今」大西さんは麹箱を製作（P33）。経営者は即決できるため、技術の伝搬が速いのだ。

学したときに、麹室で見た麹箱を一目で気に入った。蔵元杜氏の佐藤正一さんに許可を得て、同じような箱を五城目の職人に杉材で造ってもらっていたのだ。秋田杉がふんだんに手に入る土地ならではである。

ちなみに、このとき康衛さんが造った麹箱は、のちに「而今」の蔵元杜氏の大西唯克《ただよし》さんが気に入って、大阪の桶職人、上芝雄史《たけし》さんに造ってもらうことになる。経営者の決断は速い。優れた技術がすばやく伝播するようになったのは、蔵元自身が酒造りの現場に入るようになったからだろう。職人気質の杜氏だけが酒を造っていた時代にはないスピードで、進化の波が伝わっていくのだ。

こうして改善を重ね、徐々に酒質が上がっていることを康衛さんは実感していた。頼もしい助っ人も蔵に入った。5歳年下の弟、良衛《りょうえい》さんである。文系の大学を卒業したあと、小山商店で1年半売り場を担当し、2007年の夏に酒蔵の仕事に就いていた。良衛さんにとっては初めての酒造りが始まり、掃除や麹運びの手伝い、もろみのサンプルを取る仕事など、下働きを嬉々としてこなしている弟の姿が眩しかった。

翌2008年の1月、康衛さんには長男が誕生。妻は実家の天草で里帰り出産したので、吟醸造りが一段落した2月に、熊本へ長男を見に行く予定を立てていた。旅立つ、その日の朝。しばらく留守をすると酒蔵へ挨拶の電話をした。すると杜氏が「良衛くん、まだ蔵に来てないよ」と言うではないか。朝一番の仕事に来ていないはずがない。嫌な予感がした。慌てて酒蔵に駆け付けると、蔵の前に救急車が止まって、赤いランプがぐるぐると回り、蔵のレンガを照らしていた。「弟に何かあった……」と直感した。仕込み蔵に入ると、まさに良衛さんがタンクから引き上げられたところであった。夜中に一人でもろみタンクを見に行き、中を覗き込んだため、上ってくる二酸化炭素を吸い込んで意識が薄れ、タンクに落ちてしまったのだろう。

「あいつ、はりきってたから……。やらなくていいことまで、やってしまったんでしょう。しかもたった一人で」

父に、「覚悟しておいたほうがいい」と伝え、病院に付き添った。すでに心肺停止だった。

「まだ26歳でした。早すぎますよ。そのあとの記憶はおぼろげです。夢を見ているみたいでした……親父もおふくろも泣き崩れてしまって……親父の涙を見たのはこのときが初めてです。普段は明るくて溌剌《はつらつ》としていて……人前で話をするのもうまい。話に引き込まれるんです。町長ですしね。うちの子供にとって父は憧れのヒーローなんですよ。僕はこの人には勝てないなといつも思っていました。そんな親父が人目を憚らず泣いている。親父は父親を5歳で亡くしているんです。肉親に縁が薄いんでしょうか。その分、僕がしっかりしなくてはいけない。社員の前では絶対に涙は見せない。そんな気持ちだったように思います」

父母に代わって康衛さんが葬式の手配などすべてを取り仕切った。その間にも、仕込んだもろみは発酵が進んでいる。酒造りをとめるわけにはいかない。蔵人たちに、酒造りは通常通り進めるように指示し、康衛さんは事故のあったもろみをすぐに処分、そのタンクに封をした。弟のためにもいい酒を造らなくてはと、必死だった。ところが事故のあと、取引をやめると連絡をしてくる酒販店があった。地元の新聞に小さな記事が出ただけだが、噂が噂を呼び、インターネットには、人が落ちた蔵の酒は飲めないなどという酷い中傷も投稿されていた。

「ネットなんて見なければいい。わかっています。でも、つい見てしまうんです。あまりにも酷い書き込みがあって、一時は人間不信になってしまいました。もしかしたら、うちの蔵はもう終わりかもしれない。造っても売れないんじゃないか……」

だがここで落ち込んではいられない。もし、質の悪い、美味しくない酒しかできなかったら、すべて弟のせいにされる。それだけは避けなければならない。前にも増して応援すると言ってくれる人もいた。社員の前では絶対に涙を見せてはいけない。眉間にしわを寄せて造っても、いい酒ができるはずがない。お客さんが飲んで楽しい気分になる酒を造るためには、僕たちも下を向かず、笑顔で酒造りをしようと社員たちをもり立てて、春まで酒を造り切ったのだ。

「苦しい日々でした。でもみんなが心をひとつにしてまとまった、という達成感はありました」

そして、その年の7月、蔵元と酒販店による自主的な勉強会「仙台日本酒サミット」の人気投票で、「一白水成」特別純米酒が1位に輝いた。このときは、酒販店の推薦で出品されるという方法で、取引が始まっていた仙台の「カネタケ青木商店」が推したのだった。

「小山商店社長の息子、喜明《よしあき》さんから、サミットで1位になったよ、と言われて、初めはぽかんとしてしまいました。『仙台日本酒サミット』という催しを知らなかったし、出品されていることも聞いてなかった。ちょうど洞爺湖《とうやこ》サミットが開かれている時期でしたし、なんで僕の酒がサミットに？　という気持ち（笑）。小山さんによると、1位の銘柄発表があったとき、会場がざわめいたそうです。一白水成の名前は、参加している蔵元にも酒販店さんにも、ほとんど知られてなかったでしょうから」

翌2009年からは、蔵元が自らエントリーする酒を選んで出品するシステムになり、康衛さんは特別純米酒でエントリーし、サミットにも参加した。するとまたもや1位。福島県と宮城県の技術指導官にも高評価をもらった。実力は本物だと知らしめたのだ。宴会のときには、全国の有力酒販店が康衛さんの席まで名刺を持って集まってきた。その後、取引の依頼は引きも切らず舞い込むようになり、ファンの間でも一気に銘柄が広まっていった。

2度目の1位を獲得したその2ヵ月前、歓喜する出来事があった。平成20酒造年度の全国新酒鑑評会で、とうとう金賞を受賞することができたのだ。一関さんと取り組んでから初の獲得というだけではない。記録を調べると、創業以来、初の受賞であることがわかったのだ。

「硬い水では絶対に無理だと言われてきたけど、金が取れたんです。麹箱の改良も大きかったでしょう。酵母や温度経過を見直したことも良かったんでしょう。不幸もありましたが、みんなでひとつになって頑張ってきた成果です。その日は社員みんなでバーベキューをやって、ガンガン飲みました。記憶がなくなるまで飲みまくりました」

さらにその翌年、平成21酒造年度は、東北6県を管轄する仙台国税局管内で首席、全国新酒鑑評会では連続金賞を獲得したのである。

右から、ボトルの首に「良心」とある定番酒「一白水成」特別純米酒　720ml 1150円、一白水成の原点ともいえる純米吟醸袋吊り　720ml 1400円。価格は税別。

「この2年間は神がかりでした。何かが取らせてくれているとしか思えませんでした」

口にはしなかったが、天にいる良衛さんに向かって叫びたい気持ちだっただろう。

その後も、康衛さんはさらなる酒質の向上のため、搾ったあとの火入れや温度管理を見直し、洗米の道具も一新させている。また、２００８年8月に、事故米が酒造会社へ転売された事件をきっかけに、米どころとしての地元の価値を再認識。地元の農家10人で結成される「五城目町酒米研究会」と契約栽培をスタートさせている。3反から始めて現在、20町歩に広がり、いまでは使う酒米の7割が五城目町産になっている。

「十四代の高木顕統さんのご縁で、愛山《あいやま》や酒未来も使っていますし、日高見の平井さんのお誘いで、兵庫の山田錦も使っていますが、それも地元の農家の皆さんに良い米を見せるため。もっと上があることを知って、発奮してもらいたいからです。五城目の人たちと一緒に成長していきたいんです」

蔵の仕込み水を大事にするのと同様に、地元の米を使うことは、五城目町で酒造りをするというアイデンティティの証明でもあるのだ。

康衛さんは2010年に社長に就任。福禄寿酒造の製造はいま約1400石。そのうち1000石が純米造りの「一白水成」。「福禄寿」銘柄の本醸造が100石、普通酒は約2割。康衛さんが蔵に帰ってきたときは95%が利益の薄い普通酒であったところ、15年間で健全経営ができる会社へと立ち直らせたのである。


天洋酒店でも、ここ数年の間に、一白水成をはじめとしたNEXT5効果もあって、売り上げがぐんと上がったという。それまで40~60代の能代在住の中年男性が、ふらりと普通酒を買いにくる店だった。ところが、いまでは20~40代の若い顧客が純米酒や純米吟醸酒を求めて、県内一円から買いにくるようになったという。

「1時間以上車を運転して買いにくる女性も少なくないんですよ。メルマガを発信しているんですが、首都圏や関西圏からもどんどん注文が入ります。秋田のお酒は質が上がりました。しかもキャラクターが立っているので、お客さんが日本酒選びを楽しんでくれるんです」

電話で嬉しそうに話してくれた浅野さんに、「一白水成」特別純米酒を注文した。宅配便が届いた夜、自宅で鶏のつくね鍋を楽しんだ。特別純米酒は、製造量が多い基幹商品であり、康衛さんはいつも「僕にとって一番、思い入れの強い酒」と答えるので、改めて家でゆっくり飲んでみようと思ったのだ。

ほんのりといい香りがして、白桃のようにジューシーで、ふっくらとしたいい甘みが生きている。後口も綺麗だが、洗練しすぎないところがいい。温かみを感じるのだ。鶏つくねに、ぎゅっとスダチを搾って、また一口。優しい旨みが解け合って、幸せな気持ちになってくる。

ふと、ボトルの首を見るとラベルに「良心」とあった。良心……。良衛さんの心……。

4年前に酒蔵を訪れたとき、仕込み蔵で事故のあった場所は木で封がされ、そこが現場であるとわかるようになっていた。

「事故は隠すことではないと思いました。二度とこんな事故が起きないよう、自らを戒め、ほかの酒蔵にも伝えるために、蔵に来てくれたお客さんにはあえてお見せしているんです」と言っていた康衛さん。だが、2015年の夏に訪れたときは改装の最中で、上蔵には幕が張られ、中を見ることはできなかった。

「残したいという思いとずっと闘ってきましたが、酒質のことを考えて、前に進むことにしました。思い切って中を改装したんです」と、爽やかな顔で話していた。仕込みはすべて下蔵で行うこととし、上蔵はタンクを撤去し、空調を入れて酒を保存する場所にすることと決めたと話す。16代目蔵元としての決断であろう。そして康衛さんは最も思い入れのある特別純米酒に、兄として「良」という弟の名を刻んだのだ。

酒の「進化」を追う

酒造りの現在と未来を繋ぐキーワード

飛露喜（福島県）廣木健司

廣木酒造
飛露喜

廣木健司さん

廣木酒造本店（福島県会津坂下町《ばんげ》）9代目　蔵元・杜氏

昭和42（1967）年、8代目の長男として生まれる。青山学院大学経営学部を卒業し、キリン・シーグラムに就職。26歳で家業に就くが、販売量は年々減少の一途をたどり、杜氏も去ってしまう。代わりも雇えないなか、翌年、父が59歳の若さで他界する。廃業を考えながらも、蔵が存在した証にしようとテレビのドキュメンタリー番組に出演したところ、どん底状態を知った東京の酒販店「小山商店」が、酒を送るよう連絡。「自分らしい酒を造るように」とのアドバイスで造った酒が、同店の利き酒会で一番人気となり、一躍、全国区の酒となった。腕利きの杜氏であり、確実にステップアップを続ける優れた経営者でもある。

日本酒ファンはもとより、美味しいもの好きにも、広くその名を知られる福島県の酒「飛露《ひろ》喜《き》」。濃密さと透明感のバランスが抜群で、料理やシーンを選ばず、年ごと、アイテムごとのブレもない。いつ飲んでも外すことのない完成度の高さで、飲食のプロの間でも絶大な信頼を獲得している。

福島県には「飛露喜」以外にも、「会津娘」「冩樂《しゃらく》」「奈良萬《ならまん》」など人気銘柄が目白押しであるが、同県の日本酒は技術面でも実績があり、全国新酒鑑評会で金賞を獲得した酒蔵の数は、ここ3年連続で全国1位の快挙を達成している。かつては主に首都圏向けに二級酒を造る量産県であり、金賞数は全国でも最低レベルだったが、量から質への転換に成功し、酒造技術の高い銘醸県としての座を不動にしたのである。「飛露喜」は、そんな躍進する福島酒の象徴であり、蔵元杜氏の廣木健司さんは、若手の蔵元たちから目標とされる存在である。

デビューして16年間、先頭集団を走ってきた廣木健司さんは、その間、どんなことを考えながら酒造りをしてきたのだろう。また、現在の日本酒の状況について、どう捉えているのだろう。2015年4月、会津坂下町の酒蔵を訪ねた。

トレンドの味のカギは「甘さ」

——福島のお酒は、いまトレンド最前線だと思いますが、美味しさの基準は変わっていくものだと思います。廣木さんは、日本酒の味の傾向についてどう捉えていますか?

廣木　いま気になっているのは甘さ。年々、甘い酒がうけるようになっていると思います。

——甘みは人間が根源的に求める味ですし、上質な甘さのあるお酒が人気になるのはある意味、当然かもしれません。ただ、昔の甘い酒とは違いますよね。どこが違うと思いますか?

廣木　軽快さ、だと思います。昔は、米が溶けていろんな成分が出てきた甘さだったので、重い味だったけれど、いまの甘さは余計なところを排除した、研ぎ澄まされた甘さですよね。たとえば「寫樂」。

——まさにモダンタイプですね。三重県の「而今《じこん》」はいかがでしょう。甘くて軽やかで、背景に酸も感じます。

廣木　同感です。どちらも甘さが特徴ですが、軽やかで爽やかで、トレンドの味だと思います。僕は、現代の日本酒における甘さの正統な系譜は、十四代、而今、寫樂と繋がっていっていると思っています。

——余計なところを除いて、甘さを洗練させることができたのは、たとえば精米によって雑味を除くといったことですか？

廣木　精米もそうですし、造り手の醸造技術が進んだことなどさまざまありますが、優れた麴《こうじ》菌が開発されているということもあります。

——麴菌は、蔵元が種麴屋さんから買ってきて、蒸した米に振って、麴を育成するためのいわば麴の種ですよね。

廣木　その通り、種なんです。農業にたとえると、美味しいトマトを栽培しようと、農家が土壌の改良をするとか、水やりを変えるとか、ビニールハウスの温度管理をするとか苦労していたところ、品種改良によって新しい種ができたことで、以前より簡単に味が凝縮した甘いトマトが収穫できるようになる、ということです。酒の造り手も、麴菌が働きやすいように、温度や湿度など、生育状況によって細かく環境を変えたり、技術的な観点から実現をはかっていたわけだけど、それには限界があるんです。それが種麴屋さんが開発した麴菌によって、甘くて軽快な美味しい酒ができやすくなったんです。

——どんな種麴なんですか？

廣木　専門的にいうと、甘さの元になるグルコアミラーゼの出るタイプの種麴です。立地条件などによって、硬くてシャープな酒になりやすい蔵癖《くらぐせ》を持つ酒蔵の場合、特にこのタイプは恩恵があるように思います。また例に出しますが「寫樂」は、もともと綺麗な酒質だけど、シャープすぎる味になりがちだったところに、グルコアミラーゼの出る麹菌を使うことで、綺麗な酒質はそのままに、ふんわりとした甘さが加わった。甘いけど、かるーく引いていく甘さです。ただし、これを使うと、黒粕《くろかす》が出てしまう危険性があるところ、宮森君は黒粕が出るのを厭《いと》わずにチャレンジしたことで、成功したんだと思います。

――「寫樂」の酒蔵を見学させてもらったときに、確かに酒粕に黒いポツポツがありました。

廣木　酒を搾ったあとにできる粕は通常、板粕として食品店などで販売したり、漬物店に売ったりします。ところが、粕が黒くなると見た目が悪いために売り先がなくなり、産廃業者にお金を払って引き取ってもらわなくてはならないので、酒蔵は黒粕の出ない麹菌を要望するんです。

――廣木さんが使っている麹菌は？

廣木　去年までは大吟醸用という最もオーソドックスなもの1種だけでしたが、少しモデルチェンジを考えて、今年からグルコアミラーゼの出るタイプを、ちょっとずつ、おそるおそる混ぜながら使っています。なぜ、おそるおそるか、というと、誰も僕の酒に、過度な甘さを期待していないし、黒粕も出したくないからです。ただ、造り手として自分の立ち位置に関わることなのですが、「仙台日本酒サミット」や「SAKE COMPETITION」など、市販酒のコンテストで、きちんとした結果を出すためには、もう少し甘さが必要なのではないかと考えたんです。

――市場が甘みを求めている、という意識があるということですね。

廣木　はい。前から感じてきたことですが、今年一年、甘さについても目を向けてみようという結論を出したんです。甘さを出す方法のひとつとして、少しずつ新しい麹菌を混ぜながら麹をつくって、黒粕の出方も確かめているところです。いま全体の2割ぐらい入っている感じかな。

――2割というのは商品全体の2割、という意味ですか?

廣木　いいえ、総量で2割という意味です。留麹《とめこうじ》の一部に入れるところから始めて、酵母との組み合わせを替えながら、次回は留麹は全部この麹菌にしてみようかとか試したりしています。

――廣木さんは、搾ったお酒をブレンドして出荷するから、試してみることができるんですね。

廣木　そうなんです。たとえば柱になっている特別純米は、ブレンドする一方の酒の留麹の4分の1には新しい麹菌が入っていて、もう一方は従来のまま、といったように、いろいろ試しています。

――基幹商品の特別純米から麹菌を替えてみたのですか?

廣木　いいえ、さすがにそれは怖くてできなくて、新しい麹菌は「かすみ酒」で試してみたんです。春先だけに販売する、いわば目の前をさっと通り過ぎていく酒だから、チャレンジできると思って(笑)。すると、思った以上に綺麗な甘みが出たんです。このときは、主に黒粕が出ないか確かめることをメインに試してみたんですが、結果、黒粕は出なくて、甘さも良かった。特別純米では、もっと慎重で、総量でいうと5%ぐらいから始めました。純米吟醸の黒ラベルの留麹には、全部、新しい麹菌を使ってみました。うまくいくかどうかは、米との組み合わせもあるんですよ。

――黒ラベルは、麹米は山田錦で、確か掛米《かけまい》は喜多方産の有機栽培の五百万石ですね。

廣木　そうです。五百万石みたいに硬くて、綺麗な酒になりがちな米の場合は、甘さが出る麹菌を使うことで苦渋《にがしぶ》を抑えられて、うまくマッチングするなと思ったんです。ところが山田錦では、酒が思ったより甘くなってしまって。いま試飲したところでは、山田錦には、ちょっと新しい麹菌を使いすぎたかなという感じも持っているんです。でも酒は、蔵の中で飲んで最終判断するものではありません。出荷したあとには、出した月によって、どの仕込み配合にした酒かわかるので、居酒屋などで飲んで確かめることができる。今年は1年間、特に甘さに留意しながら、自分の酒を追いかけてみようかなと思っているんです。さらに、コンテストの評価を見たり、お客さんの声を受け取りながら、来年の酒造りに生かしていこうと思っているところなんです。

――評価も高く、人気もあるのに、甘さを変える必要があるのでしょうか？

廣木　さきほど「甘みは人間が根源的に求める味」と言ってましたが、人間、「甘みには弱い」ということは間違いありません。日本酒の味わいは、甘みだけではなく、香りや酸などほかのいろいろな要素とのバランスで構成されているわけですが、甘さが求められていることが見えているなら、一度はやってみようかと考えたんです。僕がそれを無視するというのは、ひとりよがりになってしまうような怖さがある。味は、意識すればある程度は変えられるものです。変わらないのは、進歩がないことでもあります。ただ、いままでの自分の味を愛してくれている人がたくさんいる。それに駆け出しの若い蔵元ではなく、ある程度長くやってきた者にとっては、ぱっとは変えられないということもある。そのせめぎ合いの中で、新しい麹菌を少し混ぜたりしているんです。こういったことは甘さに限らず、酸に関しても同じだし、毎年、繰り返してきたことですが、今年は、特に甘さに対して意識を持ちながら、酒を造っているということです。

――意識して変えていくからこそ、これだけは変えられないということも見えてくるのかもしれませんね。トレンドという意味では、低アルコールは意識しないのでしょうか。原酒で15度という日本酒が出てきていますよね。

廣木　特に低アルの酒を造ろうと強く意識しているということはありません。ただ同じ味わいが出せるのであれば、少しでも低く、たとえば16・5度の酒を、16・2度で出したいなというのはあります。飛露喜も最初の無濾過生原酒の出し始めは17・8度もありましたが、今年は無濾過生原酒でも16度台の中盤にまで下がっています。それは設計図に描いて下げていったということではありません。自分が歳をとってきたということもあると思いますが、17度台後半の原酒はちょっと濃すぎるなあ、量が飲めないなあ、ということが繰り返されているうちに、自然にいまの度数になってきたということで、積極的に設計図を描きかえたということではないんです。

――低アルコールのお酒を造ろうとする蔵元が増えているのは、なぜだと思いますか？　ワインを意識しているということなんでしょうか。

廣木　ワインも意識してるでしょうね。それだけではなく、高いアルコールの酒を飲みすぎると身体に良くない、酔っ払いをなんとかしたいという気持ちもどこかである。造り手としてはやはり、気になるところです。アルコール度数を下げるのは、人間の身体に対して、負担のない飲料でありたいと思うからでしょう。そう考えると、16度台でも長く飲み続けるにはキツイですよね。ワイングラスで冷酒で飲む場合は、ごくっと一口で飲む量からいって、ワインの度数ぐらいがちょうどいいという感じは僕にもあります。だから、低アルできちんとしたものを狙おうという気持ちは、造り手としてはわかるなあ。ただ、いま現在、めざす味わいを実現できるのが、いまの「飛露喜」の度数であって、無理に下げようとは思っていません。

「飛露喜」銘柄のデビューは1999年。代々「泉川」銘柄で地元向けに販売する酒蔵だったが、32歳の若い蔵元杜氏が造った「飛露喜」特別純米無濾過生原酒は、強いインパクトを与えた。蔵元杜氏というあり方に注目が集まったのが、その5年前。彗星のように現れた若い「十四代」の髙木顕統《あきつな》さんによって、日本酒界は活性化し、市場は次のスターを渇望していた。そのなかで「飛露喜」の溌剌とした味わいは、それまで日本酒に縁がなかった人も虜にし、結果、「飛露喜」は〝ポスト十四代〟というキャッチフレーズで呼ばれることとなる。

私が初めて飲んだのは、デビューした99年の秋。「小山商店」の店主、小山喜八さんに試飲会「多摩独酌会」で1位になった酒だと薦められ、ヴィヴィッドな味わいに新鮮な驚きを覚えた。

「表現したい味」を実現する技術——米と水

——16年前、初めて造った酒に対して、「小山商店」店主の小山喜八さんから「もっと廣木さんを表現してください」と言われて思い浮かべたのが、シャブリの特級畑レ・クロの味だったと言ってましたね。その意味を改めてお聞きしたいのですが。

廣木　酒造りを始めたころは新潟酒が全盛の時代でしたから、品質の高い酒をめざす意味で、新潟酒のような淡麗辛口を目標に置いたんです。でも、「僕を表現しろ」と言われて、なぜシャブリのレ・クロを念頭に置いたのかというと、シャブリは、どちらかというとシャープな味で、濃いという印象ではないのに、レ・クロは味わいが深くてびっくりした経験があったんです。日本酒だって、淡麗辛口なものではなく、深みがあって、濃縮された密度のあるものが、素晴らしいのではないかと、考えるようになったんです。

――造った無濾過生原酒は、飲み手の心を捉えました。確か山廃仕込みで、米は麹米が五百万石で、掛米は一般米のタカネミノリでした。

廣木　よく覚えていますね。当時、ラベルは母が毛筆で書いて、酒造組合に置いてあるコピー機で複写して貼りました。現在では、山廃ではなく速醸で、麹は山田錦、掛米は地元、会津坂下産の五百万石になっています。

――あの特別純米酒は、日本酒の潮流を変えたひとつの転換点になったのではないでしょうか。

廣木　もしかしたら僕の無濾過生原酒も、少しは影響したかもしれませんが、味の流れを変えたのは、その前の「十四代」のデビューが大きいと思います。ただ、そのころから、味の出た濃い酒が、どんどん市場に出てくるようになってきたのは確かで、時代は淡麗辛口から濃醇な酒へと変化していきました。そうなると製造技術が低くて、味だけが出てしまった汚い酒がまかり通るようになってきました。僕も決して技術が高くなかったけれど、単に味が出てしまった酒は、嫌だなと感じるようになってきたんです。そこで自分の技術を上げようと思って、いろいろ試行錯誤していくうちに、結果的に酒は綺麗になっていきました。

――技術が上がると酒がすっきりと綺麗になる、という例は、ほかの蔵でもよくあることです。なぜそうなるのでしょうか。雑なものが入らなくなる、という単純なことなのでしょうか？

廣木　昔の酒は、米を溶かして、いろんな成分を出すだけ出して、そこにアルコールをたくさん添加して薄めて、糖類などを加えてちょうどいい塩梅にしましょう、という造り方でした。ですが、現代の技術を駆使して造れば、アルコールを添加しない純米造りでも、間違いなく、酒は綺麗になるんです。

――廣木さんの言う綺麗な酒とは、水のようなあっさりとしたお酒ですか？

廣木　綺麗な酒と水っぽい酒は、似ているようでまったく違っていると考えています。米が溶けるか、溶けないか、という観点でざっくりと説明すると、綺麗な味は、もろみで米が溶けていないことからくるものです。そこで、綺麗な味にするためには、もろみで溶けないような蒸し米に仕上げる技術が必要ですが、そうかといって、米に芯が残ったような〝生蒸《なまふ》け〟は最悪です。なぜ良くないかというと、デンプンがちゃんと糖化していないわけだから、ブドウ糖も出ない。

――ちゃんと発酵しない。酒の味にならないんですね。

廣木　そうです。だから生蒸けは論外。そこで、蒸す前に、米を洗ってから、水に浸けて吸わせる工程では、適量の水を吸わせることが必要なわけです。ところが、その見極めが難しい。経験不足だと、生蒸けを恐れるあまり、吸水過多になることが多いんです。特に、大量の米を一度に処理した場合、上の米でちょうどいい水分量だと思っても、下の米は長く浸かっているために水分が過多になり、結果、溶けやすい米になってしまう。

――そうなると、米が溶けすぎたことによる味の出すぎた、くどくて、汚いお酒になる。

廣木　理論的にはそうです。経験を重ねて技術が上がってくると、これまでのデータの蓄積があるので、米を10キロなど少量ずつに分けて手で洗いながら、そのたびごとに米が水をどの程度吸っているかを目で確かめたり、重さを量って吸水率を確かめたりしながら、狙った通りジャストの吸水で収めることができる。その結果、米が溶けすぎない、綺麗な味の酒ができるんです。

麹造りのアプローチ

――なるほど、洗米、吸水は酒造りのスタートですから、味の方向を決める意味でも大切な工程なのでしょう。では、麹の造り方の技術ではいかがでしょうか。「一麹、二酛《もと》、三造り」と言うぐらい麹は大切なものだと言われます。

廣木　麹でいうと、ラフに造れば、どうしても米は溶けるほう、味が出るほうにいく。丁寧に温度や湿度を見極めながら、溶けすぎないよう、限界ギリギリのエリアを狙って麹を造れば、米が溶けすぎないほうにいくんです。ただし、下手をすると薄っぺらになってしまう。綺麗に造るのは技術が必要ですが、薄い酒を造るのは簡単なんです。ほどよく味が出るような麹を造るのは難しいけど、汚い味は簡単に出てしまう。

――水のような薄い酒と綺麗な酒は違う、汚い酒と味の出た酒は違う、ということですね。

廣木　そうです。ただし、その差はわずかです。僕を含めて、多くの造り手は、透明感はありながら、ほどよく味の出た酒を狙いたいのですが、そこをめざすには高い技術が必要で、狭い山の尾根を歩いているようなものなんです。右に転べば薄い、左に転べば汚い。ちょっと間違えたら崖下に転がり落ちてしまいます。

――具体的には、どんな麹なんでしょう。

廣木　専門的にいうと、麹には大きく分けて、菌の胞子が米全体に回って、菌糸が中にも食い込んだ「総はぜ」と、中心に向かって食い込んだ「突きはぜ」があります。総はぜの麹は、酒に味が出やすく、突きはぜの麹にすると綺麗になる傾向にあります。

――大吟醸酒を造るには、突きはぜが良いという話をよく聞きます。

廣木　大吟醸酒は綺麗な味の代表的な存在ですし、突きはぜ麹を求められるんです。技術のうえでも、突きはぜのほうが難しくて、高い技術を要求される。突きはぜができる人は総はぜもできるんです。だから酒造りをする人間は、突きはぜ麹を造ってみたいんですよ。

――技術の証明、ということですか。

廣木　技術者の性《さが》、でしょうね。

――では、最初に廣木さんがめざしたのは、綺麗な酒であり、突きはぜ麹なんですね。

廣木　はい。上質な酒をめざそうと突きはぜを狙っていました。ちゃんとした麹になっていたかは、今では確かめられませんが、綺麗な酒というより、薄っぺらい平板な酒で、まわりの人がみれば、新潟酒を意識した、まるでなってない美味しくない酒になっていたんだと思います。「小山商店」の小山喜八さんが、「もっと廣木さんを表現してください」とアドバイスしてくれて、シャブリのレ・クロの味わいをイメージした瞬間から、麹は総はぜ中心でいこうと決めました。こうして自分なりに、ひとつ麹の造り方を会得《えとく》したら、その次の段階には、突きはぜだと。

――突きはぜができないから総はぜを造っているのではない、技術者としてはやっぱり上をめざすべきだ、と（笑）。

廣木　味の面もありますが、このままでは技術者としてはレベルが低い、麹造りの技術を磨くうえで、突きはぜを究めるべきだという気持ちが、湧き上がってきて、仕込むタンクのうちの何本かは、試してみるようになりました。

――突きはぜ麹を志向したのはいつごろのことですか。

廣木　無濾過生原酒がきちんと売れるようになってからなので、3年目ぐらいでしょうか。そのころになると、僕より年下の造り手も参入してきて、この味は経験がなくても誰でも造れる味なのではないかと考えるようになってきたんです。実際、僕の無濾過生原酒のあの味は、造り始めて1年目、2年目の技術のない僕もできたわけですから。

――いまの廣木さんの麹のイメージは？

廣木　総はぜではないけど、吟醸麹としては、少しはぜ回りが多いほう――ロマンがない言い方だけど。そんな感じだと思います。ただ、麹だけが酒の味を決めるわけではなくて、酵母の特性もあるし、仕込み水の質の違いも大きくて、米が溶けやすい水、溶けにくい水によって、同じ麹でもできる酒は大きく違ってくるはずです。また、仕込みのときのもろみの発酵温度の設定を、超低温でもっていけば、あまり味の出ない綺麗な酒になる。そんなふうに、いろんなからみあいで、お酒の味は決まるわけだけれど、総じて、突きはぜ麴では、酒の味が綺麗になって、総はぜは味が出るというのは、ほかの要因を一定にすれば、間違いなく言えることでしょう。僕は総はぜによる、濃い味を造ってから、徐々に不要なものをそぎ落としながら、というアプローチをとってきました。

——技術を上げようと、突きはぜ麴にも挑戦していくうちに、味が綺麗に、洗練されていった、ということですね。

廣木　洗練、と評価してくれるのは、嬉しいですね。この16年、少しでも早く、もっと高いところに到達させるべきだ、人が真似できないエリアをめざさなくてはならないという思いを抱きながら造り続けてきました。そうやって技術を上げ、経験を積んでいくことで、酒の味も変わってきたということでしょう。いま、ようやく、綺麗で透明感があって、味わいも深い……という僕のめざす理想の味に近づきつつあるように思います。

——若い造り手が年を経て酒が綺麗になる、という例が多いのは、廣木さんと同じようなアプローチをたどることが多いからなんですね。

廣木　そうだと思います。ただ、この何年かは違うかもしれない。僕が造り始めたころより技術はオープンになってますし、酵母や種麴の研究も進んでいますから。いまでは薄いほうに傾くことを厭わずに綺麗な酒を造っておいて、麴菌を利用して甘さを付け加えるという製法も確立されつつあるのかもしれません。

蔵元杜氏ならではのスピード感

——去年のインタビューでは、主流、本流にモダンを加えたのが僕のテイストだと答えていましたね。

廣木　徐々に技術が上がって、狙った味が出せるようになると、造り手としてはどこへ向かうべきかと考えるようになったんです。人生観にも通じることですが。出した答えは、若い造り手からも年配の蔵元からも、ひとつの尺度にされるような酒を造りたい、ということです。造り手としての立ち位置でいうと、めざすのは、その時代の真ん中。モダンではあっても、「新政《あらまさ》」の佐藤祐輔さんみたいな革命家ではない。といって、昔ながらの味にあぐらをかいているだけではないという。

——味の意味ではいかがですか？

廣木　味の面でも、めざすのは、ど真ん中です。特に酸が際立っているわけでもなく、甘さでも、味の濃さでも、綺麗さでも、突出した個性を持った魅力的な酒が、たくさんたくさんある中で、自分はその一番の真ん中にいる。それは現代酒質の中で、最もバランスのとれた味わいということです。僕は、その位置に、自分の酒を置きたいんです。

——今年、甘さに注目したのは、真ん中が変わってきているということなんですね。

廣木　そうです。軸が前より甘いほうにずれてきたことを感じたから、少し自分の酒も甘さの微調整が必要だと思ったんです。母の言葉もあるかな。一緒に飯を食いながら、「少し綺麗になりすぎているね」「硬いんじゃない、シャープなんじゃない」と、ここ2〜3年、たびたび言われるもんで、そうかなと思って。それで酸は変えずに、甘さだけを少し出すことで柔らかさが出るかもしれないと思うようになったこともあるんです。

――中心であろうとするためには、常に世の中の嗜好にアンテナを張っていなくてはなりません。

廣木　そうですね、常に意識しなければならないし、蔵の外に出て、ほかの酒を飲まないと、絶対にわからないことです。それは蔵元の大事な仕事だと思っています。

――飲み手は浮気性です。流行を追いかけるのは大変です。

廣木　それでは翻弄されるだけです。理想の味の設計図は持っていないといけない。常に味に関する感度は高くありながらも、自分の思いを強く持ち続けるべきだと思っています。

――変化のスピードは、ますます加速しているように感じます。

廣木　その変化のスピードについていく意味で、蔵元杜氏は有利だと思います。専門杜氏より、外に出て人に会う機会が多いので、変化を知ることができます。飲食店で出される料理を食べたり、日本酒に限らず、ワインをはじめとしたほかの酒類を飲んだり、料理人や酒販店主、消費者などの意見を聞いたりして、入ってきた情報をもとに、自分の酒の設計図を練り直すことができる。それがいま、蔵元杜氏の造る酒が、専門杜氏の酒を凌駕しつつある要因のひとつではないかと捉えています。

――豊富な情報をもとにした変化への対応力ということですね。

廣木　雇われ杜氏であっても、経営者と理想を共有できたり、お互いの意識が近いところにあれば、これほど強力なタッグはないでしょう。一人でやることを2人で分担してやれたら最高でしようね。ただ育った環境も違うでしょうし、相当ウマが合う者同士でないと、難しいと思いますけど。

――「醸《かも》し人《びと》九平次《くへいじ》」の萬乗《ばんじょう》醸造では、蔵元の久野九平治さんと、杜氏の佐藤彰洋さんは名コンビのように見えます。

廣木　最高にうまくいった例でしょう。ただ、ほかでは、なかなか……。十四代は、やはり高木顕統が造る酒だし、飛露喜は僕。作業するのはほかの人間でも、挙がる名前は一人、ということになる。

――新しい設備を入れるとか、米や麹菌、酵母などの原料を変えるということでも、蔵元杜氏は経営者だから、すぐに判断できることも有利でしょう。

廣木　思い描く酒を造るために設備は重要で、蔵元なら自己責任で思った通りにできます。

――私が初めて蔵にお伺いしたのは2000年の冬でした。それから何度か来ていますが、佇まいは変わっていませんね。

廣木　建物自体は、まったく変わっていない、前のままの古さだけど、設備はだいぶ変えました。では、洗米から見てもらいましょうか。

――相変わらず、タイマーがずらりと並んでいます。精密に時間を計って、米に水を吸わせる限定吸水をしているんですね。

廣木　4月に造るのは特別純米で、今日、洗っているのは、特別純米の掛米に使う五百万石です。仕込み122本のうち、約60本が特別純米で、大ざっぱにいうと、造り始めの9月ごろから特別純米を造って、最も寒い時期に純米吟醸や純米大吟醸など、米を磨いた高級酒を造って、春にまた特別純米を造る、というやり方です。

――デビュー作の特別純米が、「飛露喜」全体の半分を占めているのですね。

廣木　基幹商品として大切にしていますし、長い期間に、数多くのタンクで仕込むので、チャレンジもできるんです。たとえば雄町《おまち》を使った純米吟醸は、タンク1~2本しか仕込まないので、その年の米の特徴がわからないまま終わってしまうことがあって、冒険ができないけれど、特別純米は何本も仕込むから、ギリギリのエリアまで挑戦できる。どんな挑戦をしているか吸水で説明しましょう。このノートを見てください。

――うわあ、びっしり書き込んであります。「3月29日　仕込み94号　掛米　五百万石　28・5%」とありますが、4月2日のページでは、29・5%になっています。

廣木　五百万石の重量に対して28・5%の水を吸わせてみたけど、もろみの段階で、米が溶けない、このままでは酒の味がシャープになりすぎるぞと判断して、数日ごとに吸水率を0・5%ずつ増やしていって、4月2日には29・5%にしてみたという意味です。

――4月7日には31%になっています。

廣木　それでも溶けなかったので、仕込み94号から99号までの間に、0・5%ずつ水分を増やして、4月7日には31%にしてみたんです。よし、このままでいいなと判断して、しばらく31%でいったけど、今度はだんだん気候が暖かくなってきて、水温も上がってきた。たとえば3月29日の水温は7・4℃だけど、4月11日は9・1℃。10日余りで2℃近くの差がある。これだと溶けすぎてしまうと判断して、今度は少しずつ吸水率を下げるようにしたんです。

――ただ、お酒としてどうなるか。結果は、かなりあとにならないとわからないですよね。

廣木　もろみを濾過した液体を分析すれば数値も見えるし、官能検査で味もわかる。そこで吸水目標を変えたり、発酵は±0まで攻めるぞとか、修正できる。たとえ失敗しても、狙ったところを攻めながら、ブレ幅をだんだん調整していくというやり方です。調整する、なんて言うと、ロマンがないかもしれませんが。

――完成度を上げることができるのは、最終的にブレンドするからでしょう。酵母も、できたお酒をブレンドするというやり方なのですか?

小分けして丁寧に洗った米は、小数点以下の値まで吸水率を計算して、秒単位で浸漬する。

廣木　特別純米の場合は、9号系と10号系の酵母をタンク2本ずつ同時に仕込んで、できた酒をブレンドするというやり方で、これは3年目ぐらいからやっています。

――なぜブレンドするのでしょうか?

廣木　10号系は、しなやかで繊細で、酸が穏やかで、すーっとした素直な酒になる。香りや味は、すごく好きなんです。ただ、発酵力が弱いので、僕がめざす味を実現するために、ギリギリの低温で仕込むと、もろみの発酵が止まってしまうこともある。それで発酵力が強い9号系酵母を併用しています。9号系は、10号系に比べると、少し酸の張り出しもありますし、バナナのような酢酸イソアミル系の香りを持つ酒になります。

――いわば、いいとこどりですね。2種類の酵母をブレンドして仕込む方法ではなく、なぜできたお酒のブレンドなのでしょうか？

廣木　酵母は生き物です。ほんのちょっとした温度の差で、育ち方や、米の溶け方が微妙に異なってくる。それぞれ純粋培養して酒を造って、最後にブレンドしたほうが、再現性は高いと判断したんです。定番酒であるがゆえにそうしたいと考えたんです。また、違う酵母を使うと、同時に仕込んでも育ち方が違うので、搾るタイミングが重ならず、酒袋を洗ったり、メンテナンスをする時間が取れるメリットもあります。再現性とか、効率なんてことばかり言うと、ロマンがないですよね。

――ロマンだけでは、美味しいお酒は造れないでしょう。同時進行で、さまざまな作業が続く酒蔵では、効率の良い工程計画を立てることこそ、現場の責任者である杜氏の大事な仕事であり、実は上質な酒造りに大切なことなのかもしれません。

酒造りの「ロマン」とは

――麹室《こうじむろ》は、初めて訪れた年には狭く感じましたが、1・5倍ほどに広がりましたね。

廣木　それでも決して広くはありませんが、いま麹室は2部屋あって、入り口に近い前の室には、大きな箱みたいなものを置いてあります。

――同じものを「而今」の麹室でも見ました。

廣木　奥の室にも、別のタイプの麹を育成する箱を置いているのですが、この2つの箱があることで、麹室が4部屋あるのと同じことになるんです。僕は、平均すると51時間ほどかけて麹を育成していますが、味の幅を出したい酒の場合は、60時間近く麹室に麹を入れておける環境をつくりたいのです。でも限られたスペースで、麹室をもうひとつ造るのはどうしても無理なんです。そこで、たどりついたのが、この2つの箱です。箱を設置することで、麹が育つために、理想の温度を保てる環境が整いました。

――前の室の箱は、床の上で麹を毛布でくるむ代わりになると「而今」で聞きましたが、なにが良いのでしょうか？

廣木　毛布の場合は、米を大きな固まりにして積み上げたのを包んで保温するのですが、米が乾いてガチガチに固まるので、スコップのような道具でほぐす作業をするため、どうしても下のほうの米はつぶれてしまいます。箱の場合は、薄く広げることができる。米をふわっとした状態で置いておけるので、固まらないし、米もつぶれない。すごくいいんですよ。また、箱の中ということは、狭い空間だから品温のコントロールも容易なんです。品温コントロールが楽だということは、いろんな挑戦ができるということになります。

――理想の味を実現するための道具、ということですね。

廣木　単なる箱ですが、優れものです。奥の室に行きましょう。

――もうひとつの箱ですね。

廣木　これはハクヨーの吟醸製麹《せいきく》機というもので、２００２年の造りから使っています。麹箱で造るように、麹をごく薄く盛ることができますし、夜中に、麹の手入れ仕事をしなくてよいことが、良いところです。

――辛い仕事をするから、美味しいお酒ができるというわけではない。ちゃんと夜は睡眠をとれて、朝から気持ちよく仕事にかかれるほうがいい。

廣木　そう、ロマンがないけどね（笑）。

――ほかの酒蔵で、製麹機を写真に撮らないでほしいと言われたこともあります。飲み手に誤解されたくない、ロマンを壊したくない気持ちもわかります。

廣木　でも隠すものでもないと思います。

――そこが廣木さんの潔さです。機械任せの全自動の酒造りとはまったく違う、ということを、ここで声を大にして言いたいと思います。

廣木　ここが仕込み蔵です。

――15年前は、サーマルタンク（タンクのまわりに、液体やガスなどの冷媒を通す設備が施され、精密に温度コントロールできるタンク。新洋技研工業の登録商標）は1本もなかったように

記憶していますが、ずらりと並んでいますね。

廣木　はい。仕込み蔵は、部屋全体を冷却しているうえに、サーマルタンクが16本と、タンクのまわりに水が回るようになっているクーリングマットをつけたタンクが4本です。サーマルタンクは貯蔵用にも使うので、全部で32本あります。

――最近、貯蔵するタンクもサーマルにする例が増えていますね。

廣木　搾ってから澱引《おりび》きまでの間、酒を一時的に置くタンクは、これまで常温のタンクだったのですが、今年の造りからサーマルタンクに替えたことで、搾ったあとの酒も温度コントロールできるようになったんです。たとえば搾った酒を試飲して、ちょっと甘いと感じたら、ぐっと設定温度を下げれば、過熟して甘さが出すぎるのを抑えることができる。生酒の間に、甘さ方向に振れることを心配しなくてよくなったんです。今年、甘さに対して攻めようと決断できたのは、この設備を入れたことも大きい。純米吟醸などは、サーマルタンクで貯蔵するのではなく、瓶で貯蔵していますので、別に大型の冷蔵庫があります。

――これは、と思うお酒を造る酒蔵に行くと、かなら

仕込み蔵には、精妙に温度管理できるサーマルタンクが並んでいる。

ず広い冷蔵庫があります。

廣木　昔といまと、なにが日本酒を大きく変えたか、というと、できた酒を冷蔵貯蔵することになったということだと思います。

――搾りは、槽《ふね》を使っているのですね。

廣木　2台あるので、ベストタイミングで搾れます。

――ヤブタ（フィルター式の自動圧搾機）ではなく、なぜ槽を使うのでしょう？

廣木　槽の良さは搾ったときに滓がからむところ。搾った酒を利いてみて、薄いなと思ったら、ワインでいう「シュール・リー」みたいに、酒に少し滓をからめておくと、味の乗りがよくなるんです。搾ったあとでも、再調整できることがあれば、全力を尽くしたい。薄いと思ったら、滓をからめたり、火入れする前の温度をわずかに上げて、酒の味の乗りをよくするといったように。ギリギリまで味の変化をコントロールすることが非常に重要だと思っているんです。それを邪道と言う人もいるかもしれないけど、僕は邪道ではないと思います。

――調整とはいっても、普通酒のように、大量のアルコールを添加したり、糖類や酸味料を加えて調整することとは、大きく違うように思います。

廣木　ワインでいう「アッサンブラージュ」に近いと捉えています。

――槽は、でき上がった酒質を見て最終的な調整をするために、使いやすいということですね。

廣木　はい。ただヤブタのほうがいいところもあります。空気に触れる時間が短いから、酒が酸化しにくい。泡をからめた酒を造る場合も、ヤブタのほうが簡単です。槽は、ガスは抜けてしまうので、泡をからめた酒はできないんです。ただ、本気でやろうと思えば、槽を置く部屋の温度をぐっと下げておいたりすればいい。炭酸ガスは温度が低いほうが溶け込みやすいんです。

——いま発泡タイプの日本酒も人気がありますが、廣木さんは造らない、ということですか。

廣木　いまは造るつもりはありません。結局は造り手が、なにを好きか、ということでしょう？僕はガス気も好きだけど、今まで培った歴史とか、ブランドとして認知されていることから外れたことはしたくないんです。もちろん、変わることを怖がることもないですよ。でも、いまあえて積極的になにかを変えていく必要もないと思う。そういう年齢になってきたとも思います。といって老成するつもりもない。微妙な年齢なんですが（笑）。

——火入れ（加熱して殺菌すること）についてはいかがでしょうか？

廣木　プレートで急冷するタイプです。良さは、決めたらすぐに火入れができること。フレキシブルに対応できるので、瓶詰めまでのロスタイムがなく、酒の酸化を防ぐことができます。

——火入れは、生酒を殺菌するのと同時に、良い状態で固定する効果もありますよね。だからこそタイミングが大切ということはわかりますが、生酒を瓶に詰めて、瓶ごと加熱殺菌する「瓶燗《びんかん》火入れ」が究極だ、みたいな考えが、素人にはありますが……。

廣木　瓶燗火入れは、香りを閉じ込めるには有利です。でも、僕は香りを追いかけないなら、瓶燗火入れではなくてもいいと考えています。ロマンがないかな（笑）。

——今日、何回目の「ロマンがないかな」でしょうね（笑）。理想を追求するために、手段を選

ぶのも、ロマンなんじゃないですか?

酒好きは、徹底した手作業とか、搾ってそのまま手を加えない、といった姿勢にロマンを感じるものだ。そういった物語を聞けば、酒好きとしては確かにオイシソウな気がする。だが、廣木さんのように、確かな酒質設計のもとに、手作業の良さを十分に生かしながら、現代の技術を取り入れ、完成度を上げようとする姿勢を、人為的な酒造りと切り捨てるべきものではないと思う。実際にできた酒は、ブレのない美味しさで、ファンの信頼を得ているのだから。

さまざまなアプローチが可能になった、日本酒文化の「成熟」

——いま日本酒人気が盛り上がっていますが、出回っているお酒の水準が上がったことが大きいのではないかと思います。先頭を走ってきた廣木さんは、どう考えていますか。

廣木　老ね香《ひか》のある酒が減ったことが、最も大きな前進なのではないでしょうか。日本酒離れの最も大きな要因は、老ね香だったわけだから。

——老ね香を、廣木さんはどう定義しますか?

廣木　管理の悪さによる劣化臭、と言えばいいでしょうか。欲しくて得た香りじゃなくて、結果としてついてしまったにおい。それが、ネガティブ評価を受けたということでしょう。とはいえ、香りに対する捉え方は人それぞれで、僕が老ね香だとするものが熟成による香りだと好意的にとられることもあると思います。

――老ね香の捉え方は、造り手も飲み手も、人によってさまざまです。私見ですが、関西人は、少し過熟気味で、しっかりと味の出た、やや熟成香のあるお酒をプラス評価するように感じています。それに対して老ね香を抑えた山形や宮城をはじめとした東北のお酒のことを、薄辛い、味が硬すぎると評することが多いように思います。

廣木　そういう傾向はあるかもしれません。

――昔は、蔵に冷蔵庫は設置されていませんでしたし、酸化熟成香があるほうが、本来の日本酒の風味だったのかもしれません。そういったお酒は、燗にすると映える場合も多いですし。

廣木　本来の日本酒の味……。そうですね、熟成香というのは穀物由来のものですし、もしかすると、本来の日本酒は、紹興酒に近い香りだったのかもしれません。

――紹興酒も麹を使った米の醸造酒です。

廣木　あの独特の風味は酸化熟成によるものです。冷蔵保存した日本酒でも、10年、20年とおけば、わずかに熟成したニュアンスは出てきますし、老ねてきます。その意味では、冷蔵保存によって、熟成香のかけらもない酒は、本来の姿ではないとも言えるかもしれませんね。ただ、あのにおいを嫌う人が多かったのは、確かであって……。

――管理の悪いお酒を燗にしたときの、ツーンとくるあのにおい……私もあれは苦手でした。それでも日本酒嫌いにはなりませんでしたが(笑)。劣化したにおいや酸化臭のひどい日本酒が減ってきたのは、酒蔵の努力はもちろんですが、クール宅配便ができたり、意識の高い酒販店には冷蔵庫

が完備されるようになって、私たち消費者は、管理の行き届いたお酒を飲めるようになりました。

廣木　いまでは酸化熟成したにおいのある日本酒のほうが珍しいんじゃないかな。洗練されてきていることは確かだし、周辺技術が進化していることも確かです。

――いろんなタイプの美味しい日本酒が飲める現代。飲み手にとっても、選択肢が幅広いのは幸せなことです。

廣木　僕らは、これまでのどの時代よりも間違いなく幅広い美味しさを享受できていると思いますよ。僕の個人的な意見として言うんだけど、竹鶴のような志向の酒が出てきたのは、現代の技術を駆使した酒が洗練されすぎたからではないでしょうか。飲む酒、飲む酒、味が綺麗で、フルーティで、冷やして旨い酒ばかりが多くなったことから、俺はこんなのは嫌だ、というアンチテーゼなのではないか。そうだとしたら、冷蔵管理された綺麗な酒がなかったら、もしかしたら竹鶴の石川杜氏は、ああいった酒を造ってなかったかもしれない、なんて考えたりしているんです。

――竹鶴は、熟成感のある堂々とした味わいで、燗にすると映えるお酒として多くのファンがいますし、最近は自然派ワイン好きにも支持されています。確かに、廣木さんがめざすような〝綺麗〟で、冷やして美味しいタイプとは方向性は違いますが、確固とした思想を基に、確かな技術で醸した現代を代表する名酒のひとつでしょう。そんな風に、飲めるお酒がどれも上質で、しかも多彩であることは、世界において日本酒を語るうえでも強みになります。

廣木　民族が持つ固有の酒として世界にアピールできます。それは歴史的に見ても、製法的に見ても、日本酒が進化しているという表れなのではないでしょうか。多様なタイプの酒があって、それを我々造り手も、飲み手のお客さんも、受け入れる土壌を持ったということが、進化だと思うんです。なかには受け入れられない人も、対立する人もいるかもしれないけど、現に存在しているし、酒蔵が成り立っている。これは紛れもない進化ですよ。

——文化が根付き、成熟しているということでしょう。

廣木　しかも、それぞれの酒が「できちゃった酒」ではなく、意図して造りながら、多彩である。それが現代の日本酒だと思うんです。

めざす酒質。理想の酒造り

——改めて、話題になった日本酒をキーワードで追ってみましょうか。1985年ごろは「大吟醸酒」ブームでした。廣木さんが家業を継いだ20年ほど前は、「淡麗辛口」がキーワードでしたね。1994年の「十四代」の登場で「蔵元杜氏」が話題になり、「飛露喜」の登場をきっかけとした「無濾過生原酒」。ここ数年では、すべてを純米造りにする蔵が増えていますので、「全量純米」……といったところでしょうか。味わいでは、今日、何度も話題に出た「甘《あま》」。そして「酸」もありますね。蔵元がめざす味や価値観も、変わってきていると思いますか？

廣木　僕の場合、家業に戻ったときは廃業寸前でしたから、どんな味をめざすかという以前に、経営をなんとかしなければと切迫したところからスタートしています。だから、今でも売れる酒とはなにか、という視点を捨てられません。理想の味を究める努力も誰にも負けないつもりですが、僕の酒は市場に受け入れられるのか、お客さんは美味しそうに飲んでくれているのかと、人の評価がどこかで常に気になってしまうんです。ところが、最近は、お客さんのことは気にしないで、造りたい酒を造る蔵元もいますよね。また例に出しますが、新政の佐藤祐輔さんは、俺のやりたい酒はこれだ！　という情熱がバーンとあって、造った結果、お客さんがついてきているというように見えます。

――「新政」は、佐藤祐輔さんの自己表現であり、作品なんでしょう。

廣木　極めて新しい感覚の現代酒質なのに、人間がコントロールできないことをきちんと大事にしているところが、僕ら世代にはできない新しい感覚なのかなと思う。竹鶴と新政は、味のタイプはまったく違うから真逆に見えるけど、実は竹鶴の杜氏の石川達也さんと佐藤祐輔さんがやっていることの根っこは同じ。相当近いと思います。これがやりたい、やるべきだ、という思想を持つことで、やれてしまう時代になっているのではないでしょうか。

――しかもそれを受け入れるファンがいる。ファッションや音楽でもそうですが、嗜好が細分化してきているのかもしれません。

廣木　全国的な人気銘柄としてランクインされる座席に限りがあるとしたら、僕はそこに座れるように、必死で頑張ってようやく座ったけど、そのあとの世代は、ただ黙って座らずに、自分なりのアレンジというか主張を持って座ったように思う。たとえば酸、たとえば甘。彼らは僕たちがやってきた進化に、酸や甘のアレンジを加えて座っているという捉え方をしているんです。同世代の中にもまったく違う志向の人もいるし、世代ではくくれないかもしれませんが。

——蔵元と消費者との距離も変わってきているように見えます。私が日本酒を飲み始めたころ、ファンにとって蔵元は、姿も思い浮かばない雲の上の存在でした。蔵元杜氏の髙木顕統さんや廣木さんは、憧れのスター。そして「若手の夜明け」と銘打った消費者イベントを熱心に行っている「紀土《きっど》」「白隠正宗《はくいんまさむね》」「萩の鶴」「仙禽《せんきん》」など１９７０年代後半から80年代前半生まれの世代の場合は、イベントで握手できるし、ＡＫＢのような会えるアイドル蔵元（笑）。「若手の夜明け」世代がそれを売りにしているわけではないと思いますが。

廣木　あはは、でもそうだね。彼らより少し年上の而今の大西さんや七本鎗《しちほんやり》の冨田さんは、できれば消費者の会には行かずに、酒だけを造っていたいと言うよね。僕も同じです。

——ご自分の嗜好、ということでお尋ねします。「飛露喜」は、好きな女性の父親に「お嬢さんをください」と挨拶に行くときの手土産に選ばれる存在でありたいが、ご自分の晩酌は、お母さんの手料理で「末廣《すえひろ》」の伝承山廃純米をお燗で飲みたいと言ってましたね。飛露喜はモダン酒質で、末廣の山廃は癒やされるお酒だと私も思いますが、そんなふうにシーンによって、旨さには違いがあると感じているのでしょうか。

廣木　旨さうんぬんではなく、自分と同じ場所にある、冷たくして美味しい現代酒質のお酒を飲んでも癒やされないんです。十四代、磯自慢、醸し人九平次、而今、開運なんかは、一滴でも口にした瞬間に仕事モードに入ってしまう。旨ければショックを受けるし、嫉妬する。どうやって造るんだろう、と考えてしまう。燗酒が旨いと思えるのは、いわば自分のジャンルとは違うから。

だからプライベートで個人的にリラックスして飲むのは、できれば日本酒ではないものがいい。

――日本酒は飲んでも楽しめない？

廣木　百パーセントリラックスして、心からこの酒旨いなーとか、幸せだなーという夜は、一瞬たりともないんですよね。仕事ですから。

――因果な仕事ですね。それは、真ん中であろうとしているから、ですね。

廣木　自分で決めた生き方です。ただ、人の酒が旨いなあというのが、次の階段を上るための足を上げる力になる。原動力になっているところでもあります。

――繰り返しになりますが、廣木さんのめざす現代酒質とはなんでしょう。

廣木　昔の日本酒が持っていたネガティブなにおいを取り去って、現代人が美味しいと思うものに仕上げた日本伝統の酒、ということかな。あくまでも伝統製法の上に立っていることは間違いなくて、それをさらに進化させて、初めて飲む人や外国の人が、「これが米からできている酒なの!?」と、驚くような魅力的な香りと味を備えたもの、という言い方でもいいかもしれません。

――味も洗練されている。

廣木　そう。そしてそれは、醸造設備や冷蔵貯蔵技術の進化、酵母や麹菌の開発など、周辺技術の進化にも支えられたものである。それらを生かした酒造りをしているということでしょう。

――だから冷蔵貯蔵をしない酒は現代酒質ではない、ということになる。

廣木　もろみも放ったままではなく、きちんとした温度管理下にあり、昔よりも人間の意図を反映した製法、といったらいいでしょうか……意図、という言葉はちょっと違うな。

――人間が技術によってコントロールする、ということですか?

廣木　そうそう、コントロール。技術によって人間がコントロールするということです。昔はできなかった低温発酵も、設備があってこそ。それによって人間が描いた設計図の通り造れるよう、技術の進化を借りてやっているということだと思う。

――竹鶴の石川さんが「人間の管理下に置かない放し飼いの酒造り」をめざすと言うことと対照的です。

廣木　おそらく竹鶴の場合だと、昔ながらの方法ですべて人力でやること、自然に近い条件で造ることに第一義があるのではないかと思う。僕は理想の味が実現できるならば、製法はどうでもいい。杜氏の石川さんは、この造りを実現するのが第一義で、味はあとからついてくるということなのではないかと思います。あくまでも私見ですが。

――石川さんは生酛や木桶仕込みといった古来の製法を研究し、独自の視点で酒造りに生かそうとしています。そんな石川さんの醸造哲学を知るほどに、お酒の味わいが深まるように感じます。その意味で、竹鶴は知性に訴えるお酒と言えるかもしれません。対して廣木さんのお酒は、理屈ではなく感性に訴えるお酒、ということなんですね。

廣木　そう、製法やどんな米を使っているといった背景も知ってもらいたいけど、それ以前に酒と向き合って、純粋に旨いと言ってもらいたいのが根っこにあるんです。

――廣木さんは結果、勝負ということ?

廣木　いや、製法はどうでもいいと言ったのは極論で、ここまで、という線引きもあるんですよ。香り系の酵母はあまり使いたくないとか、麹菌もなるべく改良品種は使いたくないとか。でも、同じモダンタイプでも、獺祭は、華やかな香りの出るセルレニン耐性株の酵母をてらいなく使っているでしょ？　麹の分析も、僕よりずっとシステマチックにやっている。僕と同じ味の志向を持ちながら、香り系酵母は絶対に使わない磯自慢みたいな蔵元もいますよね。蔵がデビューした時代背景もあるけど、磯自慢のほうが造り方も僕よりずっとクラシカルだと思うんだ。

――南部杜氏さんですしね。

廣木　蔵としての在り方もクラシカルですね。現代酒質でも幅広い考え方があると思います。

――意識する蔵は、やはり同じ現代酒質の蔵ということになりますか？

廣木　そうですね。歳が近いこともあって、十四代は気になります。酒屋さんとか蔵元同士で飲んでいて、どの酒飲みますか？　と聞かれて、僕と同じ志向の酒があったら、やっぱり頼むわけですよ。リラックスはできないけど（笑）。

――お燗して旨さが引き立つようなトラディショナルタイプのお酒は選ばない？

廣木　もちろん飲むことはあります。ただ毎回、勉強しようという気持ちでは飲まない。

――ジャンルが違うから、ということですね。

廣木　そう。酒の味は結局、ビジョンや人生観から醸されてくるものなんじゃないか。設計図が描かれるというのはそういうこと。ただ、蔵にお金がなくて冷蔵庫一台も買えない状況だったら、どんなにモダン酒質をやりたくてもできないわけでしょ。するとその経営環境で描ける設計図を描くしかない。つまり蔵元のそのときの立ち位置を表すわけで、酒の味はその集大成だと思うんです。限られた環境や条件のなかで、最高のものを造ろうと志向しながら、歴史を積み重ねていくうちに、お客さんに支持されればお金も入るし、造りたい酒が造れるようになる。

――お金が入れば冷蔵庫ではなく、新しい木桶を買うかもしれない。最高品質の兵庫県の山田錦ではなく、自社田を手に入れて、地元品種の酒米を育てるかもしれない。

廣木　そうです、そうです。逆にいうと、造りたい酒を造るには、力が必要で、それを追いかけていく夢があってもいい。若い蔵元たちがどんどん登場して、成長していくのを見せてもらえるのは自分の喜びでもあります。

未来の日本酒

――将来の設計をお尋ねしますが、理想とする製造量はどのぐらいを考えていますか？

廣木　今期（平成27酒造年度）は9月中旬から5月中旬まで造り続けて１７００石（一升瓶換算で17万本）ですが、単年度で最高の酒を造れといわれたら、現在の半分以下の８００石ほどが適正です。気力や体力の面でも、正直、１７００石にはかなり無理を感じています。ただ、１７００石を10年続けたあとに到達できる場所は、８００石を10年続けた場合と比べて、資金的なものを含めてはるかに高い位置にある。その位置に行けたら、自家精米も見えるし、自社田も見える、理想の設備も見える。年齢との闘いですが、10年続けて58歳になったら、理想の環境に到達できることが見えるのではないか、と思っているんです。

――つまり理想の形は、自家精米、自社田ということ。

廣木　そのひとつだということです。到達できる高さが違うことは見えるので、厳しいけど10年は頑張ろうと思っているんです。

――じゃあ10年後には、また800石に減らして、最高のお酒を造ることだけに集中するかもしれない？

廣木　そうかもしれません。あるいは社会正義にめざめて、酒造業界とは違う世界に行くかもしれないなあ。

――政治家になる？

廣木　（笑）いや、それはないです。だけど、間違いなく高い場所に行けると思うので、酒造業界とは違った世界や異なる視点でものを考えられると思うんです。

――選択肢が広がるということですね。

廣木　自分の人生を歩むための選択肢が、多くなると思っているんです。

――廣木さんは9代目ですが、後継者はどうなさるのですか？　男のお子さんがお2人ですね。1700石で10年という計画は、10代目を継ぐお子さんたちが酒造りをするときにも可能性が広がりますね。

廣木　いや、子供に継がせることはまったく考えていません。酒造りは努力だけでできるものではありません。ある種のセンスが必要で、無理してやろうとしても、辛いだけだと思う。息子たちには、自分の人生を歩んでほしいと思っているんです。僕はあまりこの業界に固執していないんですよ。日本酒業界に対して、貢献できたことがあるとしたら、髙木顕統さんと、久野九平治さん、僕が中心になって、酒蔵の息子が自分で酒造りをするという新しい日本酒の時代の幕を開けることができたことです。幕を開けたのは髙木さんで、僕は後押しした程度かもしれないけど、その一員でいられた。その時代に生まれたことや、巡り合わせにすごく感謝している。このことが僕の人生の中での大きな喜びなんです。

——まだ48歳。たくさんの可能性があります。

廣木　もうひとつ僕ができる可能性があるとしたら、次は資本と経営の分離です。酒蔵の家に生まれた息子が継ぐという、いわば一子相伝の形が、これまでの正統な流れでした。このほかに、もうひとつの別の流れとして、血筋以外の人間を蔵元杜氏として受け入れるという形があってもいいのではないかと、このごろ考えるようになったんです。酒造りが好きな人間が、杜氏として雇われるだけではなく、経営にも責任を持つ蔵元杜氏として跡を継ぎ、先代の蔵元は資本を提供する。そんな資本と経営が分離した新しい酒蔵の形もあるのではないか。そんな時代の幕を、もう一幕開けられる可能性があるかなと思っているんです。

——家業を子や孫に伝えていくことは現代的ではないということでしょうか?

廣木　いえいえ、いいこともあると思いますし、ぜひその流れも残ってほしいのですが、もっと流動性があってもいいと思うんです。仕方がなく蔵を継いで、なんとなく蔵元になった奴もいる一方で、酒造りが好きで好きでしょうがないけれど、スタッフの一員にしかなれない人もいる。そんな意欲のある人に、資本を提供するということがあってもいいのではないかと。

基幹商品の特別純米酒　無濾過生原酒。1.8l 2600円。旨み、甘み、酸、キレ……。現代を代表する旨酒だ。価格は税別

――「口万」の星誠さんのように。

廣木　ピンポン、正解！　実はこんなことを考えるようになったのも、目の前に彼がいるから。星君は、別の仕事をしていたけれど、どうしても酒造りがしたくて下働きから酒蔵に入って、経営を立て直すために株を買い取って、とうとう社長になりました。心から酒造りが好きなんだと思うし、ものすごい努力をしている。僕は彼のことをいつもスゲエ、スゲエと言ってるし、尊敬もしています。

――星さんみたいな熱意のある人が、経営者として活躍できるような業界であれば、ますます魅力的な日本酒が生み出されるでしょう。今日は長時間、ありがとうございました。

巻末付録

著者厳選

キーワードで選ぶ日本酒ガイド

自由自在に日本酒を楽しもう

日本酒を楽しむシーン。どんなイメージを思い浮かべるだろうか。居酒屋、寿司屋、和風旅館……それだけ？　たとえば、イタリア料理を楽しもうというとき、あるいは夏のビーチで仲間とバーベキューをしようというとき、日本酒はふさわしくないと考えていたらもったいない。進化したいまどきの日本酒は、驚くほどバラエティ豊かだ。上質な酒米を使って醸し、管理も行き届いているので、飲んだ後のキレがすっきりと軽く、和食はもちろん、肉料理や揚げ物、スパイシーな料理まで幅広く合わせることができる。

たとえばシュワシュワと微発泡する爽快な日本酒で乾杯し、バルでピンチョス（一口料理）をつまみながら、爽やかな日本酒をワイングラスで楽しみ、酸の効いた日本酒で熟成肉をがっつりと堪能。食後には、ソフトな甘みのある日本酒をチーズやフルーツと共に、ロマンチックに過ごす。あるいは、旨い干物をつまみながら、お燗酒で炬燵《こたつ》でゆるゆると晩酌……。こんな風にシーンや食に合わせる悦楽を、日本酒だけで体験できるのだ。しかも値段は、４合（概ねワインのフルボトルサイズ）で、1000円代で手に入るものがほとんど。なんとも幸せな時代になったことか。

とかく日本酒ファンは、製造方法とか、使用酵母などスペックにこだわりがち。だが、多彩なタイプのお手頃価格の日本酒が目白押しのいま、食べたい料理や飲むシーン、その日の気分などで、もっと自由に、おおらかに日本酒選びを遊んでもいいのではないか。

そこで、以下、味やタイプを知るためのキーワードとともに、人気絶好調の新世代蔵元の作品を紹介する。また、気軽に参加できる日本酒の会に関する情報も記した。あなた好みの美酒に出会うために、参考にしていただければ幸いだ。

※2016年５月時点の情報です。価格はすべて税別の表記です。
　酒造年度により、内容や価格が変更される場合があります。
　地域により価格が変わる場合があります。

美酒と出会うキーワード

甘さで攻める

寫樂《しゃらく》（福島県）

「寫樂」純米吟醸　播州愛山。甘さを軸としたきめ細かくバランスのいい味。チャーミング！
720ml 1850円

「甘みは寫樂の要です。いい甘さを出すために、攻めの姿勢を貫きます」

宮泉銘醸４代目蔵元、宮森義弘さんの酒造りである。

〝甘い〟が、日本酒をけなす言葉だったのは過去のこと。「寫樂」に代表される甘い酒は、トレンドの味であり、宮森さんはノリのいい愛されキャラとしてモテモテ。福島県は全国新酒鑑評会における金賞受賞数で、ここ３年連続1位の３連覇。酒も、人も、郷土も絶好調！　現代の日本酒人気を牽引する象徴的な存在だ。

「寫樂」と過去の甘い酒が違うのは、飲み心地の軽さと透明感にある。甘さを軸としているのだが、飲んだあとに甘さがべったりと重く残ることはない。すんなりと綺麗に収まる。背景には透明感のある酸の存在を感じさせ、甘さとのバランスが極めて良い。それでいて人を突き放すような優等生的な冷たさはなく、愛嬌があるのだ。

めざす甘さを出すために、宮森さんは、ブドウ糖の一種であるグルコースがたくさん出る種麹《たねこうじ》を使っている。こういった種麹を使うと、もろみを搾《しぼ》ったあとの酒粕に黒いつぶつぶが入る。酒粕の商品価値が下がるため、慎重になる蔵元は多いのだが、宮森さんは、甘さに対して攻めの姿勢を貫いている。黒くなった酒粕は、引き取ってくれる漬物店を必死で探したという。

透明感を出すためには、発酵の際に精密な温度管理をするのはもちろん、酸化による劣化を避けるため搾りも低温で行い、搾ったあとはすぐに火入れ殺菌して急冷することを徹底。蔵の中の随所に仕込み水を使えるように水道を引き、ミクロン単位のフィルターを通し、すぐに洗い流せるようにしている。

甘くて、綺麗で、愛嬌のある「寫樂」は、これまで日本酒を敬遠していた人や、初めて日本酒を味わう人にも、抵抗なく受け入れられるだろう。

宮泉銘醸　宮森義弘さん。
昭和51（1976）年生まれ。

美酒と出会うキーワード

酸で切り込む

仙禽《せんきん》（栃木県）

「クラシック仙禽」。
亀ノ尾と愛山。魅惑的な酸と緻密な味に魅了される。共に15度の原酒。
720ml 1500円、
1.8l 3000円
※現在、愛山は終売

「食べ物と酒を繋ぐ役割をする酸。酸は、仙禽の生命線です」

せんきん専務で11代目継承予定の薄井一樹さんは、自らの酒質設計についてこう語る。

酸＝酸っぱいと考えがちだが、必ずしもそうではない。酸には酒の味の骨格を形成したり、味を引き締める役割もある。肉類を多く食べるようになった日本の食卓に、脂を切る酸が求められているとも言われている。

だが、かつて日本酒に酸があることは、悪とされてきた。冷蔵設備が整っていなかったころ、酸は酒造りに失敗したときに出る味だったのだ。しかし現代の酒蔵では技術レベルも上がり、品質管理が行き届いている。出てしまう酸ではなく、精妙な酒質設計のもとに、あえて酸を出す醸造家がいる。その最右翼が薄井さんである。

文化３（1806）年創業の老舗蔵の長男として生まれるが、ソムリエの田崎真也さんに憧れ、ソムリエスクールへ入学。卒業後は講師として活躍したが、2003年、家業に就き、弟の真人さんと共に品質路線へと方向転換する。その際に、酸をテーマに設定した日本酒で切り込んでいった。「酸がある酒は駄酒と言われていたのを逆手に取り、一発逆転を狙ったんです」

日本酒の常識を覆すほど濃厚な甘酸っぱさに、賛否両論が渦巻いたが、結果的に存在を猛アピールする結果となる。薄井さんの戦略勝ちであった。その後リリースした、雄町や亀ノ尾など、地元で契約栽培した酒米で仕込んだ「クラシックシリーズ」は、旨みと酸が精妙に拮抗する佳品として、それまで「仙禽」をインパクト勝負の酒だと疎んじていた層も注目。また原酒で15度という低アルコールで、緻密で奥深い味わいにしたことで、酒販店や飲食店などプロたちの間でも話題になった。

せんきん
薄井一樹さん。昭和55(1980) 年生まれ。

「酒が上質なのは当然。上質なだけの酒なんて誰も望んでいないはず。酸が基調なのは変わりませんが、毎年レシピは変え、新しい味を提案していきます」

さて、今年の「仙禽」は、どんな酸で切り込んでくるのだろう。

美酒と出会うキーワード

刻々と変化するライブ感

風の森（奈良県）

1本で変化を楽しめる「風の森」純米しぼり華。右は秋津穂、720ml 1250円、左は雄町、1.8l 2090円

「封を切ってから､最後の一滴を飲みきるまでのライブ感を大事にしています」

油長《ゆうちょう》酒造社長で、13代目の山本嘉彦さんは、1本の酒が描く味の変化を想定した酒造りをしているという。

ピチピチとした自然な発泡感と、ぐっと凝縮した旨み。フレッシュで、メリハリの利いたモダンテイストで人気を集める「風の森」。すべてが純米造りで、無濾過、無加水の生酒として、12代蔵主で会長の山本長兵衛さんが立ち上げた銘柄である。

搾りたての生酒は､口の中でわずかに発泡する。この生き生きとした味わいに飲み手は魅了されるが、通常搾る(もろみを酒と酒粕に分ける)作業や濾過する行程で酒の酸化が進み､溌剌とした印象は失われてしまう。どうすれば新鮮な味わいと躍動感を維持したまま、飲み手のもとに届けることができるのか。油長酒造では、長年をかけて様々な工夫を試してきた。

蔵の構造は、11代蔵元が発案したという縦型のグラヴィティーシステムになっている。酒は2階から1階に自然に落下させ、極力ポンプを使わないことで、酒に空気が混じることなく酸化が抑えられる。また、冷却機能が高い独自の発酵タンクを導入することで、思い通りの温度を制御が可能となり、雑味のない旨みを表現することができるようになったと嘉彦さんは言う。さらに、搾りの過程では、特殊なセンサーで濾板が微生物に汚染されないよう改良。12代の長兵衛さんは、古文書をヒントに、ステンレス製のザルのような装置で濾す「笊籬《いかきど》採り」という搾り方も考案。このような積み重ねの結果、透明感と濃縮した旨みが両立する酒となり、炭酸ガスも酒に残存するようになったのだ。炭酸ガスは酒に鮮度を保つためにも有益なのだという。たとえば「風の森」秋津穂純米しぼり華。

「封を切ったばかりのときには、泡が弾け、味わいはシャープに感じられるでしょう。空気に触れることで一気に甘みや酸味が解き放たれて、瓶の底では凝縮した旨みや甘みを感じていただけるはずです。刻々と変化する味わいを楽しんでいただければ幸せです」

油長酒造
山本嘉彦さん。昭和56(1981) 年生まれ。

美酒と出会うキーワード

だらだら飲める

白隠正宗《はくいんまさむね》（静岡県）

ゆるりと飲める「白隠正宗」。右は誉富士を使った純米酒。1.8l 2427円。左は少汲水の実験酒。

「干物をつまみに、だらだら長く飲める……。そんな酒が一番です」

髙嶋酒造の蔵元で杜氏も兼任する髙嶋一孝さんが、めざす酒の味である。酒蔵が立地する静岡県沼津市には、干物店が200軒以上あり、鯵の干物の生産量は全国の60％を占める。地元の風土が見えるのが本来の地酒。食文化ありきで酒造りをしたいのだと言う。

飲むときには〝だらだら〟でも、漫然と酒造りをするという意味ではない。東京農業大学醸造学科在籍中に、同じ県内で「開運」を造る土井酒造場へ行き、名杜氏で知られた故・波瀬正吉さんと毎晩、晩酌を共にしたことで多くを学んだ。その帰り道に、実家で酒を利いたところ、飲める酒が1本もなかったことにショックを受ける。「開運」とは質の面で大きな開きがあったのだ。卒業後は自ら杜氏となり、静岡の米や静岡で開発された酵母を積極的に使い、〝地酒〟を意識しながら、丁寧な酒造りを行っている。

だらだら飲める旨い酒を実現するため、古い文献で見た江戸時代の灘の下り酒をヒントに、独自の手法にも挑戦している。

「灘の酒は生酛造りで、しかも汲み水の少ない濃い酒だったのではないでしょうか。なおかつ船で運ばれる間に、ほどよく熟成が進んでいたと推測します。当時は酒屋が水で割って度数調整して売っていたのですが、濃い灘酒は水で割っても旨いし、酒屋にとっては儲けも出る。そんなことから、灘の酒が珍重されたんでしょう」

そこで髙嶋さんは生酛造りで、仕込みのときに加える水の割合を減らす〝少汲水《しょうくみみず》〟で醸した酒を、酒蔵の中で熟成してから出荷する、というやり方で、アルコール度数を下げても旨い酒をめざしているという。

「度数が低めの酒を燗にすると身体にも優しいんです。燗をつける所作も美しいでしょう？　日本独自の文化として世界に発信していきたいと思います」

髙嶋酒造
髙嶋一孝さん。昭和53（1978）年生まれ。

美酒と出会うキーワード

日本酒の会へ行ってみよう

女性の参加者が目立つ「若手の夜明け」。

好みの日本酒に出会うためには、数を飲んでみること。一度に数多く味わえる場でお薦めしたいのは試飲会へ参加することだ。日本酒の試飲会は、各都道府県の酒造組合や日本酒関係の団体、蔵元グループや酒販店、飲食店、イベント会社など様々な主催者が、全国各地で開いている。数多くの日本酒を味わえるだけではなく、たいていの場合は、蔵元や杜氏など酒の造り手も参加している。実際に酒を造った人から説明を聞いたり、質問できたりする最高の機会なのだ。

居酒屋で飲んで気に入った酒があれば、その酒の産地の酒造組合が主催する会に出かけてみるのもいい。たとえば、秋田県は毎年3月に東京で「美酒王国秋田　秋田の酒を楽しむ会」を開催しているが、2016年は26の酒蔵が出品し、550人のファンが参加。チケットの発売開始１ヵ月も経たないうちに売り切れる人気の会である。首都圏在住の純米酒ファンなら春と秋に開催される「純米酒フェスティバル」もいいだろう。

30代の蔵元が主催する「若手の夜明け」は、カジュアルに楽しめる試飲会として、若者たちに評判を集めている。参加蔵元は本書でも紹介した「一白水成」や「くどき上手」「冩樂」「仙禽」「白隠正宗」など、いまをときめく若手スターたち30～36蔵。2016年３月までに東京や大阪、京都、札幌などで20回開催し、２日間で3000人を集めたこともある大イベントだ。

代表を務める「紀土《きっど》」を醸す平和酒造（和歌山）蔵元の山本典正さんは、会の趣旨について「リストには会社名を入れずに、銘柄と蔵元の氏名を書いています。知ってほしいのは会社ではなく、僕ら自身と僕らの作品なんです。皆さんと一緒に語り合える場にしたいので、気軽に参加してみてください」と話している。あの蔵元に会えるチャンスを逃す手はない。

「紀土」純米酒　旨みほどよくソフト＆クリーンな純米酒。家庭に常備したい。720ml 900円、1.8l 1800円

平和酒造
山本典正さん。昭和53（1978）年生まれ。

巻末付録　著者厳選

日本酒に情熱を傾ける酒販店リスト

酒販店と上手に付き合う

欲しいものは、インターネットで検索して取り寄せるのが手っ取り早いご時世。日本酒もネット専門の優良店も少なくないので上手に利用すればいいだろう。ただし人気銘柄にプレミアをつけて、高値で販売する業者もあるので注意が必要だ。自分に合った日本酒を探したい人は、優れたアドバイザーがいる小売酒販店（いわゆる酒屋さん）と付き合うことをおすすめする。良心的な酒販店は、人気銘柄でもまっとうな小売価格で販売している。蔵元との信頼関係も厚く、限定品を扱っていたり、美味しい飲み方も提案してくれる。蔵元を招いてイベントを主催したり、酒蔵見学会を開いたりすることもある。そんな酒屋さんに通うことで日本酒に対する知識や思い入れも深まるに違いない。

たいていの酒販店はインターネット販売もしているが、まずは地元の店に足を運んで、店頭をチェックすると同時に、自分のことを知ってもらおう。通う回数が増え、お互いの理解が深まるに従って、好みにぴったり合う日本酒を提案してくれるに違いない。店側からすれば、通ってくれる客には、入荷の少ない銘柄や限定品を紹介したくなるものだ。

以下のリストには、店の規模や扱い銘柄の多少を問わず、私が買い物をしたり、蔵元から推薦された、日本酒に熱心だという評判の店を挙げた。ただし、その店があなたにとって良いかどうかは別だ。店主や店員との相性もあるからだ。なお、本書で紹介している銘柄以外にも美味しい日本酒は数多ある。店頭で間もなくブレイクするスター銘柄と出会えるかもしれない。酒販店と上手に付き合って、充実した日本酒生活を！

※データは2016年5月現在のものです。
※本書で紹介した銘柄を必ず扱っているわけではありません。
※詳しい所在地、営業時間、休業日等については、電話またはインターネットでご確認ください。

■北海道・東北

酒正　土井商店	北海道上川郡美瑛町	0166-92-1516
銘酒の裕多加	北海道札幌市北区	011-716-5174
酒の柳田	青森県弘前市	0172-32-1721
蔵の酒みろくや	青森県八戸市	0178-22-3417
そうま屋米酒店	青森県南津軽郡大鰐町	0172-48-3034

吟の酒きぶね	岩手県盛岡市	019-681-4330
地酒屋芳本酒店	岩手県盛岡市	019-653-8899
仙臺亀岡　阿部酒店	宮城県仙台市	022-223-9037
カネタケ青木商店	宮城県仙台市	022-247-4626
阿部八酒店	宮城県仙台市	022-222-6433
こごたの地酒屋　齊林本店	宮城県遠田郡美里町	0229-32-2304
むとう屋	宮城県宮城郡松島町	022-354-3155
門脇酒店	宮城県塩竈市	022-362-1742
和屋	宮城県大崎市	022-924-3070
酒屋まるひこ	秋田県秋田市	018-862-4676
菅久商店	秋田県秋田市	018-833-6336
アキモト酒店	秋田県大仙市	0187-72-4047
天洋酒店	秋田県能代市	0185-52-3722
佐藤勘六商店	秋田県にかほ市	0184-74-3617
まるひろ酒店	秋田県由利本荘市	0184-57-2022
酒屋源八	山形県西村山郡河北町	0237-71-0890
泉屋	福島県郡山市	024-922-8641
あんどう酒店	福島県郡山市	024-952-3286
カーヴ・ド・ヴァン・オイワケ	福島県福島市	024-533-2336
會津酒楽館　渡辺宗太商店	福島県会津若松市	0242-22-1076
植木屋商店	福島県会津若松市	0242-22-0215

■関東

銘酒の殿堂　飯野屋	茨城県龍ケ崎市	0297-62-0867
目加田酒店	栃木県宇都宮市	028-636-4433
猪瀬酒店	栃木県河内郡上三川町	0285-56-2112
上岡酒店	栃木県佐野市	0283-22-0895
森田商店	埼玉県さいたま市	048-862-3082
稲荷屋	埼玉県さいたま市	048-862-3870
雪乃屋こぐれ酒店	埼玉県所沢市	0429-48-1639
今宮屋酒店	埼玉県蓮田市	048-769-5127
いまでや	千葉県千葉市	043-264-1439
地酒と焼酎の専門店　酒の及川	千葉県市川市	047-376-3680
矢島酒店	千葉県船橋市	047-438-5203
酒のはしもと	千葉県船橋市	047-466-5732
いずみや	千葉県鎌ヶ谷市	047-443-4503
かき沼	東京都足立区	03-3899-3520
杉浦酒店	東京都葛飾区	03-3691-1391
はせがわ酒店　亀戸店	東京都江東区	03-5875-0404
伊勢五本店	東京都文京区	03-3821-4573
酒館　内藤商店	東京都品川区	03-3493-6565
かがた屋酒店	東京都品川区	03-3781-7005
新橋　朧酒店	東京都港区	03-6809-2334
長野屋	東京都港区	03-3400-6405
新川屋田島酒店	東京都渋谷区	03-3401-4462
でぐちや	東京都目黒区	03-3713-0268

五本木ますもと	東京都目黒区	03-3712-1250
鈴傳	東京都新宿区	03-3351-1777
三伊　井上酒店	東京都新宿区	03-3200-6936
大塚屋	東京都練馬区	03-3920-2335
松澤酒店	東京都練馬区	03-3991-0107
酒の秋山	東京都練馬区	03-3992-9121
升新商店	東京都豊島区	03-3971-2704
味ノマチダヤ	東京都中野区	03-3389-4551
酒の伊勢勇	東京都中野区	03-3330-0434
髙原商店	東京都杉並区	03-3311-8863
三ツ矢酒店	東京都杉並区	03-3334-7447
朝日屋酒店	東京都世田谷区	03-3324-1155
酒のなかがわ	東京都武蔵野市	0422-51-3344
宮田酒店	東京都三鷹市	0422-51-9314
小山商店	東京都多摩市	042-375-7026
籠屋　秋元商店	東京都狛江市	03-3480-8931
蔵家	東京都町田市	042-793-2176
酒舗まさるや	東京都町田市	042-735-5141
さかや栗原町田店	東京都町田市	042-727-2655
横浜君嶋屋　本店	神奈川県横浜市	045-251-6880
田島屋酒店	神奈川県横浜市	045-781-9100
お酒のアトリエ吉祥　新吉田本店	神奈川県横浜市	045-541-4537
石澤酒店	神奈川県川崎市	044-411-7293
地酒や　たけくま酒店	神奈川県川崎市	044-522-0022
西山屋	神奈川県川崎市	044-522-2902
坂戸屋商店	神奈川県川崎市	044-866-2005
掛田商店	神奈川県横須賀市	046-865-2634
藤沢とちぎや	神奈川県藤沢市	0466-22-5462
望月商店	神奈川県厚木市	046-228-2567

■甲信越・北陸

依田酒店	山梨県甲府市	055-222-6521
酒乃生坂屋	長野県千曲市	026-272-0143
相澤酒店	長野県松本市	0263-32-3276
早福酒食品店	新潟県新潟市	025-266-8101
カネセ商店	新潟県長岡市	0258-72-2062
地酒サンマート	新潟県長岡市	0258-28-1488
てらしま	富山県富山市	076-424-5359
越前酒乃店はやし本店	福井県越前市	0778-22-1281

■東海

ヴィノスやまざき　静岡本店	静岡県静岡市	054-251-3607
久保山酒店	静岡県静岡市	054-366-7122
篠田酒店	静岡県静岡市	054-352-5047
酒舗よこぜき	静岡県富士宮市	0544-27-5102
酒・ながしま	静岡県沼津市	055-962-5738
酒泉洞堀一	愛知県名古屋市	052-531-0290

銘酒倶楽部エシュリー	和歌山県和歌山市	073-453-7198
酒のお店　もりした	三重県鳥羽市	0599-26-3262
安田屋	三重県鈴鹿市	059-382-0205
■近畿		
山中酒の店	大阪府大阪市	06-6631-3959
酒蔵なかやま	大阪府大阪市	06-6371-0145
三井酒店	大阪府八尾市	072-922-3875
乾酒店	大阪府八尾市	072-941-2118
掬正	大阪府大阪狭山市	072-366-6660
酒のやまもと　枚方店	大阪府枚方市	072-857-0082
白菊屋	大阪府高槻市	072-696-0739
かどや酒店	大阪府茨木市	072-625-0787
酒のさかえや	滋賀県近江八幡市	0748-33-3311
きたむら酒食品店	京都府八幡市	075-982-8935
名酒館タキモト	京都府京都市	075-341-9111
すみの酒店	兵庫県神戸市	078-611-1470
酒仙堂フジモリ	兵庫県神戸市	078-411-1987
岩井寿商店	兵庫県明石市	078-923-4744
■中国		
ワインと地酒武田　岡山店	岡山県岡山市	086-801-7650
酒商山田本店	広島県広島市	082-251-1013
胡町　大和屋酒舗	広島県広島市	082-241-5660
酒の槇戸天狗堂	島根県松江市	0852-21-4782
酒舗いたもと	島根県浜田市	0855-27-3883
原田酒舗	山口県山口市	083-922-1500
松原酒店	山口県宇部市	0836-21-1216
礒田酒店	山口県岩国市	0827-84-0017
梶原酒店	山口県下関市	083-232-3215
中嶋酒店	山口県周南市	0834-25-0689
■四国		
ふくしま屋	香川県高松市	087-851-3535
ワタナベ酒店	香川県高松市	087-821-4584
おおさかや	徳島県徳島市	088-668-0920
酒蔵　ことぶき屋	高知県四万十市	0880-35-2531
塩ザキ商店	愛媛県西条市	0897-55-2441
■九州		
とどろき酒店	福岡県福岡市	092-571-6304
博多住吉酒販　本店	福岡県福岡市	092-281-3815
地酒処　田村本店	福岡県北九州市	093-381-1496
全国地酒処　ひらしま酒店	福岡県北九州市	093-651-4082
地酒処　山田酒店	佐賀県佐賀市	0952-23-5366
地酒処たちばな酒店	熊本県熊本市	096-379-0787
河野俊郎酒店	宮崎県宮崎市	0985-85-0021
コセド酒店　南栄本店	鹿児島県鹿児島市	099-268-3554

●参考文献

『ものづくり上方“酒”ばなし　先駆・革新の系譜と大阪高等工業学校醸造科』
松永和浩編著　大阪大学総合学術博物館監修　大阪大学出版会
『美酒王国秋田　秋田の酒造文化を訪ねて』美酒王国秋田編集委員会編　無明舎出版
『秋田県酒造史　技術編』秋田県酒造組合　編集発行
『菊姫ライブラリー4　経済と吟醸　酒造要訣』小穴富司雄、難波康之祐　日本評論社
『日本農書全集　第51巻　童蒙酒造記　寒元造様極意伝』農山漁村文化協会
『酒米ハンドブック』副島顕子　文一総合出版
『山田錦物語　人と風土が育てた日本一の酒米』
兵庫酒米研究グループ編著　のじぎく文庫　神戸新聞総合出版センター
『東条の山田錦　日本一の酒米ができるまで』東条山田錦冊子編集委員会編
兵庫県加東郡東条町、東条山田錦フェスタ実行委員会
『山田錦特A地区　50周年のあゆみ』兵庫県酒米振興会
『改訂　灘の酒　用語集』灘酒研究会
『もやし屋　秋田今野商店の100年』塩野米松　無明舎出版
『もやしもん1』石川雅之　講談社
『夏田冬蔵　新米杜氏の酒造り日記』森谷康市　無明舎出版
『おいしさを科学する』伏木　亨　ちくまプリマー新書
『おとなの常識　日本酒』藤田千恵子　淡交社
『日本酒のテキスト　2　産地の特徴と造り手たち』松崎晴雄　同友館
『全国新酒鑑評会　金賞受賞記録の全て』フルネット
『増補改訂　最新酒造講本』日本醸造協会
『醸技』小島喜逸　リブロ社
『愛と情熱の日本酒　魂をゆさぶる造り酒屋たち』
山同敦子　ダイヤモンド社、ちくま文庫
『めざせ！　日本酒の達人　新時代の味と出会う』山同敦子　ちくま新書
『極上の酒を生む土と人　大地を醸す』山同敦子　講談社＋α文庫
『dancyu』日本酒特集　2003年3月号、2010年3月号、2011年3月号、6月号、7月号、
2012年4月号、2013年3月号、2014年3月号、2016年3月号　プレジデント社
『サライ』2014年2月号、2015年2月号、2016年2月号　小学館
『あまから手帖』2015年7月号　クリエテ関西
『料理通信』ワイン好きのための、日本酒　2010年5月号　角川春樹事務所
『東京人』特集　日本酒　2015年2月号　都市出版

謝辞

本書の執筆にあたって、多くの方々の御世話になりました。本書に登場してくださった方々のほか、宇都宮仁さん（国税庁　課税部鑑定企画官）、高橋仁さん（秋田県総合食品研究センター醸造試験場場長）、東海林剛一さん（秋田県酒造協同組合）、鈴木賢二さん（福島県ハイテクプラザ会津若松技術支援センター）、橋本建哉さん（宮城県産業技術総合センター）、杉本琢真さん（兵庫県立農林水産技術総合センター　酒米試験地主任研究員）、藤本啓之さん（同　主査）、田中孝英さん（こうせつ・たなか）、河合克行さん（アスク代表取締役）、竹内千博さん（JAみのり営農部販売課課長）、大熊潤さん（瀧酒店）、そして足かけ3年の執筆の間、挫折しそうな私を温かい目で見守り、支え続けてくださった講談社生活実用出版部部長の藤枝幹治さんに心よりお礼を申し上げます。

この本の刊行を待ちわびながら、すべての原稿を書き終えた3日後に還らぬ人となった母に、本書を捧げます。

山同敦子（さんどう・あつこ）
食と酒のジャーナリスト。JSA認定ソムリエ、SSI認定唎酒師。長野県原産地呼称管理制度における日本酒および焼酎官能審査委員。薩摩大使。東京生まれ、大阪育ち。上智大学文学部卒業。新聞社、出版社を経て、酒蔵を訪問したことがきっかけでフリーランスに。以後、「土地に根付いた酒」をテーマに、全国の日本酒蔵、焼酎蔵、ワイナリーなどの取材を続けている。『dancyu』『サライ』ほか多くの雑誌で執筆。
著書に『愛と情熱の日本酒　魂をゆさぶる造り酒屋たち』(ダイヤモンド社、ちくま文庫)、『旨い！本格焼酎　匠たちの心と技にふれる旅』(ダイヤモンド社)、『ヴィラデストワイナリーの手帖』(新潮社)、『至福の本格焼酎　極楽の泡盛　厳選86蔵元』(ちくま文庫)、『こどものためのお酒入門』(イースト・プレス)、『めざせ！日本酒の達人　新時代の味と出会う』(ちくま新書)、『極上の酒を生む土と人　大地を醸す』(講談社＋α文庫)などがある。

カバー表4写真
上　：新政
中右：而今　中左上：十四代　中左下：稲(山田錦)の花
下　：貴

日本酒《にほんしゅ》ドラマチック進化《しんか》と熱狂《ねっきょう》の時代《じだい》
2016年5月26日　第1刷発行

著　者――――――山同敦子《さんどうあつこ》

発行者――――――鈴木 哲
発行所――――――株式会社 講談社
〒112-8001　東京都文京区音羽2-12-21
電話　編集　03-5395-3529
販売　03-5395-3606
業務　03-5395-3615

装　丁――――――島内泰弘デザイン室
カバー、本文写真――山同敦子
本文デザイン――――山内邦康（AMI）
本文組版――――――朝日メディアインターナショナル株式会社
印刷所――――――慶昌堂印刷株式会社
製本所――――――株式会社国宝社

ISBN978-4-06-219932-2

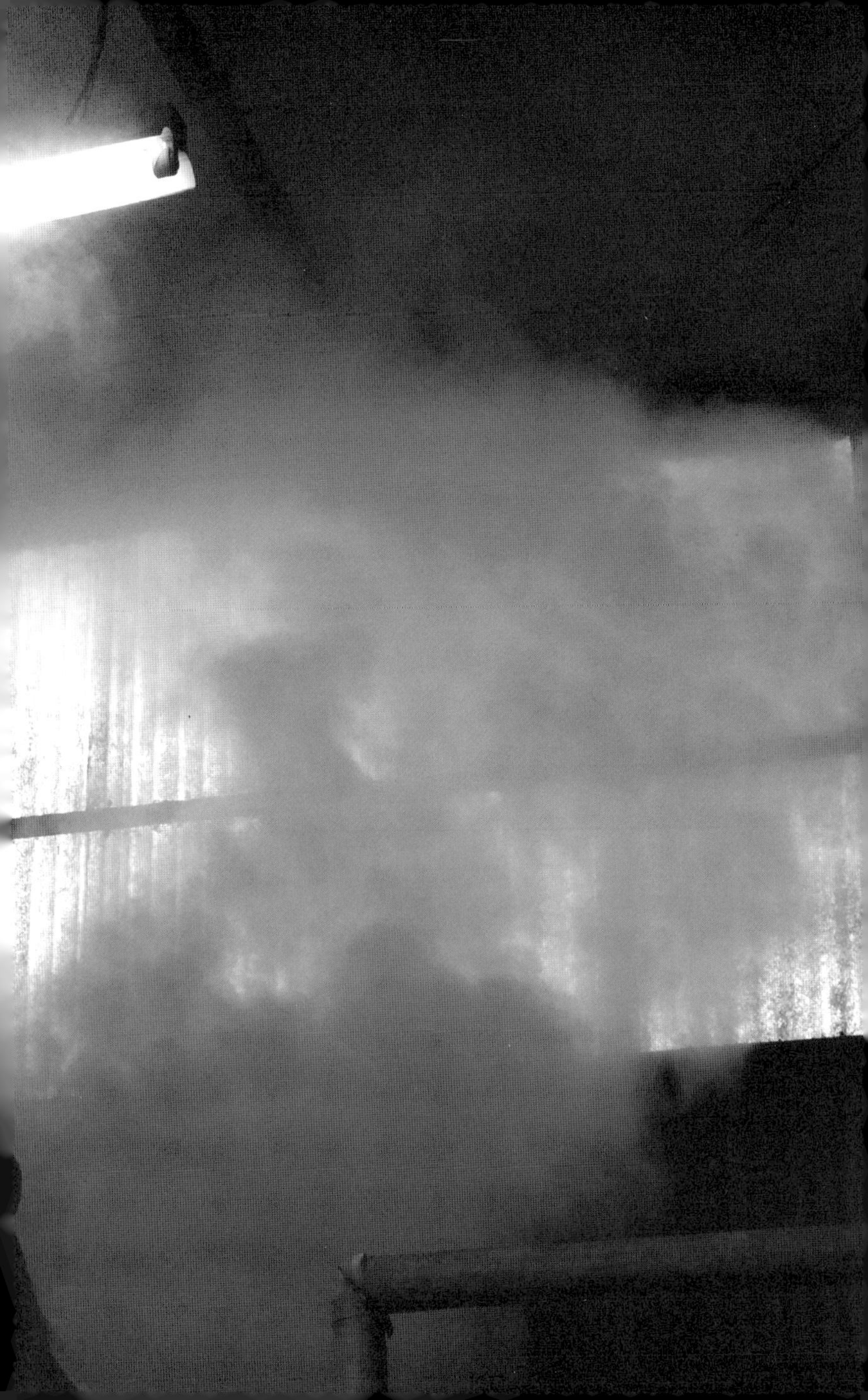